CITY
INTEGRATION

NEW
GENERATION

OF

MIGRANT WORKERS

A CASE STUDY OF FUZHOU FROM
THE PERSPECTIVE OF
SOCIAL SECURITY

新生代农民工市民化

社会保障视角下基于福州市的案例研究

朱广琴 ● 著

社会科学文献出版社
SOCIAL SCIENCES ACADEMIC PRESS (CHINA)

摘　要

农民工市民化是中国农村剩余劳动力有效转移的关键问题，也是一个现实难题，不仅影响着中国城镇化的质量，还将决定中国现代化建设的成败。就当前农民工市民化的困境来看，农民工最大的问题是无力独自应对市场和城市生活风险。对多数农民工来讲，人力资本水平整体不高，决定了他们很难通过就业来获得市民化所需要的物质基础。并且，城市公共服务的户籍依据和城市居民的优越感所暗含的排斥也意味着他们很难从城市获得相应的帮助。这些现实问题，很难让农民工对未来做出乐观预期，游走于城乡之间以占有城乡两种资源就成为他们的务实选择。30多年的农民工发展历程告诉我们：单靠农民工个体努力来实现市民化远远不够，来自城市相关制度的接纳和支持更为重要。尽管拥有城市户籍有助于农民工获得更多的公共服务和财政补贴，以支持其在城市更好地工作和生活，但是由于积淀在户籍制度上的次生制度太多，有的已固化为社会现实，现阶段完全废除户籍制度的社会和经济成本太高。并且，放开户籍只是解决了农民工在A地的公共服务问题，无法满足农民工流动到B地后的公共服务需求，不符合农民工不断流动的要求。虽然以改变户籍来推动农民工市民化并非当前的最优选择，但农民工在城市长期工作和生活的权利需求和风险保障却不能因此被忽视。推动农民工社会权利体系和安全保障体系进城并随就业流动，就成为户籍制度渐进式改革背景下的必然选择。实际上，农民工市民化的过程就是其社会保障体系由农村转移到城市的过程。社会保障体系进城能否影响农民工的市民化？如果是，这种作用发生的具体机制是什么？是否适用于新生代农民工群体？这些都是本书要努力探讨的问题。

市民化是新生代农民工的权利诉求，也是解决中国农民工问题的根本出路。在中国渐进式改革和新型城镇化发展的时代背景下，本书系统地研究了中国农民工市民化发展的重大理论和现实问题，以新生代农民工市民化为主要研究对象，以制度创新为主线，构建了农民工市民化的社会保障制度分析框架。以福州为例，对社会保障影响新生代农民工市民化的作用机理进行了实证考察。最后，从社会保障的角度提出了农民工市民化的总体思路、制度性政策建议，以期为农民工市民化提供理论依据和政策参考。本书的主要框架如下：

第一章，绪论。主要介绍选题背景、研究的目标和意义以及研究思路、主要方法和逻辑框架。

第二章，文献综述。首先，对西方国家社会融合的研究视角进行了梳理。其次，回顾国内关于农民工社会保障的相关研究，从市场风险、公民权利、公共财政的角度肯定了将农民工纳入城市社会保障体系的必要性；对中国农民工市民化的研究视角进行梳理，分析影响农民工市民化的相关因素。最后，对相关研究可供借鉴的部分和不足之处进行评述，提出本书的理论模型和研究方法。

第三章，农民工市民化的历史演进和新生代农民工市民化分析。主要包括对农民工现象和发展进行制度分析，对农民工市民化的历史演进和发展趋势的分析，对新生代农民工市民化的困境、实质以及政策调整方向的分析。

第四章，社会保障影响新生代农民工市民化的研究设计。主要包括新生代农民工市民化影响因素的理论分析、社会保障影响新生代农民工市民化的理论框架分析、新生代农民工市民化程度和社会保障享有情况测评体系构建、问卷设计和相关数据收集。

第五章，新生代农民工社会保障与市民化情况的描述性分析。主要包括新生代农民工市民化程度测评和城市社会保障享有情况的基本信息分析、新生代农民工市民化影响因素分析。

第六章，社会保障对新生代农民工市民化作用机理的实证研究。主要包括方法选择、相关变量设计、概念模型与研究假设、量表的信效度检验、结构方程模型的检验及结果分析。

第七章，新生代农民工市民化个案分析。主要包括按分层抽样原则抽取市民化程度高得分组和低得分组各3位共计6位新生代农民工进行个案访谈，深度挖掘社会保障享有情况和社会保障权利意识对新生代农民工市民化的可能影响，并结合相关理论对案例进行分析。

第八章，结论与政策建议。对本书提出的主要结论进行系统总结，提出将农民工纳入城市社会保障体系的政策建议。包括，淡化城市户籍的福利色彩，推动公共服务均等化；完善社会保险相关制度，积极推动农民工参保；积极探索适宜的农民工社会救助形式，将农民工纳入城市社会救助体系。本章还归纳了本研究存在的不足及后续研究所要关注的重点。

关键词：新生代农民工；市民化；社会保障；结构方程模型

Abstract

The citizenization of migrant workers, which not only affects the quality of China's urbanization, but will also determines the success or failure of China's modernization drive, is a critical matter as well as a realistic problem for effective transferring of rural surplus labour force in our country. In terms of the current difficulties of the citizenization of migrant workers, the biggest problem for migrant workers is unable to cope with the risks of market and urban life on their own. For most migrant workers, the low level of human capital makes it difficult to obtain the material foundation needed for citizenization through their employment. And the exclusion implied in the urban public services and the superiority of urban residents means that it is difficult for them to get help in the cities. These realistic problems make it hard for migrant workers to make optimistic predictions about the future, and therefore they are moving between urban and rural areas to occupy both urban and rural resources, which is regarded as their practical option. The development of migrant workers over more than 30 years shows us that it is far from enough for the migrant workers to integrate into the city by their own efforts; instead, corresponding policies of acceptance and support are much more important. Having urban household registration helps migrant workers obtain more public services and financial subsidies to work and live better in cities. But presently the social and economic costs are too high to abolish the household registration system, as many secondary systems were established on its basis and some have been solidified into social reality. Moreover, the permission of the household registration only solves the public service problems of migrant workers at the very specific city, and is unable to meet the needs of migrant workers who are moving to the city where they are not registered. Although it is not the optimal solution to promote the citizenization by means of changing household registration, migrant workers' need for rights and security guarantee while working and live in cities for a long term cannot be ignored accordingly. Under the background of the gradual household registration reforming, it is an inevitable choice to promote the social rights system and the security system into the city. In fact, the process of the citizenization is that of transferring the social security system from the countryside to the city. Can transferring the social security system into cities affect the citizenization of migrant workers? If yes, what is the mechanism for this effect? Is it suitable for the new generation migrant workers? Those are the questions this thesis tries to look at.

Citizenization is the appeal of rights of the new generation migrant workers and is also the fundamental solution to the issue of China's migrant workers. Under the background of China's gradual reform and the development of new-type urbanization, the thesis systematically studies the major theories and practical problems of the citizenization of rural migrant workers, constructing the social security system analysis framework of peasant workers' citizenization with the main research object—the new generation of migrant workers and the main line—institutional innovation. Taking Fuzhou City as an example, the thesis makes an empirical observation to functional mechanism which will influence the city integration of new generation migrant workers. Finally, this article puts forward the general notion and institutional policy advice of the migrant workers' citizenization from the perspective of social security, in order to provide theoretical basis and policy reference for the citizenization. Thus, the thesis' logical framework comes as follows:

Chapter One, Introduction. It covers research background, research aim and significance, research designs, methods and logical framework.

Chapter Two, Literature review. First, there is a review of the research of social integration in western countries. Second, it summarizes the relevant research on social security of migrant workers at home, affirming the necessity of embracing migrant workers into the urban social security system from the perspective of market risks, civil rights, and public finance, and analyzing the related factors affecting the citizenization of migrant workers with a review of citizenization research angle. Last, the thesis comments on the merits and demerits of the relevant research, and presents the theoretical model and research methodology.

Chapter Three, The historical evolution of the citizenization of migrant workers and the analysis of the citizenization of the new generation migrant workers. It mainly includes institutional analysis of the phenomenon of migrant workers and its development, the analysis of the historical evolution and development trend of migrant workers' citizenization, as well as the analysis of the hardship, essence and policy adjustment direction of the citizenization of the new generation migrant workers

Chapter Four, The research and design on social security impact on the citizenization of new generation migrant workers. It mainly covers the theoretical analysis of the influencing factors of citizenization, the theoretical framework of social security's impact on citizenization, the construction of the evaluation system of the citizenization and social security, questionnaire design and related data collection.

Chapter Five, Descriptive analysis of the social security and citizenization of the new generation migrant workers. It focuses on the assessment of the degree of citizenization, the analysis of the basic information of urban social security possession, and the analysis of the factors influencing the citizenization.

Chapter Six, The study on functional mechanism of social security's impact on the citizenization of the new generation migrant workers. It mainly involves research method selection, design of related variables, conceptual model and research hypothesis, scale reliability and validity test, structural equation model test and result analysis.

Chapter Seven, The case study on social security factors' impact on the citizenization of the new generation migrant workers. Six individual case interviews are conducted with three samples selected respectively from the high score (in terms of citizenization degree) group and the low score group. Besides, this part is to explore the possible influence of social security and social security rights consciousness on the citizenization of the new generation of migrant workers and analyzes the cases in combination with relevant theories.

Chapter Eight, Conclusions and policy proposals. The thesis summarizes the main conclusions systematically and put forward suggestions concerning integrating migrant workers into the urban social security system: diluting the welfare color of urban household registration, promoting equalization of public services, improving the social insurance system and enhancing the migrant workers' participation in social security system, and exploring the proper form of social assistance for migrant workers by integrating them into the urban social assistance system. Of course, this part summarizes the research limitations and the focus of the follow-up study.

Keywords: New Generation of Migrant Workers; City Integration; Social Security; Structural Equation Model

目 录

第一章　绪论 ·········· 1
  第一节　选题缘由 ·········· 1
  第二节　研究目标与研究意义 ·········· 8
  第三节　相关概念界定 ·········· 10
  第四节　研究的思路与方法 ·········· 15
  第五节　研究内容和分析框架 ·········· 16
  第六节　主要创新与不足 ·········· 18
  第七节　以福州为例的选题说明 ·········· 20

第二章　文献综述 ·········· 28
  第一节　农民工社会保障文献述评 ·········· 28
  第二节　国外迁移劳动力社会融合文献述评 ·········· 32
  第三节　国内农民工市民化研究 ·········· 40
  第四节　本章小结 ·········· 58

第三章　农民工市民化的历史演进和新生代农民工市民化分析 ·········· 60
  第一节　农民工群体的特征分析 ·········· 60
  第二节　农民工市民化的历史演进与趋势分析 ·········· 73
  第三节　新生代农民工的市民化困境与解决 ·········· 93
  第四节　本章小结 ·········· 116

第四章　社会保障影响新生代农民工市民化的研究设计 ·········· 118
  第一节　社会保障影响新生代农民工市民化的理论基础 ·········· 118

第二节　社会保障影响新生代农民工市民化的理论架构 ………… 127

　　第三节　新生代农民工市民化的测量变量设计 ………………… 133

　　第四节　新生代农民工社会保障享有的测量变量设计 ………… 136

　　第五节　问卷设计 ………………………………………………… 137

　　第六节　数据收集与样本基本情况 ……………………………… 137

　　第七节　本章小结 ………………………………………………… 138

第五章　新生代农民工社会保障与市民化情况的描述性分析 ……… 140

　　第一节　调查样本的基本特征分析 ……………………………… 140

　　第二节　测量变量问卷的信度检验 ……………………………… 142

　　第三节　新生代农民工市民化各维度差异分析 ………………… 144

　　第四节　社会保险与社会福利影响新生代农民工市民化的

　　　　　　对比分析 ………………………………………………… 150

　　第五节　本章小结 ………………………………………………… 157

第六章　社会保障对新生代农民工市民化作用机理的实证研究 …… 160

　　第一节　方法选择 ………………………………………………… 160

　　第二节　变量设计 ………………………………………………… 162

　　第三节　概念模型与研究假设 …………………………………… 163

　　第四节　量表的信度检验与效度检验 …………………………… 166

　　第五节　结构方程概念模型的检验 ……………………………… 170

　　第六节　结构方程模型的检验结果讨论 ………………………… 174

　　第七节　本章小结 ………………………………………………… 179

第七章　新生代农民工市民化个案分析 ……………………………… 180

　　第一节　研究方法 ………………………………………………… 181

　　第二节　结果 ……………………………………………………… 182

　　第三节　结论与政策方向 ………………………………………… 209

第八章　结论与政策建议 ……………………………………………… 211

　　第一节　主要研究结论 …………………………………………… 211

第二节　政策建议 …………………………………… 212
　　第三节　研究展望 …………………………………… 216

参考文献 ………………………………………………… 217

附录一　读博期间发表的相关论文 …………………… 226

附录二　新生代农民工城市社会保障享有情况调查问卷 …………… 270

附录三　新生代农民工市民化情况开放式问卷 ……… 275

附录四　人力资源主管开放式问卷 …………………… 277

附录五　新生代农民工市民化测量表 ………………… 279

附录六　新生代农民工城市社会保障享有情况测量表 …………… 280

附录七　新生代农民工享有社保的个人访谈提纲 …… 281

后　记 …………………………………………………… 283

表目录

表1-1　中国现行的城镇职工社会保险主要制度一览 / 22

表1-2　农民工主要社会保障模式的对比与评价 / 24

表3-1　新、老两代农民工"未来发展的打算"比较 / 70

表3-2　2008~2011年农民工的结构变化 / 75

表3-3　1978~2000年农民工相关社会政策 / 86

表3-4　2001~2012年农民工相关社会政策 / 90

表3-5　农业户口和非农业户口各自享有的权益 / 116

表4-1　新生代农民工市民化状况测评指标 / 130

表4-2　开放式问卷调查被试的分布 / 135

表5-1　样本的基本情况 / 140

表5-2　新生代农民工市民化测量问卷的内在信度（α系数）/ 142

表5-3　新生代农民工社会保障测量问卷的内在信度（α系数）/ 143

表5-4　新生代农民工市民化与社会保障的相关系数 / 144

表5-5　新生代农民工市民化各维度的性别差异检验结果 / 144

表5-6　新生代农民工市民化各维度的家乡差异检验结果 / 145

表5-7　新生代农民工市民化各维度的年龄差异检验结果 / 145

表5-8　新生代农民工市民化各维度的受教育程度差异检验结果 / 145

表5-9　新生代农民工市民化各维度的行业差异检验结果 / 146

表5-10　新生代农民工市民化各维度的住房类型差异检验结果 / 147

表5-11　新生代农民工市民化各维度的未来住房打算差异检验结果 / 147

表 5-12　新生代农民工市民化各维度的单位提供社保数量差异
　　　　　检验结果 / 148

表 5-13　新生代农民工市民化各维度的社会保险受益项目数量差异
　　　　　检验结果 / 148

表 5-14　新生代农民工市民化各维度的养老保险缴纳年数差异
　　　　　检验结果 / 149

表 5-15　新生代农民工市民化各维度是否享有社会救助的差异
　　　　　检验结果 / 149

表 5-16　新生代农民工市民化各维度的医疗费用支出来源差异
　　　　　检验结果 / 150

表 5-17　新生代农民工市民化各维度的子女义务教育差异
　　　　　检验结果 / 150

表 5-18　社会保险影响新生代农民工市民化的统计结果（Ⅰ） / 152

表 5-19　社会保险影响新生代农民工市民化的统计结果（Ⅱ） / 152

表 5-20　社会福利影响新生代农民工市民化的统计结果（Ⅰ） / 153

表 5-21　社会福利影响新生代农民工市民化的统计结果（Ⅱ） / 154

表 6-1　结构方程模型中的变量 / 162

表 6-2　可靠性统计量 / 166

表 6-3　CFA 测度模型的拟合效果 / 167

表 6-4　CFA 测度模型的拟合效果 / 168

表 6-5　潜变量间的区别效度 / 169

表 6-6　初始结构方程模型的拟合结果 / 170

表 6-7　第一次修正后的结构方程拟合效果 / 171

表 6-8　第二次修正后的结构方程拟合效果 / 172

表 6-9　第三次修正后的结构方程拟合效果 / 173

表 7-1　个案研究对象基本情况 / 181

表 7-2　新时期农民工住房供应体系基本框架 / 199

图目录

图 1-1　研究技术路线 / 18

图 3-1　农民工群体分化示意图 / 68

图 4-1　农民工社会支持体系 / 124

图 4-2　社会认同的内在二维图式 / 126

图 4-3　新生代农民工市民化的社会制度支持机制 / 128

图 4-4　社会保障与农民工市民化关系示意图 / 130

图 4-5　新生代农民工融入状况三维度分析框架 / 130

图 4-6　社会保障影响新生代农民工市民化分析机制 / 133

图 6-1　结构方程模型分析示意图 / 160

图 6-2　社会保障影响新生代农民工市民化作用机理示意图 / 164

图 6-3　结构方程模型概念示意图 / 165

图 6-4　验证性因素分析的 CFA 初始模型 / 167

图 6-5　验证性因素分析的 CFA 修正模型 / 169

图 6-6　初始结构方程模型拟合效果 / 171

图 6-7　第一次修正后的结构方程模型 / 172

图 6-8　第二次修正后的结构方程模型 / 173

图 6-9　第三次修正后的结构方程模型（t 统计值模型）/ 174

图 6-10　社会保障对应新生代农民工市民化作用机理路径 / 174

图 6-11　社会保障影响新生代农民工市民化作用机理路径 / 175

第一章 绪论

第一节 选题缘由

一 选题背景

改革开放以来,中国的农民兄弟怀揣着增加收入、改善生活状况的美好愿望,顺应市场需求,在城乡二元结构尚未被根本突破的背景下,闯出了一条城乡流动就业的新路子。这支具有鲜明中国特色的新型劳动力大军,搭起了连接城乡的桥梁。30多年来,农民工兄弟挥洒着汗水,通过辛勤劳动换来的一张张汇款单,在大幅度提高家庭收入和改善生活条件的同时,也推动了中国工业化进程。如果单单以经济指标来评价的话,这种流动就业无疑是有意义的。然而,从经济社会发展的视角来看,这种只有身体流动而没有身份流动、只是就业而没有迁居的人口流动使人的城市化落后于物的城市化。如果任由这一现象继续存在和发展,将导致城市化发展不可持续,甚至还可能葬送现代化的发展成果。

中国农村劳动力向城市迁移实际上分为两个阶段:一是农村劳动力流动到城市就业,二是进城农民工在城市定居并市民化。① 目前,第一个目标基本没有太大的障碍,但第二个目标的实现还面临着很大困难。伴随着农民工的代际分化和第一代农民工逐渐退回农村,20世纪80年代后出生的新生代农民工已经成长为农民工的主体。2009年,国家统计局对全国31个省份的农民工进行了监测调查,在所有外出农民工中,新生代农民工的比例超过了一半,占到58.4%,已成为农民工的主体。与"扛

---

① 蔡昉:《劳动力迁移的两个过程及其制度障碍》,《社会学研究》2001年第4期。

着蛇皮袋进城"的第一代农民工相比,"拉着拉杆箱进城"的新生代农民工的追求呈现出整体性的变迁:一是由亦工亦农向全职非农转变;二是由城乡流动向市民化转变;三是由谋求生存向追求平等转变。他们在追求经济利益的同时,表现出更多的对自身权利的诉求,对尊重、平等和社会承认有更多的企盼。这一群体整体上更希望定居城市,享有平等的市民权利,但又不敢放弃农村户籍,彻底撤离农村。人在城市、根在农村,像无脚的鸟一样四处流动,就是他们的现实生活写照。因此,解决新生代农民工的现实难题的首要条件是支持他们定居城市并向市民转变。

作为中国经济体制转轨和社会转型时期形成的特殊社会群体,农民工是一种身份,更是一种制度。1958年颁布实施的《户口登记条例》和以此为依据的城乡二元社会保障体系是这种制度或身份得以确立并维持的基础。《户口登记条例》将中国人口分为城镇居民和农民两大类,以户籍为依据,实行户籍身份+职业+社会保障三合一的社会管理体制。对不同的户籍身份者,实行不同的就业安排并归入相应的社会保障体系。城镇居民由政府负责安置工作并享有单位提供的食品供应、住房福利、公费医疗以及退休金等保障。农民也有对应的就业安排和保障体系。比如,农民从一出生便自动获得土地分配和在土地上工作的权利,有土地就有收入,从而具备了解决生老病死的经济条件。两个社会、两种保障体制独立运行,楚河汉界,泾渭分明。偶有农民迁往城市也只能是体制内迁移,即经官方授权改变其永久户籍身份,并由国家安排工作和提供对应的福利保障。伴随着这种体制内的迁移,农民变成了市民,成为产业工人并被纳入市民的社会保障体系,其身份、职业、社会保障体系的转换是同步的,始终维持着制度体系的均衡。改革开放以后,伴随着农民大量进城务工,身份、职业、社会保障三合一的均衡体系被打破,形成了独具中国特色的"农民工"现象——工作在城市,身份和社会保障却在农村;风险来自城市,安全保障则来自农村。这种风险与保障的分离错位,使农民工既渴望留在城市又不敢彻底离开农村,他们只能在城市拉力和农村反拉力的相互作用中迁徙流动,为自己最终归为何处寻找答案。

伴随着新生代农民工数量的增长,农民工群体最终归为城市的方向越来越明晰，如何推动这一庞大群体成为城市中的一员就成为政策调整的现实考虑。分析产生农民工现象的制度机制，可以发现：农民工就是没有从事农业劳动的户籍农民，它是农民户籍和农民职业一致性分离的结果。① 农民工当前的城市化困境也因此而生——农民的就业和风险随身体进了城，而由身份决定的权利和安全保障体系却还留在农村，造成了这一群体"进不来，回不去"的现实困境。虽然拥有城市户籍被视为解决这一难题的直接手段，但在市场机制逐步展开的今天，户籍承载的内容已大不如前，拥有一纸户籍并不意味着新生代农民工从此可以衣食无忧。而且，永久性的户籍迁移并不是所有农民工的选择。② 虽然以改变户籍来推动农民工市民化并非当前的最优选择，但农民工在城市长期工作和生活的权利和对风险保障的需求却不能因此被忽视。推动农民工的社会权利体系和安全保障体系进城并随就业流动，就成为当前户籍制度渐进改革背景下的务实选择，农民工市民化过程其实就是其社会保障体系由农村转移到城市的过程。

　　随着改革的不断推进，将包括农民工在内的所有劳动人口纳入社会保险体系开始成为市场经济发展的基本制度条件，各地城市政府都对推动农民工参加城镇职工社会保险做了积极尝试，要求农民工缴纳社会保险金以预防将来的养老、医疗风险以及其他可能的风险。而由城市政府提供的就业、教育、医疗卫生和住房等公共福利还延续着过去的传统——主要面向本市户籍人口。对农民工尤其是处于人生起步阶段的新生代农民工来讲，他们更希望社会福利体系对其开放，却不是早早地为30~40年后才可能获得的安全保障埋单。我们不能一味指责农民工眼界浅，享有城市政府提供的就业、教育、医疗卫生和住房福利对他们而言不仅意味着用于改善生活的真金白银，还意味着平等竞争的权利保障。

---

① 就其本义而言，农民是一种职业，是从事农业生产的劳动者。1958 年《户口登记条例》将人口分为两类：农民和市民，农民的工作是从事农业劳动，农民的身份和就业完全重合，并且农民的身份色彩更突出。改革开放以来，农民离开农村进城务工，身份和职业的一致性被打破，但旧的计划体制的户籍安排还未废除，就出现了身份和职业分离的农民工现象。

② 侯红娅、杨晶等：《中国农村劳动力迁移意愿实证分析》，《经济问题》2004 年第 4 期。

而参保所代表的长远利益对他们真有点"画饼充饥"的意味。这是现实利益和长远利益的考量,没有当下城市工作和生活的平等基础,如何搭建保障未来的社会保险大厦。

基于此,本书立足于社会保障视角,分析社会保障体系各个组成部分对新生代农民工市民化过程可能产生的影响,指出农民工市民化的过程就是其社会保障体系由农村转移到城市的过程。通过建立数量模型,测算社会保障体系对新生代农民工市民化的具体影响,以期从社会保障角度为中国农民工市民化的政策选择提供实证研究依据。

二 市民化的选题说明

伴随着国家工业化发展以及农村劳动生产率水平的提高,一部分农村人口逐步向城市转移并最终实现城市化是每一个发展中国家都必须经历的现实难题。当前,中国经济社会发展客观上要求一部分农村人口逐步向城市转移,并最终实现城市化。农民工能否真正实现市民化,不仅关系到二元社会结构的转型、工业化和城市化的实现,也影响着"三农"问题的解决。只有当农民工真正实现了市民化,成为城市社会无差别的一员,农村劳动力转移才算彻底完成。对农村劳动力迁居城市的评价界定,学术界大致形成三种观点:社会融合、城市融入、市民化。

其一,社会融合。社会融合是个体和个体之间、不同群体之间或不同文化之间互相配合、互相适应的过程。[①] 社会融合的概念源自西方国家,主要是针对移民群体在流入地遭受的社会排斥而提出的。在中国,农民工是一个庞大的移民群体,他们在进入城市后遭到了城市政府和居民的排斥:城市政府没有为外来务工群体提供平等的公共服务;城市居民因为文化和心理上的优越感产生语言和行为上的排斥。比如,城市居民和农民工打交道时会用"你们""我们"来进行身份的区别,也有不少城市家长在教育孩子时经常说这样一句话:"你现在不好好学习,长大只能当农民工。"这些有形、无形的排斥造成了农民工对城市的隔阂和对

[①] 任远、邬民乐:《"逐步沉淀"与"居留决定居留"——上海市外来人口居留模式分析》,《中国人口科学》2006 年第 3 期。

立，影响着两大群体的良性互动。农民工面对的排斥减少，有助于他们在城市定居、生活和发展，进而实现从农民工向市民的转变。从这一角度来看，社会融合的过程，就是农民工面对的社会排斥逐步减少的过程。

其二，城市融入。融入，从字面上看，指一部分进入并逐渐成为其中的无差别的一部分。① 从这个角度来看，农民工的城市融入就是指农民工在生产方式、生活方式、社会心理与价值观念上整体向城市转变并认同自身新的社会身份的状态。农民工从农村进入城市社会，并最终实现对于城市社会或社区的适应与充分融入，不只是一种简单的人口流动，它包含一系列结构的转换，以及过程性变迁。在此意义上，农民工的城市融入问题实际上就是由包括多重空间、身份与观念、价值以及认同的转换等多重复杂的转换构成的。从空间角度来看，农民工从所谓的"乡土社会"进入了现代化意义上的城市社会，要经历一系列空间转换。包括：从农村到城市的地理空间转换；并且，伴随着地理空间的转换，农民工也实现了生产空间的转换；在完成了初步的生存适应之后，农民工需要理解和认识城市社会的生活方式、生活风格、行为模式、交往规则等，开始文化与生活空间的转换。从身份的角度来看，农民工在进入城市的工业生产体系后，虽然户籍还是农民，但已经就被视为城市产业工人的一部分，所以叫"农民工"。当农民的户籍转换成城市户籍的时候，才算真正实现了身份上的城市融入。从观念或认同的角度来看，农民工要真正从农村人转变成城市人，就应该具有和城市人一样的价值观念，认同和接受城市的价值，并在实践中体现城市的价值观念。只有农民工在学习与适应了城市的生活空间特性基础上，才能与城市社会进行良性互动，才算彻底实现由农村人向城市人的转变，这是一个长期的过程。对于进城农民工融入城市社会的长期性，赖晓飞等认为需要代际传递的保持来实现。

---

① 在城市社会学理论中，"融入"和"接替"是一组比较适合从宏观上解释外来人口逐渐融入城市并逐渐成为城市居民这种情况的。在城市的某个地区，"另一个群体移入这一地区并取代了前一群体的部分居民。这种一个群体进入由另一个群体居住的区域的运动就叫融入。如果后一群体在取代前一群体之后又对这一地区实施了有效的统治，就构成了接替"。

其三，市民化。近年来，农民工市民化问题逐步进入学术研究的视野，并日益引起政府和公众的关注。目前，从社会学、经济学、人口学到政治学、公共管理学等学科，对"农民工市民化"问题都根据自己的话语体系与学术优势进行了广泛的关注与解析，多学科的混同与交叉使相关研究更加丰富化和全面化，当然也导致在基本概念上难以达成共识。"农民工市民化"尚未形成普遍认可的定义，但对农民工市民化的核心内涵有一个基本共识，即农民工市民化是农民工由农民向市民转化的过程和现象。例如，有学者指出，市民化是指："作为一种职业的'农民'和作为一种社会身份的'农民'在向'市民'转变的进程中，发展出相应的能力，学习并获得市民的基本资格、适应城市并具备一个城市市民基本素质的过程。"① 主要的"分歧"在于"转化"的内容。例如，有学者认为，转变的内容包括，"职业转变成首属的、正规的劳动力市场上的非农产业工人，社会身份变成市民，素质进一步提高和市民化，意识形态、生活方式和行为方式城市化"。也有学者认为，包括"由从事农业劳动转向非农业劳动，从乡村社区向城市社区流动，获得城市户口和平等公民权，形成城市生活方式"。还有学者认为，市民化是指"农民获得作为城市居民的身份和权利的过程，以及市民意识的普及和居民成为城市权利主体的过程"。由此可见，尽管存在分歧，但学者们对农民工市民化的内容判定大体是一致的。包含两层含义：狭义地说，农民工市民化是指农民工获得与城市居民相同的合法身份和社会权利的过程，如城市户籍、就业权、受教育权、社会福利保障、选举权等，这属于农民工市民化外在的表现形式，也可以理解为与国家、政府相关联的技术层面上的市民化过程；广义地理解，不仅包括获得和城市居民同等的身份和权利，还包括其价值观念、文化素质、行为习惯、身份认同等主观因素及其向城市市民生产、生活方式的转化②，它所涉及的是与国家、政府相对应的社会制度层面上的市民化过程，包括思想观念、行为方式、社会权利、生活质量、社会

---

① 郑杭生：《农民工市民化：当代中国社会学的重要研究主题》，《甘肃社会科学》2005年第4期。
② 王桂新、罗恩立：《上海市外来农民工社会融合现状调查研究》，《华东理工大学学报》2007年第3期。

参与等。显然，完整的农民工市民化应该是广义上的农民工市民化。

就中国的现实情况而言，从农民到市民要完成两个转换，从农民到农民工只是完成了前半部分，从农民工到市民的转变才代表着这一过程的真正完成。农民工能否在社会权利、行为方式、思想观念等方面和城市居民趋于一致，是衡量其迁移成功与否的重要标志。以上三种概念对农村劳动力迁移状态的界定，都有其合理之处。社会融合反映的是农民工和城市居民在行为方式、价值观念上相互影响并和谐相处的社会状态；城市融入则是农民工以城市居民为标准，逐步褪去传统性和乡土性，最终成为城市居民中无差别的一部分；市民化不仅包括要赋予农民工市民的身份和权利，而且还包括农民工心理上对城市生产、生活方式的适应和认同。但是，结合中国社会实际来看，上述三种概念所反映的农民工市民化的路径选择和状态表达又存在很大不同。

在社会融合概念中，农民工不仅吸收了市民群体的现代性，而且自身的文化习惯也在影响着市民群体，它反映的是一种平等的关系。融合可能是农民工向市民转变最理想的一种社会状态，却在无形中夸大了农民工在城市社会的影响力。不管农民工群体有多么庞大，不可否认的是，农民工在流入地城市属于弱势群体，往往处于被动地位，结构、制度、文化及行为习惯的制约使这个弱势群体很难对流入地的主流社会产生影响，即便他们有心如此也是枉然。而且，中国广阔的地域也意味着来自不同省份、不同地区的农民工的行为方式、价值观念带有强烈的地方色彩，很难形成一致的文化认同以影响城市社会的现代文明。并且，农民工的流动有着明确的、单向的功利目的。人们之所以流动，就是认为流入地比流出地"好"，无论这个"好"表现在哪个方面，无论这个"好"多么主观，也无论这个"好"如何衡量。向往城市相对富裕的经济环境、崇尚城市的"现代"文明，都是驱动人口流动的主要原因。绝大部分农民工之所以离开家乡、远离亲人、别离过去的社会关系，来到陌生的地方，更多的是希望融入主流社会。他们在流入地的经济、文化、行为等都是以目的地，而不是以家乡地为参照标准的。所以，农民工的迁移过程其实是一个不断模仿、学习城市居民，获得现代性的过程。社会融合概念无法准确反映农民工在城市生活、交往的真实状态。

城市融入所表达的最终状态虽然就是广义上理解的农民工市民化，但更强调这一过程的自发性和农民工群体的主动性。在能不能和要不要融入城市社会的问题上，农民工更多的是基于自己的判断和不断努力，不能很好地反映中国户籍制度改革的公平取向以及对这一复杂社会进程产生的影响。

农村劳动力向城市迁移并转变为市民，是工业化和城市化发展的必然要求，在这一过程中，不仅需要政府改革不适应社会发展要求的户籍制度，赋予农民工合法、均等地享有政府提供的公共服务的权利，同时也需要农民工积极转变自己，以获得更多的现代性。外部"赋能"和自身"增能"这两个方面相互影响，共同推动农民工向市民的转变。所以，"市民化"的概念更能表达这一过程的状态和相应的制度要求。

第二节　研究目标与研究意义

一　研究目标

本研究是在二元户籍管理制度和农村土地制度渐进改革的背景下，分析社会保障体系对新生代农民工市民化的作用机制，重点研究社会保障体系中社会福利和社会保险两组内容对新生代农民工市民化的影响，以期为推动新生代农民工市民化的社会保障政策设计提供实证依据。研究的具体目标包括以下四个方面。

第一，在文献综述的基础上，结合专家访谈和集体访谈编制新生代农民工市民化量表和社会保障量表，重点探讨社会保障与新生代农民工市民化的关系。

第二，利用结构方程模型，了解社会保障各项内容对新生代农民工市民化各个层面的具体影响，勾勒出社会保障影响新生代农民工市民化的作用机制。

第三，在定量分析的基础上，进行质性研究。按照分层抽样的原则，选取样本进行深度访谈，挖掘调查数据无法反映的信息。

第四，在量化研究和质性研究的基础上，提出推动新生代农民工市民化的社会保障政策建议，为政府制定相关政策提供理论借鉴与实践参考。

二 研究意义

在经济社会体制改革不断推进和中国新型城镇化的时代背景下，农民工市民化不仅关系到改革的深入推进和城镇化的健康发展，还关系到农民工平等权利诉求的满足和社会和谐，对于改革发展稳定和社会主义现代化进程具有全局性的重要意义。

（一）理论意义

从理论上讲，西方发展经济学关于农业剩余劳动力转移的"二元结构模型"虽然为中国农村剩余劳动力转移和农民工市民化问题的研究提供了有益的借鉴和分析思路，但是在解释农民工市民化的问题上，无法说明大量农民工"流而不迁"的问题。西方的劳动力迁移是一种比较纯粹的经济行为，劳动力的社会权利随着迁移同步流动，同流入地社会的互动更多地体现在文化领域的冲突与协调，而不是制度身份的识别和对立。但是，中国农村迁移劳动力的社会权利并没有与劳动力同步流动，而是留在了户籍地。这意味着中国的城市化不仅表现出和西方城市化不一样的演进路径，还充满着更多的不确定性和复杂性。探究"中国式"的"新生代农民工"市民化不仅需要我们面对特殊的现实国情和历史背景，更需要我们采用科学的方法和工具，以创新的眼光去发现市民化的复杂性与规律性。具体而言，一是本书从农民工市民化的理论基础入手，探讨了农民工市民化与社会保障制度的理论关联，为研究中国农民工市民化研究指明了方向；二是在文献研究的基础上，通过问卷调查、访谈等手段，坚持规范分析和实证分析有机结合，对影响农民工市民化的社会保障要素进行系统性研究，丰富和发展人口迁移理论、公民权利理论和农民工市民化理论；三是从中国实际出发，从制度发展的角度将社会保障体系重构和农民工市民化结合起来。本书指出，农民工市民化的过程就是其社会保障体系在城市重构的过程，为中国进行户籍制度改革，推进农民工市民化进程，最终解决农民工问题提供了理论依据和重要参考。

(二) 现实意义

大量农民工"流而不迁"是造成城镇化落后于工业化发展的重要原因，也将使工业化因缺乏有效的人口支撑而迟滞不前。推动城镇化发展，核心在于实现人口的城镇化，农民工市民化是推动城镇化和工业化良性互动、健康发展的关键。

本研究的现实意义在于以下几个方面。

第一，本研究从制度变迁的视角出发，指出农民工群体的出现是原有的户籍+就业+社会保障三合一的制度均衡体系被打破的结果，导致农民工市民化困境的根本原因就在于没有确立新的身份权利一致的制度均衡。中国农村迁移劳动力的市民化始终比西方社会融合多一项内容——制度重构，这是以往研究中被忽略的重要内容。

第二，通过本研究，将农民工市民化和社会保障体系重建这两个现实难题进行了有机结合，指出农民工市民化的过程就是其社会保障体系进城的过程，为中国户籍制度改革指明了方向。

第三，本研究在规范分析和实证分析的基础上，选取样本进行深度访谈，挖掘问卷调查无法反映的信息，有助于对社会保障影响农民工市民化进行全景式把握，为政府进行政策设计提供依据。

总之，从社会保障视角来解释和描述中国新生代农民工的市民化问题，无论在理论价值上还是在实践价值上都具有十分重要的意义。

第三节 相关概念界定

本书的研究思路，就是探索社会保障体系影响新生代农民工市民化的作用机制。下面对本书所使用的相关概念进行界定和解释。

一 新生代农民工

"农民工"一词是张雨林教授1984年在《社会学研究通讯》中提出的，主要指党的十一届三中全会以后，离开土地进入乡镇企业就业而开创的"离土不离乡"的农村劳动力转移模式中在乡镇企业务工的农民，后来这一词语也被用来表述进城务工的户籍农民。在中国的政策环境下，在农民进城务工的实践中，农民工总让人感觉带有歧视的味道，所以不少学者更倾向于以"农村迁移劳动力"或"进城务工人员"来表述这一群体。也有学者从国际化的角度以"乡—城移民"来代指农民工，试图在避开"农民工"一词中歧义的同时，同国际接轨并推进其他有关移民问题的深入研究。不管从什么立场来考虑，也不管表述的内涵是什么，其实都没有改变这一群体在中国社会转型期的双重身份和面对的制度约束。从中国的制度环境和运行实践来看，农民工就是从农民中分化出来、与农村土地保持一定的经济联系、从事非农业生产和经营、以工资收入为主要来源，具有非城镇居民身份的非农化从业人员。[①] 农民工有广义和狭义之分：广义的农民工既包括外出进城务工人员，还包括在县域内第二、第三产业就业的农村劳动力。[②] 狭义的农民工主要指跨地区外出进城务工的农村劳动力。本书的研究对象，主要是跨地区外出进城务工人员，即狭义的农民工，又叫"进城农民工"。

新生代农民工，一般指的是"80后""90后"的农民工群体。与上文对应，本书中所谈到的"新生代"指的是跨地区外出进城务工的"80后""90后"农民工群体。

二 社会保障

社会保障是指国家通过立法对国民收入进行分配和再分配，对社会成员的基本生活权利给予保障的社会安全制度。它包括社会福利、社会保险、社会救济、优质安置四个方面的内容。社会保障制度是市场经济运行的一个必要条件，通常被认为是社会经济运行的"安全网"和"减震器"。

目前，国际上对社会保障的含义有不同的理解，并没有形成一个统

[①] 也有学者认为，只要没有从事农业劳动的户籍农民都是农民工。这个概念的内涵要宽泛得多，不仅包括实力雄厚的私营企业主、个体工商户，也包括自我雇用、自我经营的灵活就业人员，不同职业声望和社会地位的农民工白领和蓝领阶层也同属于这一群体。因为社会保障涉及国家、单位、个人三方共同的责任，所以本书对农民工的界定选择以工资为主要收入来源的受雇型农民工。

[②] 中国农民工问题研究总报告起草组：《中国农民工问题研究总报告》，《改革》2006 年第 5 期。

一的、被普遍接受的说法。在不同社会制度的国家里，各国都是根据本国的经济、社会发展水平以及民族、文化、历史传统等方面的实际情况，来设定社会保障的覆盖范围、保障的项目和水平。尽管社会保障的形式和内容复杂多样，但讨论社会保障制度的内涵，都不可避免要涉及社会福利。对此，学者们从不同的角度形成了三种解释：一是社会保障包含社会福利。在中国，社会福利仅仅是社会保障体系的一个组成部分，属于狭义社会福利范畴。① 中国是在第七个五年计划才开始使用"社会保障"一词的。2004年，中华人民共和国国务院新闻办公室发布的《中国的社会保障状况和政策》白皮书中写道："中国的社会保障体系包括社会保险、社会福利、优抚安置、社会救助和住房保障等。"二是社会福利包括社会保障。在英国出版的《新大不列颠百科全书》中，"社会保障"是"社会福利"条目下的子项目。北欧、西欧国家中形成以英国、瑞典为代表的福利型社会保障模式强调福利的普遍性和人道主义，以国家税收来解决保障基金来源。三是把"社会保障"等同于"社会福利"。张海鹰在《社会保障词典》中给出的解释是：作为国家的社会政策，社会福利是由国家或社会为立法或政策范围内的所有公民普遍提供旨在保证一定生活水平和尽可能提高生活质量的资金和服务的社会保障制度。在这里，社会福利不再只是一个子项目，而是发挥着社会保障的全部功能。事实上，社会福利和社会保障在概念、制度与服务实践层面存在千丝万缕的广泛联系和相似之处，两者相互交织、相互依赖，难以区分。

  本书中社会保障与社会福利的关系适用第一种解释。根据国家相关文件对社会保障内容的规定并结合中国实际，我们认为，中国的社会保障是一个包括社会保险、社会福利、优抚安置、社会救助和住房保障等内容在内的庞大体系。

三　社会福利

  社会福利是指国家依法为所有公民普遍提供的旨在保证一定生活水平和尽可能提高生活质量的资金和服务的社会保障制度。社会福利是一

---

① 陈良瑾：《中国社会工作百科全书》，北京：中国社会出版社，1994。

个宽泛的和不准确的词,对于社会福利内容的界定,不同国家和地区的理解不尽相同,甚至同一个国家和地区在不同时期也不相同。在美国,社会福利是给个人谋生能力中断或丧失以保险,还为结婚生育或死亡而需要某些特殊开支时提供保障,主要提供给那些收入较低、极端贫困的人员,带有济贫性质。日本的社会福利主要功能在于,在国民蒙受如失业、伤病、高龄等各种事故所带来的困难时,由国家来救济国民生活之损缺,社会救济色彩浓厚。在英国,社会福利体系不仅包含社会保险,还包括免费医疗等公益服务和家庭生活补贴,是一种公共福利计划。以瑞典为主要代表的北欧国家将社会福利视为公民社会权利的一部分,所有的阶层都被纳入一个普惠型的福利体系,实行普惠制。尽管存在内容与实施上的差别,各国对社会福利的定义实质上是一致的,目的都在于使社会,包括个人、家庭和社区处于一种正常和幸福的状态,增加社会总体上的利益。在社会权利平等不断推进的过程中,社会福利作为经济剩余的分配和社会救济的特征逐渐褪去,其平等性、普惠性特征不断凸显。目前,越来越多的国家将社会福利视为公民社会权利的基本内容。《中国大百科全书·社会学》就将社会福利定义为:"国家和社会为增进成员尤其是困难者的社会生活的一种社会制度。旨在通过提供资金和服务,保证社会成员一定的生活水平并尽可能地提高他们的生活质量。"所以本研究中,社会福利就是国家和社会通过社会化的福利津贴、实物供给和社会服务,满足社会成员的生活需要并促使其生活质量不断得到改善的一种社会政策。

中国社会福利体系虽然覆盖了全部的社会成员,却呈现"碎片化"的特征。在中国,地区不同、城市行政层次不同,社会福利的"含金量"也不同。大城市户籍的吸引力大于中小城市的关键就在于社会福利的"含金量"存在差别。即便在同一地区,就业身份不同,所享有的社会福利内容和水平也有着不小的差距。更为严重的问题还在于,社会福利的分配以户籍身份为依据,实行属地化管理,这就导致了乡—城流动劳动力的社会福利权益在流入地城市缺失的问题,城—城流动的劳动力也是如此。中国的社会福利分配呈现"城乡差分、内外之别"的典型特征,这种社会福利权利随户籍沉淀给劳动力的流动带来很多不便,严重影响到了他们在流入地的工作和生活。对农民工来讲，更是影响了他们的市民化进程。

现阶段，中国社会福利的主要内容包括医疗卫生服务、文化教育服务、劳动就业服务、住宅服务、孤老残幼服务、残疾康复服务、犯罪矫治及感化服务、心理卫生服务、公共福利服务等。从内容上来看，社会福利体系的主要内容，同时也是公共服务的核心内容，与政府提供的公共服务中的社会服务部分高度重合。虽然随着政府公共财政支出的增加和服务型政府职能的转变，各级政府和学术界更强调公共服务均等化之于农民工市民化的重要意义，但本书坚持采用社会福利的提法，主要是为了与社会保障这一庞大体系相一致，以证明农民工市民化过程其实就是其社会保障体系在城市重建的过程。

四 社会救助

社会救助是指国家和其他社会主体对遭受自然灾害、失去劳动能力或者其他低收入公民给予物质帮助或精神救助，以维持其基本生活需求，保障其最低生活水平的各种措施。在现代社会保障体系中，社会救助处于基础保障地位，它是对社会保险无法保障，或保障后家庭收入仍然低于最低生活标准的贫困群体的一种"兜底"保障，是保障社会成员生存权利的最后一道防线。社会救助有时也被称为社会救济，但两者并不完全相同。通常来说，救济是基于一种同情和慈善的心理，对贫困者实施的暂时性救济措施；而救助则是作为政府的责任而采取的长期性的救困助贫措施。中国社会救助体系通常由最低生活保障、医疗救助、住房救助、失业救助、灾害救助、教育救助、司法救助等子系统构成。

社会救助是公民的一项基本权利，不管男女老少，也不论何种职业，只要符合条件都有资格享受。所以，无论哪一类农民工，都享有在困难时期获得国家无偿救助的权利。但是，现代社会救助又是以尊重受助者自主权为前提的，采取主动申请、自愿受助的方式，即先是由受助者提出申请，然后政府再给予救助。所以，公民的权利意识会直接影响到社会救助的获得。不过，目前，中国城市社会救助体系保障的对象是人均收入低于当地生活保障标准的持有非农户口的城市居民，只面向城市户籍人口。

第四节 研究的思路与方法

一 研究的总体思路

农民工是改革开放以来中国经济社会转轨时期出现的特殊群体,他们为国民经济和社会发展做出了巨大贡献,却依然是生活在城市的"边缘人"。在统筹城乡发展和中国新型城镇化的大背景下,解决农民工问题更凸显其重要意义。农民工市民化是解决农民工问题的根本途径,更是关系到城镇化和现代化建设能否健康发展的关键。本研究的基本思路是,以新生代农民工为研究对象,以制度创新为主线,对社会保障影响农民工市民化的作用机理进行考察,系统分析社会福利和社会保险对新生代农民工市民化过程的影响,构建农民工市民化的社会保障制度框架,以期为农民工市民化提供理论依据和政策参考。

二 研究方法

(1) 问卷调查方法。本书的数据来源于调查组在福州市所做的实地调研,调查组成员由笔者本人、福州大学管理学院研究生和江夏学院本科生组成,按分层抽样和方便抽样的原则对福州市制造业、建筑业、零售业、商业服务业、交通运输业、餐饮业等行业的新生代农民工进行问卷调查。

(2) 访谈调查方法。在问卷调查的基础上,根据被试农民工市民化程度的得分高低情况(并兼顾性别、年龄和行业),抽取高分组3人和低分组3人,作为深度访谈对象。调查采用一对一访谈的形式,由笔者本人完成。

(3) 计量模型分析方法。本书运用 Logistic 模型,分析了社会保障因素对新生代农民工市民化程度的影响;运用多项 Logistic 模型分析了社会保障各要素对新生代农民工经济、社会、心理融入分别产生的影响;在理论分析框架的基础上建立 SEM 结构方程模型,以揭示社会保障各要素与新生代农民工市民化各层次之间的作用机理，以及社会保障各要素之间的作用机理。本书采用 Excel 软件、SPASS 软件对数据进行转换和简单统计分析，并运用 AMOSS 17.0 软件，对变量进行处理并进行回归分析。

第五节 研究内容和分析框架

一 研究内容

围绕上述目标，本书主要研究内容如下。

第一，采用文献研究法，对国内外学者关于市民化的研究文献进行分析归纳，同时对我中国农民工权益诉求的变化特征以及新生代农民工市民化的现状和困境进行分析，为新生代农民工市民化的社会保障框架建构奠定基础（主要内容是第二、第三章）。

第二，根据文献综述和新生代农民工市民化困境的分析结果，结合社会排斥理论、社会互动理论、社会支持理论、社会认同理论，构建新生代农民工市民化的社会保障理论框架。总结归纳出新生代农民工市民化的社会保障分析模型和潜在社会保障影响因素，并在政策研究和实地调研的基础上，经过专家讨论、确定了农民工社会保障享有程度的测量变量（主要内容是第四章）。

第三，对调查样本中新生代农民工市民化的影响因素进行描述性统计分析；然后，运用因子分析法和相关分析法，对影响福州市新生代农民工市民化的关键社会保障因素进行识别，为后续关键影响因素的作用机理分析奠定基础（主要内容是第五章）。

第四，根据关键影响因素识别结果，进一步利用结构方程模型，对社会保障影响新生代农民工市民化的作用机理进行实证研究，判断社会保障各因素对新生代农民工市民化的直接影响与间接影响，并探索市民化各因素之间的相互影响，为政策建议提供依据（主要内容是第六章）。

第五，根据新生代农民工市民化测量结果，在市民化高分组和低分组各选 3 个样本进行深度访谈，挖掘调查问卷反映不出来的信息。这 6 个样本基本覆盖了制造业、服务业、建筑业、零售业等农民工相对集中的行业（主要内容是第七章）。

第六，根据研究结论，提出推动新生代农民工市民化的相关社会保障政策建议（主要内容是第八章）。

本书通过理论分析和实证研究，得到的主要结论如下。

第一，享有社会福利有助于提高新生代农民工市民化的意愿。

第二，参保对新生代农民工市民化的影响主要体现在经济层面和社会层面。

第三，参加社会保险和享有社会福利互为消长又相互促进。

第四，近期来看，社会福利在推动新生代农民工市民化过程中作用更大。

第五，人力资本水平是影响新生代农民工市民化的重要因素。

第六，多数新生代农民工的社会保障权利意识还不够，他们习惯于独自解决难题，经济理性突出。

第七，并不是所有农民工都愿意放弃农村户籍，但原因却大不相同：高得分组更多的是源于情感方面的不舍，而低分组则更多的是出于对安全保障的担忧。

基于上述研究结论，并结合个人深度访谈，本书提出了推动新生代农民工市民化的社会保障政策建议。

第一，减少社会福利权利的户籍色彩，为农民工提供与城市居民同等的公共服务。

第二，完善社会保险相关制度，积极推动农民工参保。一是要加大社会保险相关知识宣传，培养农民工的社会保险意识，提升他们参保的主动性；二是要加大执法力度，督促企业和农民工签订劳动合同，以劳动合同来保障农民工的参保权益；三是要提高社会保险统筹层次，减少流动过程中产生的"便携性"损失，保障农民工的参保权益。

第三，积极探索适宜的农民工社会救助形式。

二 分析框架

结合研究目标和研究内容，本书的研究思路和采用的研究方法如图1 –

1所示。

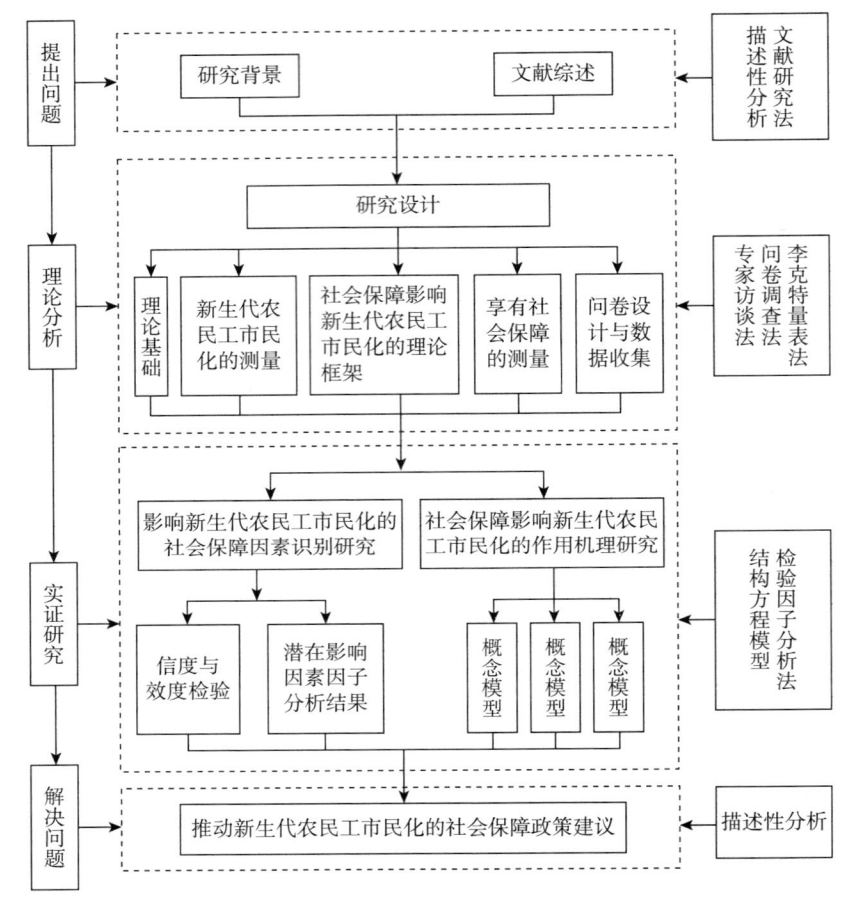

图 1-1 研究技术路线

第六节 主要创新与不足

一 本书的创新

本书以社会保障为研究视角,对社会保障影响新生代农民工市民化的作用机制展开实证研究,力图在以下三个方面有所创新。

(1) 理论联系实际,系统地研究了农民工市民化的理论和现实问题。从农民工市民化的理论基础入手,探讨了农民工市民化与社会保障制度的理论联系，根据农民工群体流动轨迹、权利诉求和政府相关政策的发展变化的特征和趋势，从理论角度分析了农民工市民化的社会保障逻辑关系，为全面推进农民工市民化进程、最终解决农民工问题提供了理论依据和重要参考。本书认为，改变户籍只是农民工市民化的基本条件，但不是问题的关键，推动公共服务均等化和社会保障体系随人口迁移才是推动农民工市民化应该努力的方向。

（2）借鉴劳动力迁移的有关理论和移民分析的"四维模型"，针对国内研究中结构主义突出的缺陷，注重农民工市民化过程中宏观与微观、结构与行动的有机结合，构建了中国农民工市民化的社会保障分析模型；对社会保障影响农民工市民化的具体机理展开定量分析，并辅以不同行业、不同市民化程度的农民工个体深度访谈，全面、细致地描述了社会保障制度供给对农民工市民化的具体影响。

（3）以制度创新为主线，提出了农民工市民化的社会保障思路和目标设计，构建了推动新生代农民工市民化的社会保障制度框架和政策建议。本书认为，在市场经济改革不断推进和新型城镇化建设的大背景下，农民工市民化将是中国进一步改革和城市化有效推进的关键。在推进农民工市民化方面，要加快推进户籍制度改革，以推动进城农民工社会身份的转变；更重要的是要以现代公民权利为核心，以机会均等和权利平等为准则，推动基本公共服务均等化、完善社会保险制度、完善社会救助制度。让包括农民工在内的每一个中国人都能平等享有改革发展成果和确保底线公平，才能最终实现农民工从传统乡村文明向现代化城市文明的整体转变。

二　不足之处

（1）由于笔者的水平和时间有限，以及相关数据资料的获取受到影响，虽然建构了新生代农民工市民化的社会保障分析框架，但是在调查中，多项数据因为受调查对象未婚而存在缺失，也因赶上福州市医疗保险系统升级而导致医疗保险方面的数据整体缺失，从而影响了数据的完整性。

（2）影响新生代农民工市民化的社会保障因素涉及很多方面，而本书只选取了城市社会保障体系中的社会福利、社会保险、社会救助三个方面的内容，忽略了农村社会保障体系中相关内容对新生代农民工市民化的影响，存在一定的局限性。

（3）本书将市民化视为进城农民工整体的发展取向，但对于农民工市民化的选择是基于经济理性还是社会理性关注不够。

第七节 以福州为例的选题说明

一 中国农民工社会保障的几大类型

社会保障能够在一定程度上化解农民工的社会风险压力。中国不同省份、地区依据本地财力建立了符合本地实际的农民工社会保障政策，这些自下而上摸索建立起的农民工社会保障模式确实减轻了农民工面临的风险压力，也为推动建立国家层面的农民工社会保障制度积累了经验。具体包括以下几种类型。

1. 城保模式

目前，中国城镇社会保险包括城镇居民和城镇职工两个部分。城镇职工社会保险体系由工伤、医疗、养老、失业、生育保险组成，从法律角度适用于包括农民工在内的各类职工（见表1-1）。农民工有参加城镇职工社会保险的权利，企业负有为包括农民工在内的所有员工参保的义务，由此形成了将农民工直接纳入城镇职工社会保险体系的城保模式。广东省是最早采用城保模式的省份。1998年颁布的《广东省社会养老条例》将农民工直接纳入城镇职工社会保险体系。其主要特点如下：一是进城务工人员同城镇居民一样主要参加工伤、养老、医疗、失业保险。二是保费按月缴纳，但在一些项目的缴费率、缴费基数和待遇享受上与城镇职工有差别。三是进城务工人员流动到其他地方就业或辞工返乡后，养老保险基金可以转移，也可选择退保，但只转移或退还个人账户部分。将农民工纳入城镇职工社会保险体系符合中国农村劳动力向城镇的有序转移、农民工市民化以及城乡一体化的趋势，对实现农村富余劳动力的流动和保证流入地平等就业机会等能发挥较大作用。不过，该模式突出的问题就是缴费成本过高，超出了企业和农民工的承受能力。农民工多在私营部门就业，从事的也是技术要求不高的简单劳动，工资水平普遍不高，无论企业出于控制成本的考虑还是农民工当期生活的现实压力都不利于他们参保。而且，工伤、医疗、养老、失业、生育保险5项社会保险打包在一起，尤其是养老保险缴费比例最大，占到了月工资的8%，企业更是占到23%，对企业和农民工都是不小的负担。国家出台了《流动就业人员基本医疗保障关系转移接续暂行办法》①和《城镇企业职工基本养老保险转移接续暂行办法》②等推动农民工参加社会保险的条例和文件，但收效甚微。农民工大多是跨省、跨县市流动就业，并且流动性较强，而目前中国的社会保险统筹层次并不高，像养老保险统筹层次最高是省级，很多还是市级层次，各统筹单位之间政策不统一、费率不统一，难以互联互通，社会保险关系很难有效转移接续。例如，按照国家现行规定，职工跨地区流动时只转移养老保险个人账户（个人缴费部分），不转移社会统筹资金，当农民工更换工作岗位和工作地点时，只能转移个人账户部分，社会统筹部分却不能带走，而不同地区养老保险社会统筹部分差异很大，这往往导致农民工的社会保险权益随着社会保险关系的转移而受损。因此，农民工参加城镇职工社会保险的积极性并不高。该模式适合在正规部门稳定就业的农民工，不适合在非正规部门频繁流动就业的农民工。前些年关于广东省农民工"退保"高潮的报道，就反映了这一模式的缺陷：当农民工在不同城市之间流动时，大多选择退保，他们只能拿走属于个人账户的积累基金，社会统筹部分则无偿留在了当地，实际上是补充了当地的社会保险基金，弥补了当期资金缺口，"人走钱留"，其实是变相侵占农民工的社会保险权益。有批评者认为，广东省事实上已将这种农民工强制性社会保险变成了城市社保基金的"提款机"。③

---

① 人社部发〔2009〕191号。
② 国办发〔2009〕66号。
③ 国务院研究室课题组：《中国农民工调研报告》，北京：中国言实出版社，2006。

表 1-1　中国现行的城镇职工社会保险主要制度一览

发文机关	文件名	发文号	颁布日期
国务院	《工伤保险条例》	国务院第 375 号令	2003 年 4 月 27 日
劳动和社会保障部	《关于农民工参加工伤保险有关问题的通知》	劳社部发〔2004〕18 号	2004 年 6 月 1 日
国务院	《关于建立城镇职工基本医疗保险制度的决定》	国发〔1998〕44 号	1998 年 12 月 14 日
劳动和社会保障部	《关于城镇灵活就业人员参加基本医疗保险的指导意见》	劳社部发〔2003〕10 号	2003 年 5 月 26 日
劳动和社会保障部	《关于推进混合所有制企业和非公有制经济组织从业人员参加医疗保险的意见》	劳社部发〔2004〕5 号	2004 年 5 月 28 日
劳动和社会保障部	《关于开展农民工参加医疗保险专项扩面行动的通知》	劳社部发〔2006〕11 号	2006 年 5 月 16 日
人力资源和社会保障部	《流动就业人员基本医疗保障关系转移接续暂行办法》	人社部发〔2009〕91 号	2009 年 12 月 31 日
国务院	《关于建立统一的企业职工养老保险制度的决定》	国发〔1997〕26 号	1997 年 7 月 16 日
国务院	《关于完善企业职工养老保险制度的决定》	国发〔2005〕年 38 号	2005 年 12 月 31 日
国务院办公厅	《城镇企业职工基本养老保险关系转移接续暂行办法》	国办发〔2009〕66 号	2009 年 12 月 28 日
国务院	《失业保险条例》	国务院令第 258 号	1999 年 1 月 22 日

资料来源：吕学静、王增民：《对当前我国农民工社会保障模式的评估》，《劳动保障世界》2008 年第 1 期。笔者进行了适当调整。

2. 双低模式

"双低模式"主要针对城镇职工社会保障门槛过高的弊端，改变了以往工伤、医疗、养老、失业、生育保险五大险种齐头并进、捆绑式参保的做法，按照"先工伤，后医疗，再养老"的理念，安排各个险种的优先建设顺序，降低农民工参加社会保险的门槛。同时，考虑到农民工的实际承受能力，通过降低各类社会保险项目的缴费基数和缴费比例等方式，来降低农民工的参保成本。与此相应，农民工享受的社保待遇水平也适当降低，是"低门槛准入、低标准享受"的保障模式。这种模式照顾了农民工的经济条件，降低了农民工的参保成本，尽管待遇也相应降低，但主要体现在待遇支付水平方面，保障项目没有明显缩减。

浙江省最早探索了农民工社会保障的"双低模式"。2003年7月，浙江省政府下发的《关于完善职工基本养老保险"低门槛准入，低标准享受"办法的意见》，降低了农民工参加养老保险的门槛。其中，参保企业和个人缴费的比例分别下降到12%和4%。"双低模式"从农民工的现实特点出发，以城市社会保障体系的基本框架、运行机制和筹资模式为原型，为城乡整合社会保障体系目标的实现提供了制度上的突破口和切实路径，也有利于农民工社会保障权利的真正实现。后来北京市、深圳市等许多地区采用了这种模式。

3. 综合保险模式

综合保险模式在理论上主张适应进城务工人员的群体特征，探索独立于城镇社会保障体系和农村社会保障体系之外的进城务工人员专属的、相对独立的社会保障制度，是分层分类逐步建立和完善农民工社会保障体系的具体实践。针对当前中国农民工群体的状况，对于农民工的社会保障制度设计不求一步到位，而是考虑在现有条件下，优先满足农民工最需要的工伤和医疗保障需求，也适当兼顾了农民工未来的养老需求。同时，在费率水平、基金运行方式、待遇支付水平和方式等方面与城镇职工社会保险相区别。这种模式以上海、成都为代表。该模式的主要特点如下：一是将农民工的工伤、医疗、养老保险捆绑在一起，按比较低的费率缴费。以上海为例，其费率为城镇职工的1/4；二是保费由用人单位缴纳，基金由劳动保障部门管理，委托商业保险公司经办，实行单独立账、独立运行。这一制度模式中，一个保险三项待遇，比较好地满足了农民工最为迫切的工伤、医疗保险需求，同时又兼顾了未来养老问题，非常适合农民工流动性大的特征。社保费用由企业承担，大大降低了农民工参保的门槛，由于在本人不缴费的情况下还可享受一定的待遇，有利于农民工监督用人单位依法缴费，维护其自身权益；从近期来看，综合保险与城保和农保制度都不衔接，是一个完全孤立的险种。它的建立使中国社会保障体系形成了"三元格局"，与中国社会保障体系"一元化"的改革目标相违背。当前，农民工已经占据产业工人队伍的一半以上，让大量劳动者游离于城保制度之外，进入具有地域性和封闭性较强的综合保险中独立运行，既不利于城市化，也不利于建立覆盖城乡的社会保障制度。

表1-2 农民工主要社会保障模式的对比与评价

模式类型	城保模式	双低模式	综合保险模式
代表城市	广州、深圳	杭州、北京	上海、成都、大连
项目内容	养老、医疗、失业、工伤、生育（广东）	工伤、医疗、养老（杭州）	一项保险，三项待遇：医疗、工伤、养老（上海）
捆绑或分立	—	分立式	捆绑式
缴费责任	个人缴费11%；单位缴费约为27%	—	全部由单位缴费
政策理念	公平、平等；城市化	考虑农民工支付和现实需求	优先解决农民工最需要的保障项目
运行效果	比较差	不确定	比较好
适应人群	适合市民化程度高的农民工	主要适合在城市流动就业、非正规就业的农民工	适合流动性大、在城市定居可能性小的农民工
可持续性	较差	不确定	比较好
优点	有利于城镇社会保险制度的平稳运行；地区之间、企业之间、群体之间公平性较好	费率较低；与城镇社会保险制度容易衔接	费率较低，具有广泛适应性；简单易行、管理成本较低
缺点	费率高；转移、接续困难	地区之间、企业之间、群体之间公平性较差；存在转移接续问题	与城保和农保制度都不衔接；养老待遇偏低

资料来源：吕学静、王增民：《对当前我国农民工社会保障模式的评估》，《劳动保障世界》2008年第1期。笔者进行了适当调整。

二 福州市农民工社会保障的政策设计

福州是福建省的省会，作为福建省的政治、经济、文化中心，福州自身的优势非常明显。而且，福州市高度重视劳动力资源的引进和外来劳动力务工环境的改善，始终把解决好农民工问题作为改善民生、构建和谐社会、促进发展的重要工作来抓，在完善农民工公共服务体系、扩大农民工社保覆盖面、子女就学[①]、公租房供应等方面采取了积极措施，

---

① 中心城区和八县（市）城关除满员学校外，都放开接收农民工子女入学，就读公立义务教育阶段学校免收借读费，对家庭困难的贫困生还实行"两免一补"。

加强了农民工权益保护，对外来务工人员有着巨大的吸引力。2010 年的统计数字表明，福州市农民工人数已达 153 万人，约占全市非农产业就业人员总数的 64.5%，其中从本市就地转移的农民工约为 60 万人，来自外省的农民工约为 77 万人，来自省内其他地市的农民工约为 16 万人。①

目前，福州市农民工有三种社会保险制度可供选择，基本涵盖了社会保险的所有模式。

1. 纳入城镇社会保险体系

《福州市人民政府关于解决农民工问题的实施意见》（以下简称《意见》）②规定，所有用人单位都必须及时为农民工办理参保手续，并按时交纳工伤保险。对于失业保险，《意见》规定，失业保险金的缴费比例为职工工资的 3%，其中，用人单位缴费比例为 2%，职工个人缴费比例为 1%。就个人缴纳的 1% 部分，允许农民工自愿选择。农民工自愿按规定缴纳失业保险费的，在与用人单位解除劳动关系后，享受与城镇失业人员同等的失业保险待遇；医疗保险方面的政策规定是：农民工可选择参加福州市基本医疗保险，并享受相关待遇；养老保险是按照《福建省城镇企业职工基本养老保险条例》的规定，纳入企业职工基本养老保险，在农民工达到法定退休年龄时，实际缴费年限满 15 年以上的，与城镇职工一样按月享受基本养老保险待遇。农民工因工作变动或返乡造成参保中断，社保经办机构应保留其养老保险关系，对返乡的农民工可申请养老保险关系转移。

2. 参加农村社会保险

《意见》规定，对已开展新型农村合作医疗的县（市）区，符合参保条件的农民工，可以家庭为单位自愿参加原籍或所在地的新型合作医疗。

3. 参加过渡性的农民工社会保险制度

农民工身份的过渡性特征，决定了过渡性的农民工社会保险制度的

---

① 李智勇：《福州农民工达 153 万人》，福州新闻网，http://news.fznews.com.cn/zhengwu/2010 - 2 - 22/2010222vqcBpevHnm20286.shtml，最后访问日期：2017 年 9 月 18 日。

② 榕政综〔2006〕250 号。

必要性。《意见》对于农民工参保实行了灵活原则，由农民工依据自己的实际进行选择，其实是一种过渡性的农民工社会保险制度。以农民工的工伤保险和失业保险为例，一是费率低，工伤保险个人不缴费，由用人单位缴纳；失业保险个人缴费比例仅为1/3。二是灵活性强，针对农民工的实际情况，将《工伤保险条例》中的一些规定稍做微调。例如，一至四级伤残的伤残津贴，可按月领取或一次性领取，由农民工自己选择。失业保险方面的规定同样也体现了灵活性，失业保险费中应由个人缴纳的1%部分农民工可以自愿选择。如果本人缴纳1%失业保险费，在与用人单位解除劳动关系后，可以享受与城镇失业人员同等的失业保险待遇；如果没有缴纳，则享受一次性生活补助费。医疗保险和养老保险同样也遵循了灵活性的原则。在医疗保险方面，农民工可选择参加城市基本医疗保险，也可选择户籍地或就业所在地的新型农村合作医疗；对参加新型农村合作医疗的农民工，可以选择参加住院医疗保险。农民工的住院医疗保险实行"低收费、保大病、保当期、以用人单位缴费为主"的原则，由用人单位按每人每个保险期（12个月）300元缴纳，农民工个人不缴费。在养老保险方面，按照《福建省城镇企业职工基本养老保险条例》的相关规定，要纳入企业职工基本养老保险，但考虑到农民工流动性大、收入较低的实际特征，对农民工参加养老保险制定了灵活办法。《意见》规定："农民工因工作变动或返乡造成参保中断，社保经办机构应保留其养老保险关系，对返乡的农民工可申请领取一次性个人账户储存金，也可为其办理养老保险关系转移手续，农民工离开企业后可到社保缴费窗口接续养老保险关系。农民工达到法定退休年龄时，实际缴费年限满15年以上的，与城镇职工一样按月享受基本养老保险待遇。"而城镇职工的个人养老账户是不能提前支取的。

　　福州市农民工社会保险的相关政策基本包括了中国各地实际形成的"进城模式""双低模式""独立模式"的特征，为农民工选择适合自己的保障模式提供了足够的空间。宽松灵活的政策规定不仅不会成为影响农民工迁移选择的制度因素，还会成为推动力量。因此，选择以福州市为例，不会因为其社会保险地域性的特征而影响论证结果的普适性。并且，因为省会城市具有开放性，在福州务工的农民工感受到的来自地缘文化（如方言）方面的歧视和排斥被大大降低，事实上基本不会成为外来人口在福州长期生活的障碍。基于以上因素分析，我们认为，以福州市为例探索社会保障政策，对农民工市民化具有普遍的指导意义。

第二章　文献综述

第一节　农民工社会保障文献述评

国内关于农民工社会保障的研究，大体可以分为两个部分：一是建立农民工社会保障体系的必要性研究，二是农民工社会保障体系的建构模式和路径研究。

一　农民工社会保障必要性研究

就建立农民工社会保障体系的必要性，已有研究从来都是持肯定态度，只是关注点各有侧重。

建立农民工社会保障首先是公民平等权利的客观要求。从英国社会学家马歇尔（T. H. Marshall）开始，社会保障权被视为一项普遍的公民权，建立现代社会保障的直接目的，就是为了确保满足和实现这些一项一项被载入法律法规而获得确认的公民社会权利。作为公民的一项基本权利，农民工的社会保障权还得到了《世界人权宣言》及《经济、社会和文化权利国际公约》等国际条约的确认。《世界人权宣言》第二十二条规定："每个人，作为社会的一员，有权享受社会保障，并有权享受他的个人尊严和人格的自由发展所必需的经济、社会和文化方面各种权利的实现。"各国宪法具体条文对此也有明确规定。对于个体而言，应得权利的存在是无条件的。它们既不取决于出身和社会地位，也不取决于某些特定的行为举止方式。也就是说，社会保障权是每一个公民都应当平等享有的基本权利，它是一视同仁的。不管是"城里人"还是"乡下人"，都应当在陷入贫困时，得到社会救济，以维持最低生活水平和基本的人格尊严；在面临社会风险造成的收入下降时，获得社会保险金，以维持基本的生活；同时，平等地享受公共资源和社会福利服务，不断提高福利水平。① 郑功成在其《农民工的权益与社会保障》一文中提出，不能以各种理由来否定农民工的社会保障权益。②

曹绪红、谢建社认为，应从发展权视角下确立发展共享理念，合理确定农民工的法定保障项目。③ 顾永红等对农民工面临的社会风险和抗风险能力进行了评估，然后提出应将农民工抗风险机制收敛于社会保障制度之中。④ 从经济社会发展与农民工社会保障关系角度来进行论证其必要性的从来不乏其人。冯子标、郭金丰、詹玲、张立玮分别从工业化发展、城市化推进、农村经济发展、社会稳定和谐、社会转型等角度对建立农民工社会保障制度的必要性做了充分论述。⑤ 夏丽霞、高君针对新生代农民工权益诉求的特征，提出加快建立健全符合农民工需求的社会保障体系。⑥

如果说这些研究都是对农民工在 30 年时间里所做贡献和出现的问题进行的宽泛意义上的思考的话，那么从农民工市民化视角则更能说明建立农民工社会保障制度不仅必要，而且正当其时。

二　农民工适用社会保障模式分析

在当前中国城乡二元社会保障体制下，政府部门和学术界对将农民工纳入社会保障体系的紧迫性的认识高度一致，认为应该加快建设，刻

---

① 石静、胡宏伟：《社会公正与中国社会保障制度建设》，《社会保障研究》2009 年第 4 期。
② 郑功成：《农民工的权益与社会保障》，《中国党政干部论坛》2002 年第 8 期。
③ 曹绪红、谢建社：《发展权视角下的农民工社会保障》，《农业经济》2009 年第 2 期。
④ 顾永红等：《农民工社会风险识别与抗风险能力评估》，《中南财经政法大学学报》2010 年第 1 期。
⑤ 冯子标：《半转型的农民工对中国工业化的影响》，《经济学家》2009 年第 10 期；郭金丰：《城市农民工社会保障制度研究》，北京：中国社会科学出版社，2006；詹玲：《农民工市民化：城乡和谐的着力点》，《中国党政干部论坛》2005 年第 2 期；张立玮：《农村剩余劳动力城镇转移的社会保障运作机制》，《商场现代化杂志》2005 年第 29 期。
⑥ 夏丽霞、高君：《新生代农民工市民化进程中的社会保障》，《城市发展研究》2009 年第 7 期。

不容缓。但是,对于建立什么样的社会保障模式能够有效地推动农民工市民化却未能形成一致认识。分歧尽管不小,但也在实际上表达了对农民工参加社会保障的不同思考,有助于我们厘清农民工市民化过程所需的社会保障支持。

第一,将农民工纳入城镇社会保障体系。张启春提出,农民工作为城市化进程中的一支队伍,他们进城务工也符合社会历史发展的客观趋势,为其建立社会保障制度应一步到位,直接纳入城市社会保障体系。[①]这一方面利于建立统一的劳动力市场,推进工业化、城市化发展;另一方面也利于减轻城镇社会保障的压力,促进城乡社会保障体系的有机衔接。许多省份就是以城市社会保障制度为基础,制定相应办法,直接将农民工纳入城镇社会保障体系,这是对"城乡为界"的一大突破,符合构建城乡一体化社会保障体系长远目标的要求。但是,它也没有处理好促进农民工市民化问题。因为该模式提供的社会保障项目及缴费能力要求与城市居民很接近,对相对于城市职工普遍收入较低的农民工而言,缴费标准仍然较高,农民工负担过重;实行统账结合,又和农民工的高流动性形成矛盾,绝大多数农民工连续缴费达不到城市职工缴费15年的年限规定,只能选择退保。而退保只退个人缴费部分,企业为农民工缴纳的部分不退。只有在城市定居才能获得社会统筹部分的社会保障权益,但多数农民工是拿不到的。这种模式适合市民化程度较高、流动性较低的农民工,而不适合流动性较大、在城市定居的可能性较小的农民工。将农民工直接纳入城镇体系,却没有户籍制度的配合,对农民工市民化实际意义不大。这主要是和户籍制度紧密结合的社会救助和社会福利并没有向他们放开。由于二元户籍制度引致的许多现行制度已固化多年,一些隐性的福利差异也不是在短时间内就可以改变的。因此,仅仅在形式上实现农民工社会保障是不充分的。

第二,建立独立的农民工社会保障体系。这是专为农民工量身定做的一种保障模式,代表了农民工社会保障的第三条道路——既不同于城市,也不同于农村。建立独立的农民工社会保障体系主要是基于这样的

---

① 张启春:《谈谈进城务工人员的社会保障问题》,《江汉论坛》2003年第4期。

思考：鼓励农民工参保虽然重要，但更重要的是考虑农民工的特征和需求，建立独立的农民工社会保障体系，这样才能提供有效的权益保障。该模式最适合流动性较大、在城市定居可能性较小的农民工。因为该模式同城市社会保障制度保持了相对独立性，费率水平较低，并且农民工缴费形成的社会保险权益能全部随农民工流动，基本符合农民工的特点。但是，这种模式对那些市民化程度较高、流动性较低的工资劳动者型的农民工来说，缺乏使他们转变为市民的机制，适应不了其市民化的需要。相对独立型社会保障模式还会带来基金分散管理等问题，既不利于整个社会保障体系内基金的完整性，也不利于将来与城市社会保障制度接轨。这种模式仍在一定程度上体现了城市的"本位主义"，不能从根本上解决农民工社会保障的问题，社会保障的二元制度无法适应农民工市民化的新情况。

第三，将农民工纳入农村社会保障体系。农民工就业最突出的特征是流动性强，农民工的流动性明显高于城市劳动者，且数倍于发达国家。在全国社会保障统筹发展格局还没有确立的背景下，在农民工收入水平明显低于城镇居民收入水平的现实条件下，无论是将农民工纳入城镇社会保障体系，还是建立单独的农民工社会保障体系，都存在不少的问题。但是，尽快为农民工提供有效的社会保障却非常重要。提升农村社会保障对农民工的保障能力就成为当务之急，这一观点得到杨立雄等学者的支持。[①]

各种模式都有其适应的一面，在农民工市民化过程中也有其短板。且不说政策设计的出发点是怎样的，单就政策的对象是农民工来看，就足以消解政策的实践效果。尽管有着共同的身份——农民工，但农民工内部的分化还是很大的。既有拥有一定生产资料的私营企业主、个体工商户，也有靠出卖劳动获取工资的打工者；即便是打工者，也有白领和蓝领之分。因此，构建农民工社会保障体系不能忽视该群体的复杂性。农民工的社会保障应该是多元化的，农民工的社会保障制度建设应该坚持分层分类的方法，先按分类渐进的方式来推动农民工的养老保险，再

[①] 杨立雄：《我国农村社会保障制度创新研究》，《中国软科学杂志》2003年第10期。

按普遍性原则优先推进农民工工伤保险，最后建立农民工疾病医疗尤其是大病保障机制和特殊救助机制。

第二节 国外迁移劳动力社会融合文献述评

一 劳动力迁移研究

在许多国家工业化、城市化的进程中，劳动力转移都是社会发展中的一个重要现象，对这一现象的研究构成了迁移理论的主要内容，取得大量理论成果。包括以下几个方面。

（一）迁移的动力

西方经济学家对人口流动的分析都是立足于新古典经济学宏观迁移的视角，认为人口迁移的根本原因在于地区间不平衡的经济社会发展水平，这种地区间不平衡的经济社会发展水平从三个不同的角度解释了人口迁移的动力。

（1）绝对收入差距。两个地区之间（工人的）净收益的差距——主要归因于工资差距，是迁移发生的主要原因。[1] 换句话说，两地经济发展水平或者人均收入水平的差异，是吸引劳动力在两个地区流动的基本因素。刘易斯和拉尼斯－费景汉模型虽然没有对农业劳动力迁移的微观行为过程进行深入研究，但他们关于农业劳动力转移至工业部门来实现工农业协调、平衡发展的动力机制，却暗含了这样的逻辑：迁移者在目的地市场上的收入是拉动迁移的基本力量。收入差距不仅是迁移发生的经济动因，也决定了迁移的方向。

（2）预期收入差距。托达罗模型（Todaro Model）从迁移个体的微观角度对城乡迁移的动力机制做了补充。托达罗认为，劳动力迁移是人们对城乡预期收入差距的反应而不是对实际收入差距的反应，目的地市场的高收入并不是劳动者做出迁移决策的关键，受目的地找到工作的概率影响的预期收入才是人们在做出迁移决策时主要考虑的因素。

---

[1] John Richard Hicks, *The Theory of Wages*, P. Smith, 1932.

（3）迁移的非货币收益。绝对收入差距和相对经济地位变化形成了迁移的拉力或推力，这些推动迁移发生的都是货币因素。然而，亚普·洛雷利（Yap Lorene）发现，当目的地为城市时，吸引移民迁往的因素还包括非货币因素，如更好的生活条件、更好的学习或培训机会、便利的公共卫生设施、好的购物环境和社会交往等。[①] 亚普还发现，城市的人口密度、一国城市人口的百分比、城市的规模等与国内迁移正相关。这说明，城市对人口的吸引力是多方面的，而不仅限定于那些已经被认识到的收益。研究人力资本理论的学者将这些因素视为非货币收益，尽管没有转化为直接的货币收入，但实际上增大了人们的福利水平。移民在选择迁移时，不仅要考虑迁移的货币收益，还会考虑迁移的非货币收益。正如一个理性的移民会将迁移时发生的机会成本——放弃的收入和心理成本都要——进行考虑一样，他们也会将迁移导致的非货币收益计入迁移收益的项目。这个发现是很有意义的。在农村安排投资项目虽然可以提高农村劳动力的收入水平，但不会复制他们在城市所得到的各种机会，提高收入和更多的受教育机会更可能使那些年轻和受过更多教育的劳动力迁移出去。

（二）迁移的机制

（1）推拉理论。移民在目的地因为排斥带来的压力使他们意识到，当地的工作机会并没有自己原先预计的那么好，或者是在没有朋友和家庭构成社会或经济安全网的情况下，在当地生活的心理成本比预期的要高。用博格（D. J. Bogue）的"推拉理论"来解释，就是目的地拉力相对于出发地反拉力还不够。

（2）二元劳动力市场分割理论。多林格（Doeringer）和皮奥里（Piore）提出了二元劳动力市场分割理论，认为人口转移主要是由于城市经济的二元结构及其迁入地对劳动力的需求引起的。[②] 区域差异的存在，使得劳动力市场分割为主要和次要劳动力市场。一般来说，本地城市居

[①] Yap, Lorene Y. L., "The Atraction of Cities," *Journal of Development Economics*, 4 (1977), pp. 25 – 32.

[②] Peter B. Doeringer, Piore, Michael J., *Internal Labor Markets and Manpower Analysis*, Lexington: Mass, 1971.

民在主要劳动力市场就业，而次要劳动力市场由于工作条件差、待遇低，对本地劳动力缺乏吸引力，所以会出现结构性短缺，需要外地的劳动力进行补充，从而产生流动人口迁移。

（3）人力资本理论。舒尔茨（Schultz）认为，人力资本在动力转移中占有重要地位，迁移决策取决于其迁移成本和收益的比较结果。① 只有当迁移的收益大于成本时，人口迁移或流动才会发生。在生命周期的早期，人们更倾向于迁移，这首先是因为一个人越年轻，他从任何人力资本投资中所能够得到的潜在收益也就会越高。在同一群体中，受教育状况对迁移也有着显著影响，受教育时间长的人，更容易迁移，这是因为受教育时间长的人，在获得居住地以外的信息时有着更大的优势，较易于搜寻到合适的就业机会，一旦迁移到目的地，更容易克服习惯上的差异，学到适用的技能。在第三世界国家，教育对迁移的促进作用更为明显。第二次世界大战后，当落后的非洲农村地区的初级教育兴起后，"人们变得不满足起来，他们寻求冒险，涌到有所耳闻的大城市"。②

（4）社会网络理论。在关于迁移如何实现的研究中，学术界一般认为，社会网络对迁移具有显著影响。"关系网和地缘、亲缘关系"式的迁移是一种广为人知的迁移行为特征模式。马西（Massey）认为，新老迁移者、亲戚或同乡关系在迁入地和迁出地之间建立起来的关系网络是一种社会资本，未来迁移者通过这个关系网络，可以了解就业信息和就业机会，其建立和扩展有助于降低迁移成本和迁移风险，增添迁移成功的可能性。③ 在迁移网络累积效应的作用下，每一个人都可以成为这个关系网络的节点，影响和带动一批新的迁移者，于是推动更多规模迁移的发生。在发展中国家，由于信息不对称，劳动力市场不完善，迁移网络对人口迁移的影响作用较大。

西方关于农村劳动力迁移的研究是以农业剩余劳动力转移的"二元结

---

① Schultz, T. W. , *Transforming Traditional Agriculture*, New Havenand London: Yale University Press, 1964. pp. 45 - 56.
② 〔美〕阿瑟·刘易斯：《二元经济论》，施炜等译，北京：北京经济学院出版社，1989。
③ Massey, Douglas S. , "Social Structure, Household Strategies, and the Cumulative Causation of Migration," *Population Index*, 1 (1990), pp. 3 - 26.

构模型"展开的,解释了劳动力为什么迁移,以及迁移是如何实现的问题,有助于我们了解劳动力转移的作用机制。但是,这些经典理论在解释农民工市民化问题上,不能很好地说明大量农民工"流而不迁"的问题。这要求我们在研究农民工市民化问题时,一定要依据中国实际国情。

二 社会融合研究的视角

随着迁移的发生,西方学术界开始关注迁移劳动力的社会融合(Social Inclusion),并从不同的视角解释了迁移劳动力融入流入地社会的条件、机制以及融入的状态。

(一) 社会排斥与社会融合

作为一个社会政策概念,社会融合起源于欧洲学者对社会排斥(Social Exclusion)的研究。20世纪70年代,法国的社会排斥现象非常严重,被排斥的人口占到总人口的10%。法国学者勒内·勒努瓦率先使用"社会排斥"的概念对这一社会现象进行解释。他认为,社会排斥是指那些在社会发展过程中没有享受到社会保障,且被贴上"社会标签"的人所处的状态。[①] 在社会排斥状态下,一些个体或群体在经济、社会、文化、政治领域,缺乏社会大多数人拥有的资源、权利、商品和服务或获得这些资源的权利被否定,他们被全部地或部分地排除在充分的社会参与之外。1995年,欧盟基金会将社会排斥定义为:"它意味着这样一个过程:个人或群体社会排斥是社会连接(Social Link)的断裂,意味着一个社会存在的两个社会阶层的危机,它比社会不平等具有更复杂的意义。"[②] 社会排斥对西方发达国家的福利制度安排造成了很大的威胁,急需学者们构建新的理论和概念体系进行有力的解释与解决,社会融合的概念正是在这样的背景下产生的。1995年,联合国哥本哈根社会发展首脑会议对"社会融合"做了一个综合性的定义,认为"社会融合"是社会发展的三大领域之一,其目的是创造"一个人人共享的社会"。[③] 在这样的社会里,

---

① Lenoir, T., *Lesexclus: Enfranchise Sordid*, Pairs: The Policy Press, 1974, p. 350.
② 黄匡时、嘎日达:《西方社会融合概念探析及其启发》,《理论视野》2008年第1期。
③ 迟丽萍:《联合国社会发展问题世界首脑会议》,《世界经济》1995年第8期。

每个人都有权利与责任，都可以发挥积极作用。英国著名社会学家吉登斯认为，"融合"意味着公民资格，意味着社会的所有成员不仅在形式上而且在其生活的现实中所拥有的民事权利、政治权利以及相应的义务，还意味着机会以及社会成员在公共空间中的参与。① 后来，社会融合成为研究移民群体与迁入地社会的关系研究中普遍应用的概念。2003 年，欧盟在关于社会融合的联合报告中对社会融合做出如下定义：社会融合是这样一个过程，它确保具有风险和社会排斥的群体能够获得必要的机会和资源，通过这些资源和机会，他们能够全面参与经济、社会、文化生活和享受正常的生活和社会福利。② 阿马蒂亚·森认为，一个融合社会的基本特征是广泛共享社会经验和积极参与，人人享有广泛的平等，全部公民都享有基本的社会福利。③

（二）人力资本与社会融合

20 世纪 50 年代，美国经济学家西奥多·W. 舒尔茨提出了人力资本的概念。他指出，在经济活动的过程中，教育水平、工作经验、劳动技能、健康状况等人力资本发挥着巨大的作用。④ 后来，学者们经常利用人力资本理论来研究移民经济地位的获得。人力资本理论的创始人之一苏群、周春芳提出，较高的受教育程度和接受技能培训有利于增加其获得城市非农工作的机会，如果移民进入的是一个公开竞争的市场，则他们在迁入国的经济成就将取决于其人力资本水平。⑤ 其后，切茨维克和博加斯也将"人力资本"概念引入移民研究。切茨维克对美国外来移民经验的研究发现，移民在美国居留时间越长，就越有可能积累相关的劳动经验、语言能力等人力资本，从而更有可能获得经济上的成功。⑥ 在一定程

---

① 〔英〕安东尼·吉登斯：《第三条道路——社会民主主义的复兴》，郑戈译，北京：北京大学出版社，2000。
② 黄匡时、嘎日达：《西方社会融合概念探析及其启发》，《理论视野》2008 年第 1 期。
③ 王辉：《农民工社会融入：政策内涵及推进方向》，《农村金融研究》2011 年第 5 期。
④ 〔美〕西奥多·威廉·舒尔茨：《人力资本投资》，蒋斌、张蘅译，北京：商务印书馆，1990。
⑤ 苏群、周春芳：《农民工人力资本对外出打工收入影响研究——江苏省的实证分析》，《农村经济》2005 年第 7 期。
⑥ 王奋宇、赵延东：《理论与研究综述》，中国网，http://www.china.com.cn/chinese/zhuanti/mingong/350694.htm，最后访问日期：2017 年 10 月 2 日。

度上可以说，社会融合是人力资本的函数，人力资本量直接影响社会融合的效果：其一，融合于主流社会。某些移民群体拥有较高的人力资本，受到当地文化的青睐，就可能较快地融合到主流社会经济和文化中，并可以为子女提供更好的教育机会，加速子女的社会融合过程。其二，融合于城市贫困文化。一些群体拥有的资源较少，难以找到稳定的工作、获得像样的收入，难以为子女提供更好的教育机会。因此，其子女向主流社会的流动也受到限制。

（三）社会资本与社会融合

社会资本或社会网络在劳动力流动中的作用受到国外学者的关注。伯特斯（Ports）（1995）指出，劳动力跨国移动过程的每一环节，诸如决定是否迁移、向何处迁移，以及在迁居地定居下来后对当地生活的适应等，都与该移民自身的社会网络和社会资本密不可分。[①] 他把移民的社会资本定义为移民个人通过其在社会网络和更为广泛的社会结构中的成员身份而获得的调动稀缺资源的能力，认为移民可以利用这种成员身份来获取工作机会、低息贷款等各种资源，从而提高自身的经济地位。移民的社会网络确实能影响到他们在劳动力市场上找工作的机会和工作类型。在移民进入城市的初期，以血缘、地缘为依托的社会资本的作用更加重要。这种社会网络在其获取工作机会、廉价劳动力以及低息贷款等方面发挥着重要作用。但是，这种社会网络在经济上和精神上支持了移民更快适应城市环境的同时，也强化了移民生存的亚社会生态环境，影响了移民与城市社会的互动。

互动和交往更有利于形成社会网络结构，并获取资源。[②] 格兰诺维特（Granovetter）认为，人们更有可能使用在自己所属群体之外的人际关系渠道可以找到更满意、收入更高的工作。[③] 随着农民工居留时间的延长，

[①] Portes, A., *Economic Sociology: A Systematic Inquiry*, Princeton: Princeton University Press, 2010. p. 89.

[②] 〔美〕林南：《社会资本：关于社会结构与行动的理论》，张磊译，上海：上海人民出版社，2005。

[③] Granovetter, "Mark, The Strength of Weak Ties," *The American Journal of Sociology*, (6) 1973.

其生活空间逐步从集体工棚转向常态居住的社区，其互动的范围也逐步从初级群体扩大到更广泛的范围，互动的内容也更加丰富。较弱关系往往能够为一个个体与另一些群体之间架起一座桥梁，从而获得在自己所属群体中无法获得的信息。农民工能否加强和本地居民的社会交往和互动，建立异质性较强的社会网络，对流动人口更深层次地融入目的地社会将发挥更大的作用。

上面三种视角各有所长，相互补充。这些视角的理论解释了迁移劳动力融入流入地社会的可行路径。社会排斥视角站在外来人口弱势群体的角度，强调流入地社会的环境的包容和政策的支持有助于减轻他们的不适应性，更好地实现和流入地社会的互动。人力资本视角立足于市场公平竞争，强调迁移劳动力个体的主动性和适应性，流入地政府所要做的就是维护一个公平的竞争秩序，确保每一个个体的才能都能得到恰当发挥。社会网络视角用于说明迁移劳动力融入流入地社会其实就是其社会网络不断扩大、社会资本质量不断改善的过程。

三　社会融入维度划分

移民的社会融入是一个多维度概念，包含了移民在经济生活、文化教育、政治活动、观念认知等多个方面的融入。所以，西方学者主要通过类型化的方式来描述与测量移民群体的融入过程与融入水平。比较有代表性的有以戈登为代表的"二维度"模型、以杨格-塔斯等人为代表的"三维度"模型，以及以恩泽格尔等人为代表的"四维度"模型。

"二维度"模型认为，移民的社会融入包含结构性与文化性两个维度。结构性维度的融入意味着移民个体与群体在流入地从制度与组织层面社会参与程度的增加；而文化性的融入则是移民群体在价值导向与社会认同上的调适和转变过程，移民的结构性融入与文化性融入存在某种必然的或递进的联系。尽管戈登的"二维度"模型没有具体地说明结构性融入与文化性融入有哪些标准的测量指标，但可以初步判断的是，结构性融入更偏向于确定性的、客观性的指标，如个体的文化水平、职业、收入水平等；而文化性融入突出了在习俗、社会规则、社会交往方式以及语言习得等方面的意义。无论如何，戈登的"二维度"模型划分为其他研究者进行移民社会融入类型化的划分提供了基础。

"三维度"模型则认为，移民的社会融入是一个多维度的概念，具体从结构性融入、社会文化性融入以及政治与合法性融入等维度来理解。其中，结构性融入反映的是移民在教育、就业市场、收入与住房等方面的生活状况；社会文化融入反映的是移民参与社会组织、并与流入地主流群体社会交往能力的发展，以及依照流入地社会规则、行为模式进行活动的过程。虽然社会文化融入有多个测量指标，其中最明显的就是人群间的隔离程度与语言使用，此外还包括移民与流入地成员在通婚、交友等方面所进行创造性的社会活动情况。另一个重要指标则是流入地社会的基本价值观念被认可的程度。相比于戈登的"二维度"模型，杨格-塔斯的进步主要体现在明确提出了政治与合法性融入，认为少数移民族群经常被流入地政府和当地市民当成二等公民，成了社会歧视与种族主义的目标。杨格-塔斯的三维模型使得人们对于移民社会融入内涵的理解更加清晰、更加具体，突出了移民的政治权利在社会融入中的重要意义。

恩泽格尔的四维度融入模型是对前两种划分模型的进一步具体化，主要体现在这个模型中社会经济融入直接替代了结构性融入。移民在流入地社会要面临四个维度的融入，即社会经济融入、政治融入、文化融入、主体社会对移民的接纳或拒斥等。社会经济融入主要是指移民在经济就业、收入水平、职业流动、社会福利与社会保障、社会性活动与社会组织参与等方面的改善状况。政治性融入主要涉及移民群体的合法政治身份——合法公民权、移民的政治参与和对市民社会的参与。文化性融入通过移民对流入地社会基本规则与规范的态度、配偶的选择、语言能力、犯罪行为等指标进行测量。四维模型的创新主要在于提出了移民社会融入不仅是移民个体或群体自身对于流入地社会的同化与适应，也包含着流入地社会在面对移民群体时发生的变化，即移民的社会融入过程是两个相互调适和相互融入过程的集合。

上述这些关于移民融入的类型化模型，在结构与文化的基本框架下，从经济、社会、政治、文化等方面概括了移民融入的所有重要内容，构成了学界考察移民融入问题的基本思维框架，为具体的经验研究提供了可操作性指导。

第三节　国内农民工市民化研究

一　农民工市民化的研究视角

目前学术界关于农民工市民化的研究主要集中于现代性的视角、社会化的视角、社会排斥与互动的视角以及社会网络或社会资本的视角。

1. 基于现代性的视角

这一视角的理论把农民工的市民化视为人朝向现代化的发展过程，也就是在城市化、现代化过程中，农民工逐步放弃其原有的乡土性，进而获得城市性与现代性的过程，可以理解为农民工人生状态的提升。

农民工从原来生活的农村空间进入城市空间，就是从所谓的"乡土社会"进入了现代化意义上的城市社会。农民工进入城市空间的第一步是要适应规则化、标准化的现代城市工业生产体系。此外，学习和适应城市社会的生活方式、生活风格、行为模式、交往规则等，也是农民工在融入城市社会的过程中无法跨越的阶段。城市区别于农村的一个重要方面就是城市中流行的价值观念不同于农村。农民工要真正融入城市社会，还得完成价值观念与认同的转换。从现代化的角度而言，城市的各种价值和观念，如消费观、认知模式、潮流、交往模式等都要比农村开放、"先进"，而农村则被赋予了传统、落后和封闭的特征。农民工文化素质整体偏低，以及长期的农村生活经历造成了农民工在思想、观念、心理、行为上无法适应城市社会。农民要真正从农村人变成城里人，就应该具有和城市人一样的价值观念，认同和接受城市的价值，并在实践中体现城市的价值观念。现代性视角的研究者都非常重视农民工表现在价值、态度以及观念方面的城市性的获得，把农民工对城市或农村身份的认同作为测量其市民化的重要指标。

2. 社会化的视角

这一视角的理论从社会化、再社会化的角度出发，把农民工的市民化理解成为农民工进入城市并最终适应城市社会的规则与逻辑的再社会化过程。

吕柯认为，农民工市民化就是农民工在从事非农产业的活动中，其身份、地位、价值观念及工作和生活方式等方面向城市市民转化的经济和社会过程。① 也有研究认为，农民工的市民化就是农民工城市性的获得过程，包括：职业上从农业劳动转向非农业劳动，社区上从乡村社区向城市社区流动，身份上取得城市户口，生活方式上累积城市性，形成城市生活方式。② 或者说，农民工的市民化必须具备三个基本条件：相对稳定的职业、像样的经济收入及社会地位。这些条件使农民工与当地人的接触、交往、参与流入地的社会生活成为可能，并促进他们接受新的、与当地人相同的价值观。

3. 社会排斥与互动的视角

这一视角的理论认为，农民工融入障碍在于城市的社会排斥，以及农民工与市民之间缺少社会互动而产生的社会隔离。

在中国特有的制度背景下，社会排斥更突出地表现为制度排斥。制度主义者认为，制度结构是影响行动者行动选择及其结果的核心变量，因为制度结构的特定属性决定了各种社会资源、机会与权力的分配格局与配置方向。中国城乡分割的二元结构、相关的制度安排以及具体的制度实践，都没有认同农民工权利的合法性，因而形成了对农民工群体市民化的制度性障碍。其中，最主要的是城乡二元户籍制度对农民工的歧视，农民工的社会权利受到了建立在户籍基础上的就业制度、教育制度、社会保障制度等的限制或排斥。从根本上来说，农民工就是传统户籍制度的产物。在二元的户籍制度下，农民工在职业上是工人，在社会身份上是农民。这种职业与身份的矛盾使得他们在权益维护上处于弱势地位。以就业政策为例，当前城市的就业政策几乎完全将农民工排除在城市正式的就业体系之外，他们只能在体制外寻找那些几乎不受任何保护的边缘职业和底层职业；非正规就业将农村流动人口锁定在单纯的劳动力上，

---

① 吕柯：《浅议"农民工"市民化存在的主要障碍》，《中共成都市委党校学报》2004年第2期。
② 王兴周、张文宏：《农民工市民化的新方向》，《社会科学战线》2008年第12期。

没有给予农民工同等的其他权益和发展机会，全面影响了农民工市民化的进程。中国的城市住房政策同样阻碍了农民工的市民化。中国的住房公积金制度、经济适用房制度以及廉租房制度，都将农民工排斥在外，以至于农民工的居住形态呈现出散居型和聚居型两种形态。其中，后者以"村落型"的形式聚居，生活"孤岛化"，严重影响了其对城市社会的认同和融入。

4. 社会网络或社会资本的视角

这一视角的理论主要考察社会网络结构因素对农民工市民化的重要意义或影响。

社会资本是个人拥有的、存在于人际关系和结构之中的、表现为社会结构资源的资本财产。① 社会资本存在于人们的交往中，体现在人们的相互关系中。当被行为者调动和利用时，它是一种能量和资源，发挥在实践中的作用，成为一种现实的资本，否则它就是一种静态的网络关系。社会资本对个体的主要功能是提供社会支持。它能为行动个体在目标的达成、心理慰藉以及群体的嵌入整合等方面提供可能性，包括物质性的帮助、信息的摄取、情感互动渠道、其他可动用资源等。

社会资本的作用首先表现为一种资源调动能力，社会资本的类型直接影响着农民工能够从网络中获得资源的多少。社会资本异质性大，意味着更大的网络面和更强的资源调动能力。社会资本同质性大，则资源调动能力差。农民工在城市寻找工作、生活、照顾更多依赖的是以家庭、亲友、职业场所中的亲密朋友，企业、劳动管理制度及相关政府部门、社会团体等社会资本匮乏。社会资本质量不高，限制了农民工在经济资本、政治资本与文化资本等方面的获得，进而影响到他们在经济融入、政治参与等方面的城市融入进程。所以，即便农民工对于融入城市有较强的期待，但其社会资本总量的缺乏与质量的低级，决定了其市民化进程将大大受阻。

社会资本或社会关系网络提供的情感性支持也在影响着农民工的市

---

① Coleman, James, "Social Capital in the Creation of Human Capital," *American Journal of Sociology*, 94 (1988), pp. 95 – 120.

民化。有研究从社会网络对于农民工情感性支持的角度分析了农民工市民化困难的原因。中国传统农民的社会心理具有内向压抑的封闭性倾向，传统农民交往的多是家人、族人或熟人，交往范围局限于血缘和地缘。农民工进入城市后，面对陌生的环境，无法在短时间内融入城市社交圈，他们的交往圈子基本上还是自己的亲友、同乡，遇到困难也是在亲友和同乡之间求助。这限制了农民工社会资本的扩展，而且这种以初级群体为基础的社会关系网络，更强化了农民工所具有的传统观念与小农意识，阻碍了其对城市的认同和归属，使农民工与市民之间缺少了互动与对话，客观上导致了农民工与城市主体社会之间的隔离。

从已有研究的视角特征上看，尽管有少量研究也关注到了农民工城市融入过程中的互动、冲突与策略性过程，但从总体上看，结构主义依旧占据主导地位。它更多地强调与突出了结构性要素对于农民工城市融入的根本性意义。无论是经济性融入，还是社会生活的融入、主观认同的融入，其主要关注点都是一种社会结构性的融入，或者说是将研究的视角置于客观的结构性前提之下。具体表现在，现代化理论的解释范式把农民工的市民化视为在工业化、现代化、城市化等结构化过程中人的生活状态的改变。客观地说，尽管现代化理论的解释范式关注到了中国社会结构的变迁以及这种转型对于社会个体的影响，但过分强调农民工个体对于现代社会结构的匹配与适应关系，把农民工市民化简单地理解成宏观结构的必然要求。社会网络的分析范式同样也从结构出发，强调了农民工个体所具有的社会资本或社会关系网络结构及其属性对于其市民化的意义，把农民工的城市融入理解为农民工在城市不断建构与扩展其次级的、正式关系网络的过程。制度主义的解释范式把制度变量作为解释农民工城市融入的核心机制，把宏观的社会体制结构、制度与组织结构等看成影响农民工城市融入的主要因素，并且把制度化路径作为促进农民工市民化的主要手段。制度主义的解释范式过分强调了制度结构的作用，在一定程度上忽略了农民工在城市融入过程中的主体性、能动性、选择性行为等要素的意义。

在未来较长的时间里，结构主义的研究尽管可能会占据主导地位，但从结构到行动的转变也将成为一种发展方向，即农民工自身的主体性、反身性、能动性、策略性等行动过程会得到更多的关注。

二 农民工市民化的状态

越来越多的农民工进入城市，并不代表他们已经顺利实现了市民化。现有研究普遍表明，城市农民工并没有顺利实现市民化，他们的城市适应水平较低。从制度/社会排斥的视角来看，他们在城市处于边缘化或底层地位，表现为一种边缘与隔离的状态；从城乡身份、行为方式、价值观念的角度来看，农民工处于既没有完全融入城市，又没有彻底退出农村的半城市化状态。

1. 边缘与隔离

学术界主流的观点是，农民工在城市受到了多种社会排斥，不能享受与城市居民同等的国民待遇，多数都集中在城市的边缘性领域和空间，对城市社会缺乏认同感和归属感，日益被边缘化与隔离，形成了城市社会中的新二元结构。

马广海认为，当前农民工与城市的关系还仅限于经济上的交换关系，即农民工付出劳动并获得相应报酬，而在其他方面仍然被城市社会拒于大门之外，城市对于农民工而言是"经济吸纳，社会拒入"。[①] 并且，这种经济上的交换关系也非遵循平等交换的原则——农民工遭受到了明显的就业歧视。他们只能进入次属的劳动力市场，从事的大多是一些低技术、劳动条件差、收入水平低、风险高的体力劳动，很难实现在劳动力市场、职位上的向上流动。[②] 农民工在城市的边缘地位还在于不能充分享有医疗、养老等社会保险待遇。[③] 李强认为，农民工在经济收入、福利保障方面受到的不公正待遇是对农民工的绝对剥夺。[④]

在社会融入方面，基本的情况是，新生代农民工与城市居民之间的

---

① 马广海：《二元劳动力市场与对农民工的制度性歧视》，《山东省农业管理干部学院学报》2003年第5期。
② 梁波、梁海英：《城市融入：外来农民工的市民化——对已有研究的综述》，《人口与发展》2010年第4期。
③ 郑功成：《农民工的权益与社会保障》，《中国党政干部论坛》2002年第8期。
④ 李强：《社会学的"剥削"理论与我国农民工问题》，《学术界》2004年第4期。

社会距离正在逐渐增大,他们不愿主动介入城市生活,而是自愿结成自己的社群网络,并以此与城市生活隔离。① 刘传江认为,绝大多数农民工在城市的边缘和自我空间领域里"沉淀"为"外来边缘人口",而且这种边缘性还存在代际传递现象。② 从社会结构的角度来看,农民工缺乏组织化的接纳,是城市的无归属群体,无论是计划经济时代遗留下来的单位组织、行政组织和发育不完善的职业组织、社会团体等,还是近年来随着市场经济的发展而建立的社区组织、文化团体、福利组织等,都没有涵盖农民工。③ 农民工更愿意与自己的老乡或从其他地区来的农村人交往,重建自己的文化与社会空间。所谓的"浙江村""河南村"等农民工社区的出现,就是农民工在空间上划分或区隔的结果,意味着他们与城市生活隔离了开来。这种同质性强的社会交往网络,在帮助农民工适应城市生活的同时,也强化了其原有的生活方式和价值观念,影响着农民工对城市文化、价值观念的接触和吸收。

在心理融入方面,农民工城市融入的边缘与隔离状态表现在农民工群体自身的主观态度、价值与认同方面。农民工对自身身份的认同存在矛盾。一方面,农民工,尤其是新生代农民工对城市的生活充满了热情,在主观上想成为现代意义上的城市人;另一方面,他们对自身身份的理解和认同又是模糊的。农民工对自我身份的归类大致有三种:一是将自己归类为城市人,二是将自己仍然归为农村人,三是将自己归类为处于城市和农村之间的边缘人,而第三类占绝大多数。这种归类让他们保持着较强的"打工心态",在流入地社会无法形成归属感和"主人翁"意识。

2. 半城市化

农民工的"半城市化",是指进城农民工介于回归农村与彻底城市化之间的状态。从社会整合的角度来看,城市化就是农村人口在城市的一

---

① 郭星华、储卉娟:《从乡村到都市:融入与隔离——关于民工与城市居民社会距离的实证研究》,《江海学刊》2004 年第 3 期。
② 刘传江:《中国农民工市民化研究》,《理论月刊》2006 年第 10 期。
③ 江立华:《论农民工在城市的生存与现代性》,《郑州大学学报》(哲学社会科学版) 2004 年第 1 期。

种社会融合，是经济活动与社会、制度和文化的相互嵌入。"半城市化"是相对于"城市化"而言的，是农民工的市场嵌入没有与社会、制度乃至文化系统实现很好衔接，出现了农民工的部分市场处于长时间的"脱离嵌入"状态，从而带来许多社会整合问题。农民工虽然进入城市社会，但也只是在市场层面与城市发生联系，并没有与城市的社会、制度和文化系统实现有效衔接，真正融入城市社会。

在20世纪80年代以来的30多年时间里，农民工一直被局限在次级的劳动力市场，作为纯粹的就业者和劳动者参与城市的劳动分工。他们仅仅是实现了职业转换和地域转移，并没有实现身份的转变，无法融入城市社会。一是农民工仅仅从经济系统上被接纳，在其他系统中却受到排斥，也就是通常所说的"经济吸纳、社会拒斥"；二是农民工在行动、生活方式等方面与城市居民存在明显的区隔——生活"孤岛化"、居住"村落化"、社会认同"内卷化"；三是没有从心理上认同城市社会，缺乏对城市的归属感。由此观之，"半城市化"在三个层面都没有完全"嵌入"：农村流动人口虽然进入城市，也找到了工作，但是没有融入城市的社会、制度和文化系统，在城市的生活、行动得不到有效的支持，在心理上产生一种疏远乃至不认同的感受，处在"非城非乡"的状态。

与城市化相比，"半城市化"的关键就在"半"字上。形象地看，犹如一个人一只脚已经跨进门槛，另一只脚还在门外一样，是一种分离的现象。农民工的"半城市化"就在于，他们虽然进入了城市，在城市找到了工作，也生活在城市，但是问题在于，城市只把他们当成经济活动者，仅仅将他们限制在边缘的经济领域中，没有把他们当成具有市民或公民身份的主体，从体制上没有赋予他们其他基本的权益，在生活和社会行动层面将其排斥在城市的主流生活、交往圈和文化活动之外，在社会认同上对他们进行有意无意的贬损甚至妖魔化。农民工的"半城市化"就是在体制、社会生活行动和社会心理三个层面上的不整合。

三 农民工市民化的影响因素

学术界对影响农民工市民化的因素进行了大量研究和多方位探索。本书从微观、中观、宏观三个层次对相关文献逐一进行梳理。

1. 从微观层次看，人力资本水平是影响农民工市民化的决定因素

农民工的收入水平主要由其接受教育的程度和所掌握的生产技能决定。赵延东、王奋宇对北京、珠海和无锡3个城市中的共7500个居民家庭进行了调查分析，结果发现，流动者受教育的时间与其收入水平正相关；而那些在近5年内接受过培训的农民工群体比没有接受过培训的农民工群体的收入明显高出不少。① 刘林平、张春泥的研究也发现，人力资本中的教育年限、培训、工龄等变量对农民工工资有显著的正向影响。② 这些研究结果都证明了人力资本对于农民工经济地位的正向影响。目前，中国农民工总体文化程度不高、职业技能缺乏的现状，是造成农民工收入低、保障差、职业选择和就业空间狭小，以及就业竞争和替代能力不强的主要原因。从长期来看，限制农民工提高就业地位和进入更高层次职业的主要障碍将是农民工自身的人力资本。农民工只有提高知识水平和技能，才能进入一级劳动力市场和城市居民平等竞争，人力资本水平是影响农民工市民化的关键因素。除加大对农村教育的投入，整体提高农民工的受教育程度外，鼓励外来人口在城市中实现再教育和继续教育，通过各类成人教育、职业培训继续提升人力资本，也是推动其市民化的有效途径。

社会资本在微观方面发挥的作用主要体现在农民工的就业上。农民工主要通过亲属、朋友介绍和引荐等非正式途径进入城市的就业部门。③ 农民工获得的工资和职业声望也与他们拥有的社会资本密切相关。赵延东、王奋宇的调查研究表明，是否使用社会资本对青年农民工在进城求职过程中的收入有着极其重要的作用，使用过社会网络和社会资本的青年农民工，比那些没有使用社会资本的同伴们获得较高收入的可能性更大。④ 不过，更多的研究证明，实现更高层次的就业和获得更高收入的关

---

① 赵延东、王奋宇:《城乡流动人口的经济地位获得及决定因素》,《中国人口科学》2002年第4期。
② 刘林平、张春泥:《农民工工资：人力资本、社会资本、企业制度还是社会环境？——珠江三角洲农民工工资的决定模型》,《社会学研究》2007年第6期。
③ 孙立平:《农民工从何而来》,《农家之友》2003年第20期。
④ 赵延东、王奋宇:《城乡流动人口的经济地位获得及决定因素》,《中国人口科学》2002年第4期。

键在于社会资本的类型。以血缘、地缘为纽带的初级社会资本只是他们在城市中获取信息、寻找工作的重要手段，不能直接提高农民工的工资水平，也无法改善农民工的职业声望。这种同质性的社会网络对于农民工真正融入城市社会所起的作用甚微。

2. 从中观层次看，主要是社会资本或社会网络

社会资本是从社会网络发展出来的一个有关资本的概念，通常被定义为"嵌入在社会网络中、可由行为者获得并加以利用的社会资源"。[1] 农民工拥有的社会资本的多少、社会关系网络的规模与质量，特别是其关系网络中可运用的社会资源的性质对农民工市民化具有决定性作用。社会资本影响农民工市民化的机理表现为这样一个景象：在农民工进城过程中，通过劳动关系嵌入一个新的社会网络结构，不断地扩大自身的社会交往半径，丰富自身的社会资本，获得市民化所需要的资源和条件。

传统的以"血缘、地缘、乡缘"为主要特征的先赋性社会资本在农民工进城过程中确实能够起到降低信息成本和交易成本的作用。[2] 比如，农民工在未进城之前就已经找好了工作，甚至确定了工资标准，他们一进城马上就可以工作，省去了找工作的时间和货币成本。在进城之初，农民工住处的落实、对城市环境的适应和熟悉，也都是依赖这种以"血缘、地缘、乡缘"为纽带的社会关系网络。传统的社会关系网络确实能够保证农民工获得就业信息的真实性，加快信息搜寻的速度，提高农民工在城市的就业概率。[3] 有统计表明，在获得信息、迁入城市的方式和找到第一份工作等方面，农民工利用乡土社会网络的比例均占到70%以上。但是，这种传统的社会关系网络也同时强化了农民工生存的亚社会生态环境，阻碍了他们对城市的认同。

陈成文、王修晓以亲戚代表"原始社会资本"（强关系）、以非亲戚的本地人代表"新型社会资本"（弱关系），来检验不同类型社会资本对职业声望和生活满意度的影响。他们的研究发现，新型社会资本对于城

---

[1] 〔美〕林南：《社会资本：关于社会结构与行动的理论》，张磊译，上海：上海人民出版社，2004。
[2] 李培林：《流动民工的社会网络和社会地位》，《社会学研究》1996年第4期。
[3] 张智勇：《社会资本与农民工职业搜寻》，《财经科学》2005年第1期。

市农民工的职业声望有积极作用,原始社会资本的作用则主要体现在农民工的生活满意度上。① 在进入城市场域后,农民工有无再构建社会网,在收益方面有着明显差异,再建构社会网的农民工的收益大于没有再建构社会网的农民工。②

从社会资本的角度来看,农民工市民化的实现,就是使农民工的工作和生活能够嵌入城市社会关系网络。进入城市以后,农民工必须编织和建立新型的社会关系网络。市民化成功与否主要在于农民工社会资本的性质。如果以"血缘、地缘、乡缘"为主要特征的传统型社会资本所占比例大,农民工市民化程度差;如果现代制度型、契约型社会资本占主导,则市民化更容易成功。因此,推动农民由传统的先赋性社会资本向异质性和本地性社会资本的转换,应该是整体提升农民工社会资本的务实选择。需要指出的是,推动农民工社会资本的整体转型,并不是要其放弃先赋性的社会关系网络,而是在巩固已有的同质性初级社会资本、维持家乡对他们的社会支持的基础上,发展新型的异质性次级社会资本,逐步建立以业缘关系为基础的新型社会关系网络。

在积累社会资本的过程中,农民工的人力资本即自身的素质和能力是决定性因素。人力资本的提升有助于扩大农民工的社会交往范围,改善农民工社会交往的水平和质量。流动性也会影响社会资本的累积,高流动性往往导致社会资本投资不足和流失。当下农民工在工作岗位上"干不长、频跳槽"的"短工化"趋势明显,这种不稳定的状态将导致农民工本地性社会资本的易流失和难培育,进而导致关系网络传递技能知识的途径更加闭塞,农民工融入城市社会的阻力增强。

改善农民工社会资本匮乏和质量低下的状况,构建农民工社会资本的积累和形成机制,是推动农民工融入城市社会的重要途径。③ 农民工应主动减少对原有初级网络关系的依赖,积极构建以城市社会为主体的新型社会资本,寻求新的社会支持网络,培养个体与城市社会交往的能力

---

① 陈成文、王修晓:《人力资本、社会资本对城市农民工就业的影响——来自长沙市的一项实证研究》,《学海》2004 年第 6 期。
② 曹子玮:《农民工的再建构社会网与网内资源流向》,《社会学研究》2003 年第 3 期。
③ 刘传江、周玲:《社会资本与农民工的城市融合》,《人口研究》2004 年第 5 期。

和获得社会资源的能力,加快融入城市的步伐。农民工如何才能突破他们进城前积累的原始社会资本,构建基于城市就业和生活的新型人际社会关系呢?叶静怡、周晔馨在对1256名在京农民工的社会资本转换进行分析后提出,在城市接受职业教育和培训过程中形成的同学关系、与城市本地居民混合居住所形成的邻里关系、就业单位内各种社团活动带动的超出同乡间的交往等,都是农民工基于城市的社会人际关系拓展、新型社会资本积累的重要渠道。[①] 破除农民工居住空间的"孤岛化",是打破原有初级型社会关系、提升农民工新型社会资本积累的主要渠道,应该积极将农民工纳入城市住房保障体系。社会各个机构和单位积极接纳包括农民工在内的所有雇员参与各种社团活动,能够为农民工进行新型社会资本的个人投资和积累创造条件,促进农民工社会资本转换。

3. 从宏观层次来看,中国特有的社会体制结构、相关的制度安排以及具体的制度实践是决定农民工能否实现市民化的根本性因素

在制度影响下,每个个体嵌入在制度框架中,其拥有社会资本的多寡与制度密切相关。"农民工"实际上是一种制度性身份,中国现有的社会体制,包括基于户籍制度的一整套制度设计和安排,形成了农民工群体、农民工现象和农民工问题。[②] 以户籍管理制度为标志的城乡二元制度是农民工市民化的最大障碍。

制度直接影响农民工的经济融入。农民工多从事些职位较低、社会声望不高的工作,就业层次低下,属于非正规就业。持自由主义观点的研究认为,农民工的就业特征、收入水平主要受其整体的人力资本水平决定,这种观点仅仅看到了问题的表象。从历史发展的角度来看,中华人民共和国成立以来实行城乡二元社会管理制度,大量的资源,包括教育资源向城市倾斜,是造成今天农民工人力资本水平整体不高的制度根源。那么,从现实的角度来看,外来农民工的待遇普遍低于本地工人真的是市场选择的结果吗?彭玉生对不同所有制企业间的工资决定机制进

---

① 叶静怡、周晔馨:《社会资本转换与农民工收入:来自北京农民工调查的证据》,《管理世界》2010年第10期。
② 王春光:《农民工在流动中面临的社会体制问题》,《中国党政干部论坛》2004年第4期。

行了对比，结果发现，企业性质对农民工工资没有显著影响。国有企业对其正式员工有一套区别于市场体制的工资决定机制，但这套机制并不适用于农民工。① 这说明，农民工在什么性质的企业都是农民工，差异性可能在于用工制度的二元结构。刘林平、张春泥对珠江三角洲农民工工资的实证研究发现，农民工的工资是处于分割的二元劳动力市场一端的、高度市场化的、缺乏企业内部劳动力市场或晋升机制，也少受劳动力市场用工情况变化影响的、没有地区性差异的一种实实在在的刚性的低工资。农民工低工资的制度安排，表面上是通过其人力资本和企业规模实现的，实际上它已经成了企业的惯例，也为社会广泛接受。在不同所有制性质的企业，在不同行业，在不同地区，不论农民工来自哪里，也不论他们的家庭经济情况如何，在珠江三角洲，农民工得到的就是这样一个被"合法化"的低工资的制度安排。② 不管是从计划经济时期偏向城市政策实践的影响来看，还是从现行政策"城乡有别"的实践标准来看，制度，不只是单项制度的问题，而是一整套的制度设计和制度安排，从根本上影响和制约着农民工的就业和整体收入水平，进而影响着农民工对城市社会的适应。

　　制度结构将社会成员区隔在不同场域中，塑造了区隔化的城乡居民交往模式。"人以群分"的交往习惯使优势阶层拥有更好的社会资源并占据更多的社会资本，而社会底层占用较少、较劣的社会资本。在工业化和城市化的大背景下，城市人口占据了更为有利的地位，农村居民则处于弱势地位。人为设定的户籍制度割裂了农业人口与城市人口的交往空间，这意味着农村居民在积累社会资本的起点上就处于不平等和不公平的位置，并随时间推移而扩大，导致农村人口在城市劳动力市场中难以享有网络外部性收益和社会支持。例如，农民工关系网络中的城市职工较少，获取新知识、新技能的机会也就更少，获得社会支持的可能性也更小，大多数农民工只能维持在城市社会的底层，很难获得更多的资源

---

① Peng, Yusheng, "Wage Determination in Rural and Urban China: Comparison of Public and Private Industrial Sectors," *American Sociological Review*, 57 (1992).
② 刘林平、张春泥：《农民工工资：人力资本、社会资本、企业制度还是社会环境？——珠江三角洲农民工工资的决定模型》，《社会学研究》2007年第6期。

以支持其融入城市。

制度因素对于农民工市民化的限制作用，除了宏观体制、具体制度的结构性限制外，还体现在制度在实践过程的效果。以农民工的权益保障为例，关于农民工的劳动权益保护尽管有较为可靠的法律规定和依据，但在制度的执行过程中，还存在执法监管不力的问题，有法不依、执法不严、违法不究的现象相当严重。一些地方政府为追求经济增长，片面地强调资本或投资者的利益，而忽视了对农民工合法权益的保护。在资本、劳动力和流入地之间特殊的三方结构中，外来农民工没有对话能力，在发生冲突时，地方政府往往做不到公正，而是从自身利益出发偏袒资方，这在实际上都造成了农民工在城市的边缘地位。

影响农民工市民化的因素有很多，从微观的人力资本到中观的社会网络、社会资本，再到宏观的社会制度，每一个条件的缺失都会影响到这一宏伟实践的成效。这也决定了农民工的市民化一定是一个不断提高自身人力资本水平并不断获得相关制度支持的过程。最好的状态是两者之间互相影响，循环推动，这需要经历一个相当长的时期才能实现。

四　农民工市民化的实现机制

进入 21 世纪以来，学术界对于将推动农民工市民化作为解决农民工问题的根本出路已经达成共识。学术界也从不同的角度进行了积极的思考和探索，并有针对性地提出了不同的解决思路。

1. 提升农民工适应城市规则的能力

从现代化或社会化的角度来看，农民工市民化就是其在逐步适应城市社会各种生产方式、生活方式、文化规则的过程中，逐步从一个农民转向现代市民的过程。坚持现代化理论分析范式的研究者一致的认识是：农民工文化素质偏低，以及长期的农村生活经历造成了新生代农民工在思想、观念、心理、行为和态度等方面，与市民化发展的要求不尽一致，导致了他们难以适应和融入城市社会。[①] 城市和乡村分别代表着现代和传统。城市是现代社会，农村则被视为"乡土社会"，在此生活成长的农民

---

① 江立华：《城市性与农民工的城市适应》，《社会科学研究》2003 年第 5 期。

工"理所当然"也就具有一种乡土性。并且,农民工身上的乡土性深深融入他们的思维方式和价值观念中,成为农民工身体的一部分。不仅如此,乡土性还表现为一种舒适区,指引着农民工在社会交往中选择同乡、同学、亲友等初级社会关系,甚至在城市重建农村"亚社会生态环境"。这种"亚社会"空间的建立尽管给农民工提供了一些社会支持,但却从更深的层次限制了农民工社会交往的规模、范围、频率与深入度,不利于其市民化。

现代化的分析范式强调农民工群体的主体性或能动性,认为农民工群体应该主动学习城市规则,提高文化素质与技术能力,尝试用城市文化的视角和价值观念去观察和分析各种事物,加深对城市的理解,从而满足城市生产、生活各个方面对城市居住者提出的要求。尽管农民工市民化整体表现为不断地增加现代性的过程,但是我们并不能简单地认为这是农民工群体单向度的行动过程,城市社会、城市居民与城市组织在此过程中的调适与应对也很重要,城市社会现代性不足也会反过来限制农民工的市民化。农民工市民化实质上是一个双向的现代化过程。

2. 加大社会组织建设,推动农民工社会资本转型

社会资本论者倾向于从农民工持有的社会资本、社会关系网络方面找寻农民工市民化的答案。他们认为,新生代农民工市民化的过程就是他们的社会关系网络重构、再生的过程,也即在初始社会资本的基础上,增加组织型社会资本,扩大社会网络的半径。农民工在进入城市初期,组织型社会资本是匮乏的,而他们拥有的组织型社会资本越多,就越有可能借助于组织成员的身份从所在组织获取各种生活或工作上的帮助。边燕杰、张文宏的研究证明了这一点:农民工在城市建立的社会网络越多,社会资本规模也就可能越大,越有助于他们融入城市社会。[①] 一般来说,由企业、劳动管理制度及相关政府部门、社会团体等组成的正式支持系统更能实现理想的农民工市民化结果;而过多地依靠由家庭、亲友、职业场所中的亲密朋友等非正式的社会支持网,则更容易导致市民化的

---

① 边燕杰、张文宏:《经济体制、社会网络与职业流动》,《中国社会科学》2001年第2期。

失败。①

钟水映、李魁提出，应该加强农民工的组织化建设，建构有利于农民工城市融入的组织型社会资本，以弥补农民工在城市生活中个体社会资本不足的问题。② 李爱芹提出，工会应当加大在农民工集中的用人单位，特别是私营企业、"三资"企业里建立基层组织的力度，将农民工吸纳为组织成员，提高其组织化程度。③ 总之，要建立中小型企业的工会、构建农民工协会、互助会、服务中心等，开展针对新生代农民工的服务项目，逐渐培养他们的社会参与意识，通过组织化的机制实现对农民工的整合。

3. 进行制度改革，创造公平的制度环境

制度结构是影响行动者的行动选择及其结果的核心变量，制度结构的特定属性决定了各种社会资源、机会与权力的分配格局与配置方向。中国城乡二元分割的户籍制度和建立在此基础上的就业管理制度、社会保障制度、教育制度、医疗保障制度等，将农民工群体隔离在社会公共资源和福利之外，是造成当前农民工"流动但不定居，定居但不融合"现象的主要原因。在这种体制的庇护下，城市居民无须努力却占据着大部分社会资源，而农民工却无法获得平等的待遇。二元社会管理制度如同一堵墙，全面阻挡着农民工的市民化。从根本上进行制度改革，重塑制度结构，创造公平制度环境是制度改革的方向。

首先，就是要改革户籍制度，重新构建城乡居民的身份平等，从而使城市社会对农民工群体由"经济接纳、社会拒入"转变为"经济接纳、社会接入"。这只有样，才能为农民工融入城市提供良好的制度环境。

其次，应在就业制度、教育制度、社会保障制度、住房制度、政治参与制度等具体制度领域，逐步打破二元限制。一要逐步建立城乡统一的劳动力市场和公平就业制度，消除在就业方面对农民工的限制与歧视，

---

① 朱考金、刘瑞清：《青年农民工的社会支持网与城市融入研究——以南京市为例》，《青年研究》2007 年第 8 期。
② 钟水映、李魁：《农民工市民化过程中的现代式社会资本构建》，《东北大学学报》（社会科学版）2007 年第 6 期。
③ 李爱芹：《社会资本与农民工的城市融入》，《广西社会科学》2010 年第 6 期。

对进城农民工与城市职工同等看待，使他们享受平等的待遇与权益。二要进一步推进农民工社会保障体制的建设，逐步构建城乡一体的社会保障制度，增强农民工在城市工作与生活中的抗风险能力。

再次，进行土地制度的创新，促进农民工永久性迁移。在做好配套制度建设的基础上，改革土地承包制度，促进农村土地的集约化经营。这样可以减轻土地对部分农民工的束缚，消除其"不完全城市化"的阻力，促使进城农民工完成永久性迁移。

最后，应该切实贯彻关于做好农民工子女教育工作的公共政策，做好农民工子女在流入地城市的教育工作，改革教育体制，打破教育垄断局面，以此增强农民工，特别是农民工子女对城市社会的认同感与归属感。

五 农民工市民化程度的测量

农民工市民化程度的测定及指标体系建构是定量研究所要解决的首要问题。

1. 农民工市民化包括多个维度

朱力在田凯研究的基础上指出，农民工市民化是一个涵盖了经济、社会和文化三个层面的依次递进的过程。[①] 张文宏、雷开春对上海的白领新移民调查数据进行了探索性因子分析，结果发现，城市新移民的市民化包含心理融入、文化融入、身份融入和经济融入四个因子。[②] 王桂新、王利民从微观主体角度为农民工市民化设立了一个评价指标体系，包括：居住条件、经济生活、社会关系、政治参与和心理认同五个维度。[③] 杨菊华认为，国内流动人口社会融入至少包含四个维度：经济整合、文化接纳、行为适应、身份认同。[④]

[①] 朱力：《论农民工阶层的城市适应》，《江海学刊》2002年第6期；田凯：《关于农民工的城市适应性的调查分析与思考》，《社会科学研究》1995年第5期。

[②] 张文宏、雷开春：《城市新移民城市融合的结构、现状与影响因素分析》，《社会学研究》2008年第5期。

[③] 王桂新、王利民：《城市外来人口社会融合研究综述》，《上海行政学院学报》2008年第6期。

[④] 杨菊华：《从隔离、选择融入到融合：流动人口社会融入问题的理论思考》，《人口研究》2009年第1期。

社会融入作为一个多维度概念，已经成为研究者们的共识，但对各维度之间的递进关系，学者们的看法并非完全一致。张文宏、雷开春认为，虽然由心理融入、身份融入、文化融入和经济融入四个维度构成的移民总体城市适应性程度偏低，但鉴于这四个层面的融入水平呈依次递减趋势，故移民的心理融入和身份融入水平较高，文化融入和经济融入水平较低。[①] 相反，朱力虽然也认为社会融入包括经济融入、社会融入和心理或文化融入等多个层面，且也存在递进关系，但先后过程却不一样：经济适应是立足城市的基础；社会融入是城市生活的进一步要求，反映的是融入城市生活的广度；心理适应属于精神层面，反映的是参与城市生活的深度。[②] 只有心理和文化的适应，才是农民工完全融入城市社会的标志。杨菊华认为，国内流动人口社会融入的四个层面既存在一定的递进关系，但并非简单的线性关系。[③]

融入与适应不是简单地等同于同化，它比同化具有更加主动积极的意义。前述研究表明，市民化不是单维度的，而是多维度的，主要包括经济、社会和文化等多个层面。除张文宏、雷开春的研究外，其余学者基本认为，心理融入属于城市适应性的最高境界，且只有流入者在这方面融入了主流社会，他们才真正达到了融入的目的。但是，杨菊华认为，以上理论界定过分强调经济、社会、文化、心理融入之间的线性递进关系，对不同维度因素之间的互动关注不足或完全忽视。然而，经济融入既可以影响社会融入、文化融入及行为适应，反过来也受制于其他层面的融入水平。如果流动人口熟练掌握流入地的语言、熟悉其风俗习惯，且言行举止符合当地的习俗，无疑会加速其经济融入的速度和程度。因此，仅仅强调因素之间的递进关系、忽视其互动关系，是不够的。

笔者认可前述学者对纷繁复杂的农民工问题所做的细致思考和提出的质疑与主张。不过，我们在生活中观察到的农民工城市适应性的发展轨迹，

---

① 张文宏、雷开春：《城市新移民城市融合的结构、现状与影响因素分析》，《社会学研究》2008年第5期。
② 朱力：《论农民工阶层的城市适应》，《江海学刊》2002年第6期。
③ 杨菊华：《从隔离、选择融入到融合：流动人口社会融入问题的理论思考》，《人口研究》2009年第1期。

基本遵循了从经济、社会到身份/观念的逻辑顺序。最基础的是经济层面，即职业以及与其相联系的经济收入和社会地位；由此形成的生活方式构成社会层面；通过社会层面的交往才可能达到观念的转变和文化认同以及心理上的归属感，即文化和心理层面，对应的是经济层面的融入、社会层面的融入、心理层面的融入。不过，各个层面也存在事实上的相互影响或制约，不同层面因素之间的互动应该纳入测量体系才能够全面。

2. 农民工市民化的测度

多数农民工市民化的实证研究都纳入了客观性指标和主观性指标。

钱文荣、张忠明、王桂新、罗恩立、韩克庆等人的研究以农民工的社会保障（失业保险、城市最低生活费保障、养老保险、医疗保险等）、住房情况、职业培训（实际参与情况）、每天劳动时间（小时）、个人收入（收入水平和工资发放情况）、社会关系、城市中居住时间、是否签订劳动合同等作为评价农民工城市生存状态的客观性指标。①

尹志刚、洪小良提出的迁移意愿，钱文荣、张忠明提出的融入城镇的愿望，杨晖、江波提出的身份认同（对自身身份的认同和市民对农民工的身份认同）和社会地位（市民对农民工的地位认定），杨绪松等提出的交友意愿和困难求助对象，张文宏、雷开春提出的接受本地文化程度和社会满意度，王桂新、罗恩立提出的心理认同，秦昕等提出的工作认知，构成了评价的主观性指标。②

---

① 钱文荣、张忠明：《农民工在城市社会的融合度问题》，《浙江大学学报》（人文社会科学版）2006年第4期；王桂新、罗恩立：《上海市外来农民工社会融合现状调查研究》，《华东理工大学学报》（社会科学版）2007年第3期；韩克庆：《农民工的社会保护研究：以苏州市为例》，《山东社会科学》2007年第11期。

② 尹志刚、洪小良：《北京市流动人口移民倾向和行为研究》，北京：北京出版社，2008；钱文荣、张忠明：《农民工在城市社会的融合度问题》，《浙江大学学报》（人文社会科学版）2006年第4期；杨晖、江波：《加强西安市农民工社会融合的对策研究》，《西北大学学报》（哲学社会科学版）2009年第6期；杨绪松、靳小怡、肖群鹰、白萌：《农民工社会支持与社会融合的现状及政策研究：以深圳市为例》，《中国软科学》2006年第12期；张文宏、雷开春：《城市新移民城市融合的结构、现状与影响因素分析》，《社会学研究》2008年第5期；王桂新、罗恩立：《上海市外来农民工社会融合现状调查研究》，《华东理工大学学报》（社会科学版）2007年第3期；秦昕、张翠莲、马力、徐敏亚、邓世翔：《从农村到城市：农民工的城市融合影响模型》，《管理世界》2011年第10期。

周密等从市民需求与市民供给的角度，提出了一种新生代农民工市民化程度新的测度方法，运用需求可识别的 biprabit 模型，测度了样本地区的市民化程度和市民抑制程度，并进行了稳健性检验。① 刘传江、程建林构建了一个农民工市民化进程的测度指标体系（包括外部制度因素、农民工群体市民化进程和农民工个体市民化进程三个部分）。结果显示，新生代农民工市民化率为 50.23%，而第一代农民工市民化率仅为 31.30%。② 黄锟对城乡二元制度对农民工市民化意愿、市民化能力和市民化进程的影响进行了实证分析。结果发现，虽然农民工具有比较强烈的市民化愿望，但受到城乡二元制度和农民工自身市民化能力的制约，绝大多数农民工无法转化为市民。③

第四节　本章小结

1. 国外研究的启示与思考

国外学术界关于移民社会融合的研究呈现出一种多元化、多学科、多视角并存的状态。尽管关于移民融合的内涵，不同研究者之间还存在细微的差别，但现有移民融入的研究已经基本上涵盖了移民融入的各个层面或维度，为本研究深入认识和理解农民工的市民化提供了知识图示和认知框架。

（1）西方移民在流入地社会普遍遭遇的融入障碍，中国的农民工也同样存在：农民工无论是在教育水平、工作技能，还是在生活方式、行为态度、观念认知上，都还存在与城市社会不相适应的地方；农民工进入城市社会后，缺乏新的社会资本与支持网络，限制了他们与城市居民的交往，阻碍了他们对城市社会的融入；政府层面的制度与政策因素使

---

① 周密、张广胜、黄利：《新生代农民工市民化程度的测度》，《农业技术经济》2012 年第 1 期。
② 刘传江、程建林：《双重"户籍墙"对农民工市民化的影响》，《经济学家》2009 年第 10 期。
③ 黄锟：《城乡二元制度对农民工市民化影响的实证分析》，《中国人口·资源与环境》2011 年第 3 期。

农民工普遍遭遇到了制度性歧视、政策性排斥，这种制度性歧视与排斥客观地阻碍了农民工社会资本的积累、人力资本的提升。

（2）西方理论界对于外来移民融入问题的研究，更倾向于从主流文化和移民传统文化之间的对抗和对话上寻找答案，将错综复杂的社会融入问题简化为"文化融入问题"，这与当前中国处于转型时期的特殊历史背景迥然有异，无法有效地解释中国农民工"流而不迁"的问题。就当前农民工市民化过程遇到的难题来看，从制度上寻找答案可能要比文化角度的探寻更有意义。

2. 国内研究的思考

国内关于农民工社会保障制度建设和农民工的市民化的研究和探讨取得了丰硕成果，也为本研究的开展奠定了良好的基础，但在以下几个方面仍存在不足之处。

（1）现有关于农民工社会保障重要性的研究更多地关注于农民工微观层面的实际需求，没有从社会保障作为市场经济运行的基本制度要求和现代公民权利的内在要求的角度来思考，缺乏制度发展的历史高度。

（2）现有研究或者强调结构的制约，或者强调个体的能动作用。这种将宏观与微观、结构与行动割裂开来的做法，或者偏向于将市民化过程视为农民工整体的学习与适应过程，而忽略了微观个体的实际差异；或者偏向于强调制度等结构性因素对此过程的制约，而忽视了结构性制约下农民工的能动性。实际上，农民工能否市民化与能否给他们公平的机会，是两个不同的问题，区别在于后者的解决并不意味着前者一定会解决，但是后者解决不了，前者则根本就无法解决。因此，后者的解决是前者解决的基本前提。农民工能不能融入城市，不仅在于个体的自主选择，还在于公平社会制度的保障。因此，本研究试图通过社会保障制度的视角将两个问题结合起来。

（3）已有的农民工市民化程度指标体系虽然涵盖了经济、社会、心理、文化等方面，但构建的维度和选择的指标体系大多是为某一具体领域的研究服务的，其逻辑解释力和适用性远远不够。本书坚持经济、社会、心理三个层面的划分，加入不同层面的相互影响，来探索农民工市民化的具体机制。

第三章 农民工市民化的历史演进和新生代农民工市民化分析

第一节 农民工群体的特征分析

农民工是中国计划经济体制向市场经济体制转型过程中出现的特殊群体，身上兼具城乡居民两种社会属性。从职业角度来讲，他们是工人；从社会身份来讲，他们仍是农民。确切地说，他们既非完整意义上的市民，也不再是完整意义上的农民，而是制度的"边缘人"。不过，经过30多年的发展变迁，农民工群体也非铁板一块，其内部也发生了很大分化，既有实力雄厚的私人老板，也有蹬三轮车的；既有上升为企业管理层的白领乃至"金领"，也有我们多见的在工厂从事体力劳动的蓝领工人；既有第一代，也有新生代。因此，推动农民工市民化既要考虑他们在制度方面所具有的弱势群体的特征，也要考虑其内部的复杂性。从整体上把握农民工的特征，是解决农民工问题的根本要求。

一 农民工现象的制度根源

劳动力从传统部门向现代部门转移，是各国工业化和现代化进程中的普遍现象，西方发达国家也都曾出现农业劳动力的大规模迁移。农业劳动力迁移在经历了对城市经济、社会以及文化生活的适应后，逐步实现了城市化。改革开放以来，受城市现代产业发展的带动，中国农村剩余劳动力也开始了向城市转移的历程。和西方不同的是，中国农村劳动力迁移进入城市后，遇到的最大障碍不是文化生活、价值观念方面的不适应，而是来自制度身份的区别对待。制度排斥使他们只能以"农民工"

的身份存在。农民工表面上看起来是一种职业,实际上更是一种制度性身份。改革开放以来,因农民进城就业引发的职业转换和社会身份转换不同步,造成了中国历史上规模庞大的农民工群体。农民工现象虽然是由中国城乡生产力发展引起的,却又因社会管理体制的影响而呈现出典型的制度特征。从制度角度分析农民工现象,有利于我们把握此问题的实质。

1. 城乡二元社会管理制度是农民工产生的体制性根源

中国长期实行的城乡二元社会管理制度是导致农民工问题的体制性根源。新中国成立后,为了在一穷二白的基础上迅速建立工业体系,为了给工业化积累资金,1958年1月出台了《中华人民共和国户口登记条例》,将人口分为农业户口和非农业户口两大类别,并以户籍为基础建立了就业制度、住宅制度、教育制度、养老保险制度以及粮食供给制度等制度体系,逐渐确立了城乡分割的二元社会管理模式。由此,中国的公民也被划分为两大身份不同、待遇不同的经济利益集团。[①] 户籍身份不同,就业安排和社会福利保障也大不相同。可以说,有了户籍就有了对应的就业和社会福利保障安排。对农民来讲,获得农业户籍,就等于获得了就业权利和收入保障,也即接受生产队的劳动安排,以工分为标准对集体剩余进行分配(在实际操作上实行平均主义或"大锅饭")。农民的社会福利由农村集体统一提供,主要包括宅基地、农业合作医疗以及"五保"供养等。并且,这些保障还具有自动延续的功能,农民的孩子自出生起自动获得农业户籍,进而获得土地耕作权和相应的劳动就业权。在这种制度体系里,农民不仅是一种职业,也是一种不可轻易变更且世代承袭的身份。同样,城市户口也具有就业、社会福利保障识别和代际延续的特征。例如,城市居民的子女自动获得非农业户口和与此相对应的就业安排。有了就业,就有了住房、公费医疗、单位福利(包括食堂、洗澡堂、理发店、商店、子弟学校等)、退休保障等相关社会福利待遇。这种户籍制度安排不仅是出于行政管理上的方便,也在实际上构筑了城

---

① 王满四、熊巍俊:《制度变迁与农民身份的变迁——城市农民工及其市民化问题的制度分析》,《改革》2005年第4期。

乡隔绝、劳动力不能自由流动的僵化、凝固的二元利益格局。以户籍制度为基础的一系列制度安排如一堵墙，将城乡社会分割成两块相对封闭的空间，城乡居民分别在各自的领域里工作和生活，双方之间几无往来，城乡之间劳动力的转移实际上处于一种近乎停滞的状态。

这种城乡分割的二元社会管理制度为国家重工业优先发展战略提供了坚实的制度支持和资源支持，大量农业剩余通过工农业产品价格"剪刀差"的形式源源不断地从农业部门流向重工业部门，从农村流向城市，形成了事实上的农业为工业"输血"、农村向城市"输血"的不平等格局。仲大军推算，1952~1986年，通过工农业产品价格"剪刀差"形式，国家从农民手里拿走了5823.74亿元，再加上收缴的农业税1044.38亿元，在这34年里国家从农业抽走了6868.12亿元，约占这些年农业所创造价值的18.5%。[①] 由于国家的重视和来自农业部门的资金支持，以工业为代表的城市部门整体的经济社会发展水平明显高于农村部门。农村居民对城市高水平的生活标准、优厚的福利待遇尽管无限向往，也只能望尘而却步。就业和社会福利保障同户籍保持一致的分配原则，阻挡了农民迈向城市的脚步。在传统的二元社会管理体系中，农民要想进城，不仅要改变居住地，而且要变更户口种类，即从农业户口变成非农业户口。这种变更的机会微乎其微。除了考取国家正规大中专院校、少数应征入伍战士提拔干部、少数农村非脱产干部转为脱产干部，以及国家因特殊建设工程需要招收少量职工以外，原则上不能转成非农业户口。没有非农业户口，就意味着农民没有权利进城就业和定居。长期推行以户籍制度为基础的二元社会管理制度，产生了两个结果：一是大量农村剩余劳动力被限制在土地上，不能流向城市；二是农民的户籍身份被强化，"农民"作为一种身份远超其作为一种职业而成为这一群体的标识。

党的十一届三中全会以来，随着家庭联产承包责任制在农村普遍推行，农民获得了生产的决策权和劳动剩余的分配权，生产积极性得到了提升，不仅农业经济效益增长显著，而且农业生产过程中劳动力的使用大大减少。统计表明，中国广大农村普遍实行的家庭联产承包责任制将

---

① 仲大军：《中国的危机》，北京：改革出版社，1993年。

人民公社体制下的农业剩余劳动力由"隐性"变成"显性",解放出了4亿多农业劳动力。① 他们亟须寻找新的就业机会,以改善家庭经济收入水平。长期以来城乡之间的发展差距,尤其是城市的高收入水平和福利待遇都吸引着他们涌向城市,城乡二元隔绝的社会结构逐步松动。中国大地自西向东、自北向南开始会聚成一股股农民进城务工的大潮。但是,和经国家政策允许而永久改变居住地乃至身份的那些人不同的是,农民工属于没有获得政府同意其永久变更居住地。农民进城务工,仅仅是为了就业赚钱临时改变居住地而已,并没有正式改变其作为农民的社会身份。他们只是工作进了城,户籍身份还留在农村,属于没有从事农业劳动的户籍农民。可以说,农民进城务工是城乡二元条件下生产力发展的必然结果,进城农民无法顺利向市民转变也是中国城乡二元体制限制的结果,二元社会结构是中国农民工问题产生的体制性根源。

2. 渐进式的改革模式选择是导致农民工产生的制度原因

20世纪80年代开始的经济体制改革是在中国国民经济发展崩溃边缘背景下启动的。由于没有现成经验可供借鉴,也由于害怕骤然进行制度变革会带来强烈的社会震动,所以,改革从一开始采取了审慎的态度,将其定性为社会主义制度的自我完善和发展,并选择了"摸着石头过河"的渐进式改革模式。渐进式改革模式最大的好处就是决策者可以通过多种形式的改革"实验"积累更多经验,将改革的方向、速度、形式以及推进的广度和深度都控制在有利于巩固和增强自身政治权威的限度之内,既减少了改革过程中由于失误而引起的成本或损失,又可以避免过激的改革动作对经济运行和社会稳定造成不利冲击。不过,在"渐进"式改革模式下,经济领域往往最先获得突破,社会领域和政治领域因为涉及既得利益而具有滞后性。新旧体制并存又会造成许多新的矛盾产生,从而延缓改革的进程。

中国的经济体制改革从农业领域的家庭联产承包开始突破,广大农民开始获得农业上的生产经营自主权,生产积极性大为提高,实现了农业生产力的发展,同时也为农村剩余劳动力的流动和转移提供了可能。

---

① 姜国祥:《民工潮形成的深层原因及其对策》,《浙江社会科学》1996年第6期。

20世纪80年代,农民开始尝试进城就业,一大批农村剩余劳动力率先进入乡镇企业务工。随后,更多的农民兄弟跨过城乡边界,进城务工。到90年代,进城务工的农民已达到了1亿人。与经济领域中的改革和突破形成鲜明对比的是,社会领域中的改革相当缓慢。改革后,二元社会结构虽然有所松动,但以户籍制度为核心的一系列制度壁垒仍未从根本上打破,农民工虽然工作和身体进了城,但身份却没有进城。没有城市户口簿,即便他们实际上早已在城市工作和定居,与一般城里人无异,但仍被社会和政府称为"农民工",或者"外来务工人员",不属于统计意义的"市民"。并且,因为没有城市户籍,他们享受不到城市人的社会待遇,会遇到许多意想不到的困难。例如,他们只能在次属劳动力市场从事非正规就业,劳动时间长、工资待遇差;无法享有住房、医疗卫生以及子女入学的平等权利;还会遭遇城里人的偏见和歧视。受社会领域改革滞后性的影响,农民进城仅仅是工作进了城,他们的户籍和社会保障体系还留在农村。没有城市户籍,他们便不能成为市民,但也不是传统意义上的农民,身份和职业的错位让他们进不了城也回不了村。

农民工是中国渐进式改革过程中经济领域和社会领域改革不同步矛盾的产物,关键在于由户籍决定的社会福利保障不能随着就业的流动而流动。如果放开户籍,这一问题就将迎刃而解,农民工最终会发展成为城市社会的一员,实现市民化。问题的关键恰恰在于户籍制度已经"嵌入"劳动就业制度、人事管理制度、粮油供应制度、住房分配制度、医疗保障制度、义务教育制度和城市人口控制制度之中,成为一系列具体社会制度的母体。户籍改革不可能是单项的制度改革,任何的户籍变动都会引起太多的利益震动。在求稳的渐进式改革模式下,户籍制度的放开不可能在短期内取得突破。而且,放开户籍就意味着要对进城农民工负责,为他们提供就业、住房、子女教育等公共服务和为其参加社会保险提供财政补贴。据测算,如果一个农民工转变成市民,那么政府需要提供的财政成本大约为10万元。面对如此庞大的数字,政府显然没有做好全面放开户籍的准备。现实的选择只能是通过调整,逐步将各项制度或福利同户籍管理制度剥离开来,这应该是一个长期的制度调整过程。

农民工是中国社会管理体制的计划特征与就业改革的市场化取向并

存的产物,中国改革的渐进性特征决定了农民工这一特殊社会群体在短期内还不会消失。

3. 城市社会对农民工"经济吸纳"与"社会拒入"的双重态度,是这一群体被强化的结构性因素

在世界各国的现代化过程中,大批农村人口进入城市,从而使城市化水平不断提高,是普遍而正常的现象。这些进入城市的农村人口,尽管也会遇到各种不适应,但最终都将融入城市文明体系。与其他国家不同的是,中国进城农民工尽管也参与到城市的现代化进程之中,但仅限于经济领域,他们始终没有被城市主流社会接纳,而是成为制度的"边缘人"——农民工。城市社会采取的"经济吸纳""社会拒入"的双重态度是这一庞大社会群体被强化的结构性因素。

一方面,城市的快速发展需要农民工,因为进城农民工不仅能为城市经济发展提供必需的廉价劳动力,而且农民工主要承担了城市无人愿干又必须有人干的各种脏活、累活和危险活,这是农民得以以就业的方式转入城市的原因所在;另一方面,城市政府却不愿意在城市社会体系框架下承认他们,不愿意给他们户籍待遇和为他们提供本地居民享有的社会福利与安全保障,始终把他们当成"外来人"。这些进城农民工不能取得城市户口,不能和城市职工同工同酬,不能享受城市居民各种福利待遇,如住房、医疗、就学,等等。城市政府的这种双重态度让他们身份尴尬:尽管长期工作和生活在城市,却不属于城市的正式成员;说他们是农民,却长期不在农村工作和生活。从制度角度来看,他们只能被称为"边缘人"。正是这种"边缘人"的身份使他们长期在城乡之间来回奔波,成为"两栖人",他们的迁移流动也一直夹杂着"离土浪潮"和"归土浪潮"的双向轨迹,这也意味着农民工这一中国特有的社会景观还将继续存在。

农民工之所以被称为农民工,是因为他们在现行制度框架下不能取得与拥有城镇户口身份的劳动者平等地位并享受相应权利。只有将户籍从就业、社会保障、公共卫生、教育、住房保障中逐步剥离出来,农民工这一带有历史烙印和时代特征的称呼才会慢慢淡化并退出历史舞台。

二 农民工群体的发展分化

当前农民工群体的内部分化分为两个层面：一是基于不同的经济地位、社会声望等方面的垂直分化；二是基于不同年龄段的农民工各自的特征、行为决策等方面的代际分化。

（一）农民工群体的垂直分化

经过 30 多年城市化、工业化、现代化的洗礼，农民工群体内部差异性明显出现，被社会整体看待的农民工的同质性结构逐渐被打破，层次性分化显现。从横向来看，出现了不同职业位置的流动与分化；从纵向来看，在资本占有、经济收入、社会声望、价值取向等方面也出现了等级差异。例如，农民工群体中出现了大量的私营企业主、具有专业技能的劳动者、生产流程中的管理者等一批较高收入群体，其群体内部之间呈现出较明显的社会分层。二次分化后群体内各层次的"市民化"程度不一，其规避风险的能力也存在差别。如果按照对生产资料的占有程度来划分，大致可将农民工划分为以下两个层次："业主层"，包括私营企业主和个体工商户；"雇工层"，包括白领工人和蓝领工人。如果以职业分类和就业层次为基础，以资本占有、经济收入、社会声望以及价值取向为标准，大致可将农民工划分为四大群体："私营企业主""自雇佣的个体农民工""务工人员""无业或失业农民工"。不管以怎样的标准来划分，农民工群体的分化都是相当大的，尤其体现在经济收入水平上。从农民工市民化的基本要求来看，收入水平无论如何都是其实现市民化的基础条件，直接影响着市民化的成效。因此，本书更倾向于以经济收入和就业稳定为标准对农民工进行归类。

1. 经济地位、社会声望较高的农民工群体，包括"业主层"的私营企业主，"雇工层"的企业中层及以上管理人员、工程技术人员，也即"白领"工人

农民工中的"私营企业主"，是指在城乡开办私营企业的那一部分农民。他们拥有一定的经济实力，在城市有稳定的收入和住所，已经具备市民化所需要的物质资本。他们交往的层面较广，很多已经形成了以市民为主的朋友圈，有一定的人脉和社会资源调动能力，社会资本异质性

强、质量高，属于市民化能力和市民化程度比较高的群体。

"白领工人"是指文化程度一般都比较高的农民工。他们拥有较多的专业技术或较强的经营管理能力，主要在企业负责经营管理或技术工作。随着流向城市的农民工素质的提高以及农村户籍的大学生开始参加工作①，这一群体的比例会不断上升。

这一类别的农民工虽是农业户籍身份，但在城市有稳定的住所、就业岗位以及相对固定的劳动关系。这部分农民工基本上属于全家外出型，他们开始占有大量城市公共产品，已经成为实际上的市民，只是农民的身份没有改变而已。

2. 经济地位、职业声望处于中等层次的农民工群体，包括"业主层"的个体工商户，"雇工层"的普通蓝领工人

个体工商户是指拥有某种专门技艺或经营能力，有一定的生产资料、资金和少数雇工，自己往往既是老板又是员工的小业主。他们有较强的经营能力和较高的生活水平。在生产资本的占有上，尽管属于"业主层"，但相对于私营企业主群体来讲，个体工商户所占有的生产资本相对较少。

还有就是受雇佣的工薪阶层，主要由受雇佣的蓝领农民工组成。他们分布在各个行业，主要靠体力而不是靠技术获得工资，他们的就业和生活相对稳定，但收入水平不高。

收入水平受个体拥有的物质资本、人力资本以及就业稳定性的影响。一个基本的事实是，稳定就业的农民工的平均收入水平整体要高于非稳定就业的农民工。这部分农民工大都有一技之长，进城务工有一定时间，具备了相当的城市生活经验和基础，有一定的市民化能力。

---

① 按照前述对农民工的定义，农民工就是没有从事农业劳动的户籍农民。只要是拥有农村户籍，又没有从事农业劳动的农业户籍人员，都属于农民工。在城市户籍"含金量"不断缩减并且农村土地升值预期不断加强的情况下，很多农村户籍学生在升学时并没有选择迁户，仍保留着农村户籍，而毕业后他们多数并不会回家乡从事农业生产和经营，他们其实也是农民工，也会遇到和其他农民工类似的来自户籍方面的限制。他们属于受教育程度较高或掌握更多技术的农民工，从代际差别来看，他们又属于新生代农民工。

3. 经济地位、职业声望较低的农民工群体，主要是非稳定就业的农民工群体，我们通常所说的"农民工"主要属于这一群体

这个群体包括季节性务工的传统农民和没有一技之长，又不愿意慢慢积累的新生代农民工。前者多是上了年纪的农民工，他们基本没有现代工作技能，也没有市民化的意愿，进城务工纯粹是为了增加家庭收入。后者总是将改变命运的希望放在重新选择工作上，他们通过不断流动的方式来寻找更好的就业机会。不过，频繁流动只会让他们距离市民越来越远。这部分群体一部分可能回到农村，另一部分则可能成为"问题农民工"。

农民工群体的分化，是他们在经济、社会、政治等方面不断分化的必然反映和结果。农民工的分化一方面表明农民工已不再是一个同质性群体，另一方面说明农民工中的优势群体更有条件实现社会融合。农民工群体的垂直分化，要求我们在推动农民工市民化的过程中，充分考虑不同层次农民工的市民化能力和态度，不应采取"一刀切"式的、整齐划一的政策方式，而是要在提供政策支持的同时，保证政策选择的足够弹性。

以上所说的农民工分化状况，可以用图3-1表示如下。

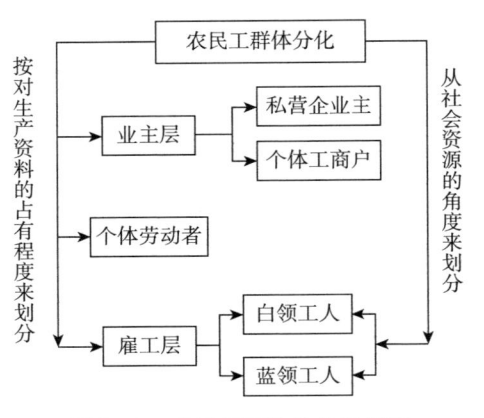

图3-1　农民工群体分化示意图

（二）农民工群体的代际分化

进入21世纪以来，伴随着越来越多的"80后""90后"加入农民工队伍和第一代农民工逐渐返回农村，新生代农民工开始成长为农民工的

主体。国家统计局2010年对新生代农民工的专项调查显示,在外出农民工中,新生代农民工已达58.4%。与"扛着蛇皮袋进城"的第一代农民工相比,"拉着拉杆箱进城"的新生代农民工表现出明显的代际转换特征和时代性特征。

1. 由"亦工亦农"向"全职非农"转变

老一代农民工外出就业,多是出于经济上的考虑,用一句话来形容就是"进城挣票子、回村盖房子"。他们忙时务农,闲时务工,争取收益的最大化。而且,只要比在农村挣得多,他们什么活都愿意干。尽管很辛苦,他们的目标还是通过一张张寄往家乡的汇款单得到了实现。新生代农民工外出不只是为了打工赚钱,更重要的是为了改变生活。① 他们不仅考虑薪酬,更看重就业前途和发展空间,如能否学习到技术,能否有稳定的上升空间。他们不再绝对地集中于制造行业,开始偏向劳动环境和就业条件更好的行业。越来越多的新生代农民工转入市场销售、现代物流、物业管理、企事业单位后勤保障等第三产业部门就业。国家统计局2010年公布的资料显示,目前新生代农民工从事制造业的比重为44.4%,从事居民服务和其他服务业的比重为12.4%,从事建筑业的比重为9.8%,从事住宿和餐饮业的比重为9.2%,从事批发和零售业的比重为8.4%,从事交通运输和仓储邮政业的比重为5.0%,从事其他行业的比重为10.8%。② 职业选择的变化意味着农民工与城市有更多的交集,这使他们在情感上更倾向于城市,更看重自己"工人"的职业身份而非"农民"的户籍身份,从职业发展定位上倾向于非农职业。

一项调查显示,对于职业身份,在新生代农民工中,认为自己是"农民"的只有32.3%,比第一代农民工低22.5个百分点,认为自己是"工人/打工者"的占32.3%,高出传统农民工10.3个百分点;而在20世纪90年代出生的农民工中,这一差异更加明显,认为自己是"农民"的仅占11.3%,几乎是传统农民工的1/5;认为自己是"工人/打工者"

---

① 王春光:《新生代农村流动人口的社会认同与城乡融合的关系》,《社会学研究》2001年第3期。
② 新生代农民工基本情况研究课题组:《新生代农民工的数量、结构和特点》,《数据》2011年第4期。

的占 34.5%，是传统农民工的 2 倍多。① 2012 年初，各种媒体上都出现了对"农民工"这一称谓的讨论。新生代农民工在这次讨论中积极表达了自己的身份认同：他们强调自己已经不再是"农民"而是"工人，努力为自己"正名"。

新生代农民工虽然出生和成长于农村，但短暂的人生经历就是从校门到厂门，从学生到工人，基本没有从事过农业生产。② 这种状况在很大程度上决定了他们在情感上疏离农村。关于"未来发展的打算"，选择"回家乡务农"的，在新生代农民工中只有 1.4%，而在当前仍旧外出就业的第一代农民工中，这一比重为 11.0%；打算"继续打工"的，新生代农民工占 50.0%，老一代农民工则占到了 57.1%（见表 3-1）。成长和务工的经历，意味着他们的就业技能已经与第二、第三产业相适应，回乡务农的可能性不大。

表 3-1 新、老两代农民工"未来发展的打算"比较

单位：%

选项	传统农民工	新生代农民工
回家乡务农	11.0	1.4
做小生意或创办企业	17.9	27.0
继续打工	57.1	50.0

资料来源：全国总工会新生代农民工问题课题组：《关于新生代农民工问题的研究报告》，《工人日报》2010 年 6 月 21 日。

2. 由"寻求谋生"向"追求平等"转变

如果说第一代农民工进城主要是为了生存，新生代农民工则更多的是为了发展。老一代农民工背井离乡外出务工为的是能更好地养家糊口，他们在就业选择上把挣钱多作为首要标准，对苦和累能忍受。和父辈大不相同的是，新生代农民工在追求经济利益的同时，更注重工作的发展

---

① 全国总工会新生代农民工问题课题组：《关于新生代农民工问题的研究报告》，《工人日报》2010 年 6 月 21 日。
② 国务院发展研究中心课题组（2011）的调查表明，在新生代农民工中，高达 79.2% 的人没有从事过农业生产。

性与舒适性。他们向往城市,整体上更希望拥有与城市居民一样的权利。这是因为,较之父辈来讲,出生于20世纪80年代后的他们,生活是优越的,没有挨过饿,没有受过冻,与城里的孩子一样,也是父母"一勺一勺将日子中的甜放在他们的嘴里"。他们外出打工不再只是为了赚钱,还负有提升自己以获得更好的发展机会这样的人生使命。

与老一代农民工相比,新生代农民工更为积极地通过各种"行动"表达自己的诉求。新生代农民工对劳动权益的要求比较高,如要求同工同酬,要求公司给其缴纳社会保险。当工作不能满足要求或是无法实现预期目标时,他们一般不会逆来顺受、委曲求全。他们会通过频繁地换工作、以"用脚投票"的方式来表达对微薄工资和恶劣劳动环境的不满。清华大学社会学系2012年2月8日发布的《农民工"短工化"就业趋势研究报告》显示,当前新生代农民工的就业稳定性较低,短工化就业趋势明显。在"第一份工作""上一份工作""每一份工作"中,"80后"比"80前"持续的时间都显著缩短。除了采取"用脚投票"的方式来捍卫自身的权益外,新生代农民工也开始尝试"用手投票"来维护自身权益,也即用合理、合法的手段来规范企业和保障自身的利益。例如,在处理劳动争议方面,他们会采取劳动仲裁等依法抗争的方式来维护个人权益。他们也会利用各种公共媒介,在网络、微博等新媒体上主动发言。

此外,新生代农民工越来越意识到技术对于改变自身命运的作用,他们对技术培训有着强烈的需求,多数表示希望政府能够提供免费的技术培训。如果说老一代农民工为了赚钱进行的是一种地理上的"迁移流动"的话,那么新生代农民工所进行的则是一种"社会流动"。他们认为,自己有改变农民身份的能力与权利,将打工视为改变生活和寻求更好发展的途径,表现出更多的社会理性和价值理性特征。他们从经济上不愿意成为"穷二代",从生活上希望成为新市民[①]。

3. 由"城乡双向流动"向"进城定居"转变

第一代农民工近似于候鸟的亦工亦农的打工经历造就了他们城市过

---

① 弋戈:《"无脚"的鸟:新生代农民工》,《中国社会保障》2010年第5期。

客的心理。① 他们关注得更多的是找到像样的工作、赚更多的钱、给子女提供良好的教育环境、改善家庭经济地位，然后落叶归根。他们对自己赖以生存的土地十分牵挂，普遍的认识是"早晚要回家，不可能在城市安家"。据1999年清华大学对农民工家庭的一项调查，有89.7%的农民工表示将来一定会回到家乡定居，只有10.3%的人表示不回到家乡定居，即在第一代农民工中，大约有10%的人逐渐在城市沉淀了下来。② 其他学者根据历年来农村外出流动人口数据估算的结果也大致如此。新生代农民工则不然，他们倾向于落地生根，以定居城市为目标，适应流入地社会，定居过日子，大多不愿回归农村。由于长期在城市生活，新生代农民工不仅适应了城市的环境及生活方式，而且在内心深处认可了城市文明，对城市产生了强烈的归属感。城市对他们日益成为一种刚性需求，他们也不再具有回到土地上的可能性。中国青少年研究中心发布的新生代农民工研究报告显示，在新生代农民工中，有55.9%的人准备将来"在打工的城市买房定居"，远远高于17.6%的农业流动人口整体水平。③ 以"假如不提供城镇户口，你愿意留在城里吗？"来测量新生代农民工定居城镇的意愿，结果发现，有79.5%的农民工都选择留在城市，年龄越小的农民工，越不愿意回到农村。数据对比说明，相对于第一代农民工，新生代农民工希望在务工地长期稳定生活的愿望更加强烈。

　　新生代农民工整体上希望能够定居城市，首先是因为他们大部分都没有参加过农业生产劳动，缺乏务农经验，对农业和农村的情感较少。在新生代农民工中，有一部分是从学校毕业后就直接进城打工，另一部分是打小就跟着第一代农民工父母生活在城里，或者有的干脆就是在城里出生和长大的。虽被冠以"农民工"的称号，但他们普遍没有务农经历。他们对土地的情结弱化，思想观念、生活习惯、行为方式已经日趋城镇化。据全国总工会新生代农民工问题课题组统计，有89.4%的新生代农民工基本不会农活，对农村生活也渐趋陌生，他们成年后的生活和

---

① 全国总工会新生代农民工问题课题组：《关于新生代农民工问题的研究报告》，《工人日报》2010年06月21日

② 李强：《农民工与中国社会分层》，北京：社会科学文献出版社，2004。

③ 中国青少年研究中心：《中国新生代农民工发展状况与代际对比研究报告》，2007。

就业经历更多地与城市联系在一起。其次是他们也希望定居地和工作地能够更靠近些，不想太漂泊。多数农民工对居住地的选择与务工地重合。再次是丰富多彩的城市生活、便捷的消费对他们有着格外的吸引力。例如，让人眼花缭乱的休闲娱乐、KTV、网购、团购、外卖、扫码支付等时尚消费在农村社会显然很难得到满足。有的新生代农民工就表示，在农村，他们的精神需求如"干涸池塘里的鱼一样"。非农的成长经历、城乡之间的巨大差距以及城市更多的工作机会、更大的发展空间，都使新生代农民工不愿意再沿袭老一辈"挣钱回家"的传统，不愿意在城乡之间往返迁徙，他们整体回归农村的可能性将越来越小。

当然，如果新生代农民工市民化过程不顺利，后果将比第一代严重得多。对于第一代农民工而言，他们有着较强的"乡土认同"以及务农的本领。换言之，尽管他们在城镇无法"扎根"，但是他们在农村有"根"，他们可以"亦城亦乡、亦工亦农"。而且，现行农村土地制度为其提供了底线保障，从而也可避免在工业化、城市化进程中出现的"流民"现象和类似于一些发展中国家的"城市病"。而对于新生代农民工而言，他们的"乡土认同"减弱，务农本领缺失，又有着强烈的"城市梦"。如果不能顺利融入城市社会，其后果只能是"非城非乡、非工非农"，受到城镇和乡村的双重疏离，成为真正"失根"的群体。如果发生社会经济不景气，或出于其他原因遭遇就业危机，新生代农民工很容易演变为"流民"，成为"问题农民工"，进而引发较为严重的社会问题。

第二节　农民工市民化的历史演进与趋势分析

从 20 世纪 80 年代初开始在乡镇企业就业以来，农民工市民化的历史进程已然启动。在过去 30 多年时间里，农民工从"离土不离乡"到"离土又离乡"，从"城乡循环流动"到稳定的"城乡单向流动"，从"单身外出"到"举家迁移"从"暂住"到"常住"再到"定居"，从要求"平等就业"到要求"平等权利"等一系列转变，在彰显其市民化进程的同时，也表达了他们市民化的诉求并揭示了未来的发展趋势。

一 农民工流动行为的发展变化

农民工进城务工的流动行为在 30 多年时间里发生了很大变化。

1. 由城乡循环流动向相对稳定的城乡单向流动

由于中国存在一系列阻碍劳动力在城市定居的制度，农民工进城后，很难在正规部门就业和享有社会保障待遇，多数实现了向城市迁移的农民工，并不能在迁入地长期定居下来，他们只能像候鸟一样在城乡之间循环流动，即所谓"亦工亦农、亦城亦乡"。这种"候鸟式"的流动有两种：一是"钟摆式"，农民工以年为周期在城乡和地区之间流动。多数农民工属于此类，尤其是第一代农民工。由于无法在城市定居，他们总是年初离开，年底归来，"像永恒的钟摆，在输出地和输入地之间来回摆动"。二是"兼业式"，农民工以农业生产季节为周期，利用农闲时间外出打工，又叫季节性农民工。他们往往按照季节来安排外出务工，农闲外出打工，农忙回家务农。

进入 21 世纪以来，随着工业化和城镇化不断推进，在经历了改革开放初期以来"以经济建设为中心"的发展过程后，中国已经进入了更加重视经济和社会协调发展的时期。与此相对应，国家对农民工的社会政策也进行了全方位的调整，从过去的限制性和歧视性逐渐转向制度吸纳。受国家政策的影响，农民工的流动行为也发生了不小的变化：一是越来越多的农民工开始完全脱离农业生产，常年在外打工，他们在城镇的就业和居住趋于长期化。二是随着国家对农民工就业、社会保障、户籍、教育、住房等支持政策的逐步落实，农民工举家迁移的比例大幅提升。三是越来越多的出生于 20 世纪 80 年代及以后的年轻农民加入了农民工队伍，并成长为进城农民工的主体，他们更希望融入城市社会，回乡务农或定居的可能性不大。四是随着国家支持西部发展政策效果的逐步显现，更多的农民工选择了就近转移，虽然东部地区依然吸纳了一半以上的农民工，但向中西部地区转移的农民工的增长速度却超过了东部地区。总体来看，农民工的流动行为开始由过去的双向流动模式向相对稳定的城乡单向流动模式转变。

2. 举家迁移比例增多

长期以来，中国的流动人口是以个人为单位，家庭基础还是在农村，这样的特征决定了流动人口在城市基本是一种暂时性的状况。进入20世纪90年代以后，中国流动人口在规模不断增大的同时，结构也发生了重要变化，人口家庭化流动开始出现并有扩大的趋势。在流动人口中，越来越多的人不再以过去"单身外出"的方式而是以"举家迁徙"的形式进行流动。国家统计局历年关于农民工的调查监测报告显示，举家迁移的农民工数量不断增加。2008年，举家外出农民工为2859万人，2009年为2966万人，2010年为3071万人，2011年为3279万人（见表3-2）。农民工向城市的流动以个人迁移与家庭迁移两种形态并存，但举家迁移已经成为个人迁移之外的一种趋势。

农民工举家外出推动了他们在流入地居住长期化。这是因为配偶随同、孩子随迁甚至家中老人随同，减少了农民工与家人长期分离所带来的心理成本，提高了农民工的留城意愿。而且，夫妻共同务工增强了其在城市的收入和支付能力，使农民工家庭能够在城市里长久居留。当所有家庭主要成员迁居城市，举家迁移的家庭成员自务工城市回家次数也将减少，与农村的联系会进一步减弱。尽管只是迁移人口数量的增加，但举家迁移已经超出了一般意义上的劳动力流动，而是有了更深刻的人口城市化含义。

表3-2 2008~2011年农民工的结构变化

单位：万人

项目	2008年	2009年	2010年	2011年
农民工总量	22542	22978	24223	25278
外出农民工	14041	14533	15335	15863
住户中外出农民工	11182	11563	12264	12584
举家外出农民工	2859	2966	3071	3279
本地农民工	8501	8445	8888	9415

资料来源：《2011年我国农民工调查监测报告》，国家统计局网站，http://www.stats.gov.cn/ztjc/ztfx/fxbg/201204/t20120427_16154.html，最后访问日期：2017年9月28日。

3. "返乡创业式"回流增多

回流是指农民工在改革前后从本村出县务工经商半年以上，又返回本县内从事各类职业的现象。① 劳动力迁移的过程始终伴随着反方向的流动——回流。回流包括因家庭或本人情况发生变化，如结婚生育、年龄增长和体力不支，不得不返回农村的自然返乡型；外出找不到工作，在城市无法继续生存，不得不返乡的就业失败型；学有一技之长，有回家创业理想的个人发展型。改革开放以来，农村劳动力一直由农村向城市单向流动。近年来，返乡创业型回流的农民工越来越多。一批又一批曾经在全国各大中城市或沿海发达地区务工经商的农民工，陆续带着技术、项目、资金返回自己的家乡创业。不管回乡怎么创业，有一点是可以肯定的："返乡创业式"回流是一个理性选择的过程，是在比较城乡收益后的一种主动性的、积极的策略。这也说明，不管是进城务工还是返乡创业，农民工的流动都是理性选择的结果，是基于其自身发展的一种选择或者规划。有时候，他们甚至在出发之前就已经做好了整体的发展规划。周其仁的调查结果也证明了这一点：约有 51.6% 的进城农民工抱有"在城里闯荡一回，以后回家乡办企业或找个好工作"的意图，对他们来说，掌握本事的重要性甚至高于挣现钱，他们直截了当地把进城看成积累知识和经验、扩充阅历的"投资"机会。② 据农业部的调查，全国有近 500 万名农民工返乡创办实体，在四川、河南、湖北等农民工聚集的省份，已经形成了为数不少的农民工创业基地。回流农民工多为年纪较轻、文化水平较高、自身能力较强、社会资源较多的劳动力。这说明，新生代农民工是返乡创业的主体。可以预见的是，随着城乡统筹发展政策效应的显现，返乡创业也将成为越来越多的农民工实现自身发展的重要途径。

从农民工 30 多年来的流动轨迹可以看出，不管是进城定居还是返乡创业，也不管是单身外出还是举家迁移，都是农民工根据自身实际情况对进城就业或是返乡创业的预期成本—收益进行比较后的理性选择。此外，中国的改革整体上是一种政府主导的强制性制度变迁，政府相关政策直接主导和影响了改革的方向和进程。农民工流动行为的变化不仅是

---

① 国务院发展研究中心课题组：《农民工就业总体态势与政策因应：对 19 个省（区、市）107 个村的调查》，《改革》2010 年第 6 期。
② 周其仁：《机会与能力——中国农村劳动力的就业和流动》，《管理世界》1997 年第 5 期。

农民工选择的结果，更反映出国家政策导向的深刻变化。同过去一样，国家相关政策仍将对未来农民工市民化进程产生深刻影响。

二 农民工发展诉求的变化

作为中国经济社会转型过程中出现的特殊群体，农民工的发展诉求在30多年的时间里发生了很大变化。一开始，大多数农民工没有想到要市民化，只是想找个工作赚点钱而已。他们工作和家庭两不误，在城乡之间往返迁移。但是，随着越来越多的农民工进入城市，特别是随着时间的推移，农民工在城市居住时间的延长，举家迁移比例的增多，尤其是出生于20世纪80年代及以后的年轻农民加入并成长为农民工的主体以来，定居城市的整体发展目标越来越明确，获得市民权利的现实需求也越来越强烈，也有一部分农民工实现了市民化。总结过去30多年的发展历程可以清晰地看到，农民工的发展诉求在进城初期主要是务工赚钱，后来是渴望平等和稳定就业，最后发展为定居城市、要求享有平等权利。这一过程的巨大转变，呈现出完整的发展逻辑。

1. 务工赚钱（1978～1989年）

1978年以来，中国农村普遍实行了家庭联产承包责任制，农户家庭开始作为一个独立的经济核算单位进行农业生产经营。农民的生产积极性被空前调动起来，同时农户家庭的劳动力剩余问题也摆上了台面，走出农业领域寻找合适的就业机会就成为当务之急。就在大量农民尝试走出去的1979年，760万名上山下乡的知青大军如潮水般地返城，大批下放的干部职工也因政策落实回城，全国约有2000万人需要就业。于是，中共中央、国务院于1981年10月明确规定："严格控制农业人口盲目流入大中城市。""严格控制使用农村劳动力，要压缩、清退来自农村的计划外用工。"1981年12月，国务院又下发《严格控制农村劳动力进城做工和农业人口转为非农业人口的通知》指出："对农村多余劳动力通过发展多种经营和兴办社队企业，就地适当安置，不使其涌入城镇。"这些剩余劳动力只能"就地消化"，他们开始转入农村社队企业工作，后来社队企业多数改为乡镇企业，这些进入乡镇企业工作的农民就成为中国早期的农民工。他们"闲时务工，忙时务农"或"务工为主，务农为辅"。在农业生产之外，获得经济收入以改善家庭经济状况。

20世纪80年代中期以来，乡镇企业因为政府支持获得了快速发展，在家乡附近的乡镇企业务工已经成为农村闲置劳动力的主要选择，但广大农村地区乡镇企业的数量和规模远远无法满足农村广大劳动力的非农化需求。而在沿海，以苏南、珠三角等地区为代表，乡镇企业和"三资"企业蓬勃发展，造成了当地劳动力的短缺，对其他地方的农村劳动力也产生了巨大的吸引力。在经济理性的驱动下，大量农村劳动力异地转移到了沿海乡镇企业和外资企业发达的苏南地区、珠三角地区、温州地区和杭嘉湖地区、福建晋江地区。虽然同在乡镇企业工作，但工作的时间开始延长，慢慢地，年头离家、年尾回家就成为早期农民工工作周期的起点和结点。他们开始了由兼职农民工向专职农民工的历史转变。

从1984年起，伴随着城市经济体制改革步伐的进一步加快，中央政策开始允许农民自带口粮进城务工、经商，为农民进城务工提供了机会，大量劳动力开始涌向城市。在进城初期，农民工的就业受到了很多的歧视和限制。例如，城市居民从事的都是体面的、待遇高的、发展空间大的工作，而他们只能做些城市居民不愿意做的脏、累、苦的工作。这还不算，因为没有本地户籍，他们还面临着被遣返回家的风险。对此，农民工都默默地接受了。这主要是长期以来受城乡二元社会管理制度的影响，他们心中已然形成了这样一种观念：他们是属于农村的，城市是市民的地盘，他们进城主要是为了赚钱改善家庭经济状况，只是工作而已，是暂时的，自己最终会回到农村。并且，他们还会经常用纵向比较来调整自己的期望值，以自己在乡村的务农收入和劳动条件来衡量眼前做工收入的高低。尽管在城市受到歧视和限制，但广大的农民工还是通过自己的辛勤劳动换回了一张张汇往家乡的钞票。

在这一时期，农民工的市民化还是基于朴素的寻求就业的目的，为的是增加家庭经济收入。他们凭着经济理性，由本地乡镇企业到乡镇企业发达的苏南地区再到沿海城市，寻找能够带来更多收入的机会，只要能赚钱，多脏、多累的活儿他们都愿意干。他们大多想着"落叶归根"，城市对于他们来说仅仅是一个赚钱的地方。

2. 乐业（1992~2000 年）

受 1992 年邓小平南方谈话的影响，东部沿海地区启动了以城市化为核心动力的增长模式。各种开发区建设如火如荼，外商投资持续快速增长，第三产业开始蓬勃发展，这些非国有部门的快速发展产生了巨大的劳动力需求。而乡镇企业在吸纳了 1.2 亿左右的农村劳动力之后，再也创造不出更多的就业机会，其作为农村劳动力就地转移的渠道也日趋狭窄。到东部沿海城市的私营企业寻找工作的农村人口在中国大地上会集成一道道自西向东、由北向南、从农村到城市的劳动力洪流。

农民工在这一时期虽不再如 20 世纪 80 年代那样被视为盲流，不再被当做社会治安对象，但还是会受到来自城市明显的歧视、排斥以及阶段性政策的冲击。在农民工开始大规模进入城市劳动力市场的 1993 年，国有企业改革导致的大量失业人员也流入了劳动力市场，城市就业压力陡增，控制农民工流动就成为这一时期农民工社会政策的主要目标。1994 年，劳动部发布《关于农村劳动力跨省流动就业的暂行规定》（劳部发〔1994〕458 号），要求农民工办理外出人员就业登记和就业证作为流动就业的有效证件。1995 年，中共中央、国务院发布《关于加强流动人口管理工作的意见》，劳动部发布《关于"外出人员就业登记卡"发放和管理有关问题的通知》，进一步强调统一流动人口就业证和暂住证制度。农民进城务工除了需要持有"身份证"外，还被要求办理"就业证""务工证""流动人员婚育证明""暂住证"。农民办一个就业证，要交 50~60 元的"培训费"，办一个健康证，办证费、体检费和培训费加在一起要收 114 元。"五证齐全"的流动管理制度尽管对外出就业农民带有明显的歧视性，也在事实上抬高了农民工进城务工的门槛。但是，从另一方面来看，这些制度的出台等于正式承认了农民工的流动。这一时期农民进城务工趋势也逐渐稳定，进城务工的农民数量不断增长，城市成了吸纳农民工的主要场所。① 并且，随着时间的推移，很多农民工已经由兼职农民工向专职农民工转变。他们基本上一整年都生活在城市，回农村的周

---

① 王春光：《新生代农民工城市融入进程及问题的社会学分析》，《青年探索》2010 年第 3 期。

期越来越长甚至基本上不再回去，出现了"长期化""常住化"的现象。尽管对农民工的流动政策出现过"倒春寒"，也主要是少数地方政府在就业形势严峻的背景下，出于保护本地劳动力就业机会而设置的有目的的直接和间接的针对外来劳动力的排斥性就业政策。例如，20世纪90年代后期，广州市政府通过加强证件管理，制定用工收费等政策法规，以提高外来劳动力在目的地的生活成本和工作成本，来对外来劳动力进行限制。但是，农村劳动力在城市就业和长期生活的总体趋势并没有因此而改变。

伴随着这种职业角色和生活方式的转变，农民工的发展诉求也从过去的务工赚钱以增加家庭收入向稳定就业转变。他们渴望稳定（就业），不愿再受政府政策频繁变动的冲击。在单位内部，他们也希望同工同酬，得到一些技术培训支持和向上的发展空间。可以说，稳定、平等就业（乐业）是农民工在这一时期的最大需求。

3. 安居（2000年至今）

进入21世纪以来，在一些沿海城市，越来越多的农民工开始变成"常住人口"，有的更是已经成为事实上的"移民"。与改革初期的临时性务工不同的是，越来越多的农民工不再"单枪匹马"闯天下，而是以家庭为单位进入城市。根据国家统计局的监测结果，2011年举家外出农民工数量达到3279万人，举家外出农民工数量比2010年增加208万人，增长迅速。[①] 农民工举家迁移导致随迁子女增多。2005～2010年，0～17岁的农民工随迁子女增长了41.37%，约2877万人。[②] 农民工举家外出推动了他们在流入地居住长期化。长期工作和生活在城市，住房问题、子女的教育问题、养老问题、医疗卫生等问题一样样摆在农民工面前。

由于收入水平并不高，新生代农民工在城市的居住问题成为老大

---

① 《2011年我国农民工调查监测报告》，国家统计局网站，http://www.stats.gov.cn/ztjc/ztfx/fxbg/201204/t20120427_16154.html，最后访问日期：2017年9月28日。
② 全国妇联课题组：《我国农村留守儿童、城乡流动儿童状况研究报告》，人民网，http://acwf.people.com.cn/n/2013/0510/c99013-21437965.html，最后访问日期：2017年9月28日。

难。如果住单位宿舍，那么正常的家庭生活难以保证；如果租房，费用太高，会影响到他们的正常生活，租住城中村或者城乡接合部，又会造成和城市的隔阂；如果购买商品房，又会远远超出他们的支付能力。当前，中国政府在城市住房政策上实行的是高收入群体通过商品房解决居住问题，中低收入群体通过公租房、廉租房、经济适用房等政策保障房解决居住问题；在农村为农民提供宅基地，农民自建住房解决居住问题。各类住房保障政策都没有涉及农民工。在本研究的实地调查中，只有 17 名农民工享有公租房，自购商品房的农民工更是少之又少，绝大多数农民工没有稳定住所。在被问到在城市工作和生活，最希望获得来自政府的帮助是什么时，绝大多数农民工选择了住房。诚然，安居才能乐业，没有稳定的居住场所，新生代农民工就不能安心工作，也难以长久在城市生存。

随着越来越多的农民工由过去分散的"单身外出"流动方式逐渐向"举家迁徙"方式转变，农民工子女"上学难"的问题也逐步凸显出来。长期以来，中国教育制度根据户籍、工作单位等进行学区划分，农民工子女的户籍由于不在城市的任何一个学区之内，加之城乡义务教育投入的主体存在差异，城市政府不可能为进城农民工子女教育进行资金投入，进城农民工的子女因而被排斥在城市公办学校之外。放在老家读书，会因为长期的亲情分离，容易产生留守儿童的心理问题；接进城里读书，又会因为户籍问题而受到区别对待。农民工父母渴望流入地政府保障流动人口子女与当地儿童平等享受义务教育的权利。

当新生代农民工开始加入劳动力队伍后，获得包括就业、子女教育、医疗卫生、养老保障等方面的平等权利的诉求越来越强烈。这是因为，相对于第一代农民工来讲，新生代农民工有着明确的市民化方向。而且，他们也没有经历过计划经济时代长期的城乡二元社会管理制度的洗礼，对于就业和生活中遭受到的不平等对待，他们不仅不会默默忍受，还要积极维权。在新生代农民工逐渐成长为农民工主体的趋势下，定居和享有平等社会权利正在成为农民工群体越来越清晰的发展目标。

在经历 30 多年的时代变迁后，一部分农民工已经成功在城市沉淀了下来,成为新移民。① 尽管更多的农民工还必须继续在城乡之间循环迁徙,但定居城市,成为新市民正成为越来越多农民工的发展诉求。从"打工赚钱"到"平等就业(乐业)"再到"平等权利(安居)",这些词语的改变,在标志着农民工流动行为变化的同时,也表达了他们发展诉求的整体变化。农民工用30多年的时间清晰地勾勒出一个由流动务工向移民定居转变的发展轨迹。

三 农民工社会政策的演变与未来走向

自20世纪80年代初期进入非农领域工作开始,农民工实际上已经开启了市民化的进程。这种现象表明,在计划经济条件下森严的城乡劳动力市场壁垒已经被打破,与之相关的劳动就业、子女教育、公共服务等问题都需要国家做出调整和改变。但是,中国政府并没有准确把握农民工作为国家现代化进程中的新型劳动者的实质及其所体现的城乡二元结构变化的社会意义,没有从一开始就明确农民工市民化的政策导向,而是在形势发展的一步步推动下,才逐渐形成了以市民化、平等权利为主要内容的农民工社会政策的发展方向。中国农民工社会政策的演变表现出以下几个阶段性特征。

(一) 1978~2000年,以管理与控制为主

1978年至20世纪末,中国改革的重心主要集中在经济领域,社会政策的调整都是围绕和支持经济发展的。这一阶段的农民工社会政策的要点是以各种控制性的政策工具来限制农民工群体在"空间"上的发展。不过,这一阶段的农民工社会政策的目标不是一成不变的,也经历了不断变化和调整的过程,主要是由"管制"向"管理"转变,总体来看,名为有序引导,实为限制流动。

改革开放前,中国实行的是城乡分割的户籍制度和就业制度,农民

---

① 中国政策对移民的界定是指,经政府审批同意而永久改变居住地乃至身份的那些人。长期以来,中国最大的移民群体是水库移民,还有一些异地扶贫移民和其他建设工程带来的永久改变居住地的移民等。从政策来看,农民工不是获得政府审批同意其永久变更居住地的那些人。因此,农民工进城务工,不是政策意义上的移民,而仅仅是为了赚钱或就业临时改变居住地的人,属于"流动人口"。

工的流动受到严格限制。随着家庭联产承包责任制的实行，农民在获得了生产自主权后，寻找就业机会的流动就悄悄地开始了。但是，这种流动一开始就受到严厉限制。1979 年，国务院批转国家计划委员会《关于清理压缩计划外用工的办法》（国发［1979］108 号）；1980 年，《中共中央、国务院关于进一步做好城镇劳动就业工作的意见》下发；1981 年《中共中央、国务院关于广开门路，搞活经济，解决城镇就业的若干决定》（中发［1981］42 号）和《关于严格控制农村劳动力进城做工和农业人口转为非农业人口的通知》下发。通过加强户口和粮食管理，严格履行农村人口迁入城镇的审批手续，限制从农村招工并清理企业、事业单位使用的农村劳动力；采取发展社队企业和城乡联办企业等办法吸引农业剩余劳动力，不让其涌入城镇。这些政策旨在严格控制农村人口的流入，以保护城镇人口就业和维护城市管理秩序为目标。

1984 年，农村改革取得重大成功，城市就业压力有所缓解，国家对农民进城务工经商的控制开始松动。1984 年，《国务院关于农民进入集镇落户问题的通知》发布，允许农民自带口粮，进城务工经商。这一小小的改变表明，实行了近 30 年的城乡人口流动就业管理制度开始松动。1985 年，公安部颁发了《城镇暂住人口的暂行规定》，要求在城市居住 3 个月以上且年龄在 16 岁以上的流动人口向公安机关申领暂住证，对农民的流动进行规范。1986 年，国务院发布《关于国营企业招用工人的暂行规定》，允许企业招用国家允许从农村招用的人员，但原则上"企业招工应在城镇招收"，对农村劳动力仍然实行严格控制。这一时期也正是乡镇企业崛起的时期，农民工流动仍以"离土不离乡"为主。

1988 年，为抑制通货膨胀，政府实施了治理整顿政策，直接导致 1989 年的经济进入了新一轮紧缩期，再加上前一个时期实行的允许与鼓励政策引发的大规模农村劳动力跨地区流动，交通运输、社会治安、劳动力市场管理等方面出现了一系列不适应。为恢复和规范秩序，从 1989 年起，国家开始控制农民工盲目流动。1989 年，国务院发布《关于严格控制民工外出的紧急通知》，公安部发布《关于进一步做好控制民工盲目外流的通知》；1990 年，国务院发布《关于做好劳动就业工作的通知》；

1991年,《国务院办公厅关于劝阻民工盲目去广东的通知》、《全民所有制企业招用农民合同制工人的规定》以及《民政部关于进一步做好劝阻外流灾民工作的通知》发布。这一系列政策通过严格用工登记制度、清退计划外用工并遣送返乡等方式,控制农民工盲目流动。尽管如此,这一时期的政策调整并没有像计划经济时期那样"一刀切"地清理或清退农村劳动力。这一时期的政策只是加强了对农村劳动力盲目流动的管理,并保留了大部分允许农村劳动力流动的政策和措施。

1992年邓小平南方谈话掀起了中国经济改革的又一高潮,农村劳动力大规模流入城市,同时国有企业改革导致的大量失业人员流入劳动力市场,控制农民工流动仍然是农民工社会政策的主要目标。1993年,劳动部印发了《再就业工程》和《农村劳动力跨地区流动有序化——"城乡协调就业计划"第一期工程》,从用工管理、监管、权益保障、管理服务等角度促进流动人口就业有序化。同年,中共中央发布《关于建立社会主义市场经济体制若干问题的决定》,提出鼓励和引导农民工有序流动;年底劳动部发布的《关于建立社会主义市场经济体制时期劳动体制改革总体设想》就提出了具体办法:打破城乡之间、地区之间劳动力流动的界限,培育现代劳动力市场体系。1994年,劳动部发布《关于促进劳动力市场发展,完善就业服务体系建设的实施计划》,提出放开城乡职工身份界限。之后,劳动部发布《关于农村劳动力跨省流动就业的暂行规定》,要求农民工办理外出人员就业登记和就业证作为流动就业的有效证件。1995年,中共中央、国务院发布《关于加强流动人口管理工作的意见》,劳动部发布《关于"外出人员就业登记卡"发放和管理有关问题的通知》,进一步强调统一流动人口就业证和暂住证制度。农民进城务工除了需要持有身份证外,还要求办理"就业证""务工证""流动人员婚育证明""暂住证"。至此,农民进城务工"五证齐全"的管理体制正式形成,规范的农民工流动管理体系得以确立。国家借助于政策控制的作用,实现了农民工进城务工的合理化、适度化和有序化。

这一时期对农村劳动力流动的政策管理经历了控制流动→允许流动→控制盲目流动→规范流动的转变,每一次政策转变都有相应的社会背景，对农村劳动力流动是"堵"还是"疏"，在根本上取决于城市经济社会发展的情况和需要。在城市经济体制改革起点的1984年和邓小平南方谈话后掀起新高潮的1993年，国家对农民工流动管理政策释放出来的往往是宽松和支持；而在1979年、1989年、1999年，中央对农民工流动管理政策则表现出相同的态度，限制、清退、严格控制成为这一时期政策的共同特征。这主要是因为，自改革开放以来到20世纪末的社会政策都是服从于国家经济发展和现代化的战略，着力保证城市社会的稳定和城市对资源的垄断性控制。"堵"与"疏"交替运用只是国家治理策略的转换，并不是真正从政策上支持农民工入城。

这个阶段的农民工社会管理政策突出地体现了管理和控制的特征。农民工被视为盲流或危险分子，在相当长的一段时间内被视为危害社会秩序的因素。基本上每个城市设有流动人口管理办公室，挂靠在公安部门，预设农民工对城市安全有潜在威胁。对农民工进行各种查证、罚款乃至遣送。除流动自由受限制外，农民工在就业、生活等方面的权利也受到了歧视。在就业上，企业招工先招本地城镇居民，然后招本地农村人口，再次招本省农民工，最后招省外农民工。农民工只能进入少量行业，从事少数工种。为了在城市获得一个就业机会，农民工还必须缴纳相关费用。数据显示，农民工进城务工办理的外出许可证、进城务工许可证、计划生育证、暂住证等六七种证件以及缴纳管理费等费用高达450元[①]。而且，部分用人单位还会通过扣留农民工身份证等证件，或是扣留一个月的工资来预防因农民工流动造成的经济损失。这些就业的城乡分割政策规定力图在城市领域维护既有的二元社会结构。已获就业的农民工不享有城市居民的基本权利，处于被城市主流社会所排斥的位置，在住房、医疗、公共服务、教育、社会福利等方面均受到歧视和排斥。

为了更直观地显示1978~2000年这一时期的农民工社会政策变化情况，我们对相关文件进行了整理，具体如表3-3所示。

---

① 李强：《城市农民工的失业与社会保障问题》，《新视野》2001年第5期。

表 3-3　1978~2000 年农民工相关社会政策

发布时间	文件名称	政策要点
1980 年	《中共中央、国务院关于进一步做好城镇劳动就业工作的意见》	控制农业人口盲目流入大中城市，压缩、清退来自农村的计划外用工
1981 年	《中共中央、国务院关于广开门路，搞活经济，解决城镇就业问题的若干决定》	就地安置农村多余劳动力；从严控制农村人口迁入城镇；继续清退来自农村的计划外用工
1981 年 12 月	《关于严格控制农村劳动力进城务工和农业人口转为非农业人口的通知》	严格控制从农村招工；加强户口管理和粮食管理
1984 年 1 月	《中共中央关于 1984 年农村工作的通知》	允许务工、经商、办服务业的农民自理口粮到集镇落户
1984 年 10 月	《关于农民进入集镇落户问题的通知》	在集镇有固定住所、有经营能力，或在乡镇企事业单位长期务工的，公安部门应准予落常住户口，发给《自理口粮户口簿》《加价粮油供应证》
1985 年 7 月	《城镇暂住人口管理的暂行规定》	在城市居住 3 个月以上且年龄在 16 岁以上的流动人口向公安机关申领暂住证
1989 年 4 月	《关于进一步做好控制民工盲目外流的通知》	各地人民政府采取有效措施，严格控制当地农民工盲目外流
1990 年 4 月	《关于做好劳动就业工作的通知》	就地消化和转移劳动力，防止农民工盲目进城；建立临时务工许可证和就业登记制度，加强对单位用工的监督检查
1991 年 2 月	《国务院办公厅关于劝阻民工盲目去广东的通知》	从严或暂停办理农民工外出务工手续，劝阻没签续聘合同的农民工盲目进粤（寻找工作）
1991 年	《民政部关于进一步做好劝阻外流灾民工作的通知》	对长期盲流坚决收容遣送
1993 年 11 月	《劳动部关于印发〈再就业工程〉和〈农村劳动力跨地区流动有序化"城乡协调就业计划"第一期工程〉的通知》	实现农村劳动力流动就业的有序化，建立针对农村劳动力流动就业的用工管理、监察、权益保障制度
1993 年 12 月	《关于建立社会主义市场经济体制时期劳动体制改革总体设想》	打破城乡之间、地区之间劳动力流动的界限，合理调节城乡劳动力流动
1994 年 11 月	《关于农村劳动力跨省流动就业的暂行规定》	以流动就业证作为流动就业的有效证件
1995 年	《关于加强流动人口管理工作的意见》	控制农村剩余劳动力的流动规模；实行统一的流动人口就业证和暂住证制度
1997 年 11 月	《劳动部等关于进一步做好组织民工有序流动工作的意见》	把农民工流动的管理服务工作纳入经常化、制度化轨道

续表

发布时间	文件名称	政策要点
1998年9月	《国务院关于做好灾区农村劳动力就地安置和组织民工有序流动工作意见的通知》	以就地安置为主；开展有计划、有组织的劳务输出；优先招收灾区劳动力
2001年1月	《关于做好农村富余劳动力流动就业工作的意见》	促进劳务输出产业化；发展和促进跨地区的劳务协作；保障流动就业者合法权益

资料来源：中央人民政府门户网站。

（二）2000年以来，服务与引导并重

进入21世纪以来，随着社会经济的发展变化及社会主流价值的转变，国家对农民工的社会政策进行了全方位的调整。取消制度性歧视和收费，社会政策从限制性、歧视性逐渐向制度吸纳转变，从管理向服务改变。这些变化有以下两个突出特点：一是改变城乡二元结构，凸显公平性，取消对农民进城就业的各种不合理限制，逐步实现城乡劳动力市场一体化；二是积极推进配套改革，为农民工就业、社会保障、户籍、教育、住房等多个方面提供制度性保障。

2000年7月，劳动和社会保障部等部委与国务院发展研究中心联合发出了《关于进一步开展农民劳动力开发就业试点工作的通知》，提出要打破城乡分割体制，取消农民工就业的不合理限制，建立一体化的城乡劳动力市场，并首次提出要保障农民工的合法权益。同年，国家计划委员会取消了面向农民工的7项收费，以减轻农民工的务工成本。2002年，《国务院关于做好2002年农业和农村工作的意见》和党的十六大报告均以高层次文件的形式，要求公平对待农民工，清理对农民工的不合理限制，禁止各种对农民工的乱收费行为，改善农民工务工的制度环境，维护农民工的合法权益。

2003年1月，国务院发出了《关于做好农民进城务工就业管理和服务工作的通知》，这是新中国成立以来中央发布的第一份专门关于农民工的综合性文件。该文件提出了"公平对待、合理引导、完善管理、搞好服务"的政策原则，要求提高对农民工就业管理和服务工作的认识，取消针对农民工的歧视性政策规定以及不合理收费等；解决拖欠克扣农民工工资问题，保障农民工权益；解决农民工子女义务教育问题；对农民

工进行职业培训；改善农民工在城市的生活居住条件和工作环境。至此，农民工的平等就业权、劳动报酬权、休息休假权、受教育权等合法权益较为全面系统地确定了下来。2003年4月27日，国务院以375号令公布了《工伤保险条例》，首次将农民工纳入保险范围。当年8月开始实施《城市生活无着的流浪乞讨人员救助管理办法》，在客观上终止了对农民工的强制收容、遣送制度。2003年10月召开的党的十六届三中全会《关于完善社会主义市场经济体制若干问题的决定》提出："取消对农民进城就业的限制性规定，为农民创造更多就业机会。逐步统一城乡劳动力市场，加强引导和管理，形成城乡劳动者平等就业的制度。"①

2004年的"一号文件"首次提出"进城就业的农村劳动力已经成为产业工人的重要组成部分"，把农民工正式列入产业工人队伍，并开展了维护农民工就业权益和改善就业环境的专项工作。这种在国家社会政策层面上对于农民工的问题认识上的重大战略转折，有效地推动了农民工生存权益保障。同年，国务院办公厅下发《国务院转发建设部等部门关于进一步解决建设领域工程款问题意见的通知》，建设部发出《关于抓紧做好农民工工资偿付工作的通知》，促进解决农民工工资被拖欠和克扣等问题，曾一度成为社会热点的农民工维权得到了政策保障。2004年，劳动和社会保障部发布的《关于农民工参加工伤保险有关问题的通知》，提出了在全国范围内将农民工无差别、无条件全部纳入工伤保险对象的目标。同年发布的《最低工资规定》对人数众多却处于弱势地位的农民工在工资方面提供了一定的法律保护。这些文件的颁布，标志着从国家政策定位上不再将农民工视为盲流和破坏城市社会安全与稳定的人，而是视为产业工人的组成部分。

2005年的"一号文件"要求清理和取消各种歧视农民工的规定，表明了政府对农民进城务工的态度彻底转变，不仅允许而且鼓励农民进城务工，提倡转移农村富余劳动力，增加农民的务工收入。同年3月，国务院发布《关于进一步改善农民进城就业环境工作的通知》，切实维护农

---

① 中共中央文献研究室编《十六大以来重要文献选编》（上卷），中央文献出版社，2005，第469页。

民进城就业的合法权益。

2006年初，国务院《关于解决农民工问题的若干意见》出台，这是中央政府关于农民工的第一份全面系统的政策文件，明确提出农民工是产业工人的重要组成部分，在农民工工资、劳动就业、技能培训、劳动保护、社会保障、公共管理和服务、户籍管理制度改革、土地承包权益等方面，就切实维护农民工的合法权益提出了重要指导意见，成为解决农民工问题的重要指导性文件。2006年3月公布的《中华人民共和国国民经济和社会发展第十一个五年规划纲要》进一步提出，要创造条件推动有稳定职业和住所的进城务工人员逐步转化为城市居民。包括降低与逐步撤销农民工在城市就业与生活的门槛；在就业、社会保障、政治等方面维护农民工的合法权益。此外，国务院还在2006年4月成立了"农民工问题部际协调办公室"，负责统筹有关农民工问题的政策。

2010年的"一号文件"《中共中央国务院关于加大统筹城乡发展力度进一步夯实农业农村发展基础的若干意见》提出，要"着力解决新生代农民工问题"。这表明中央已关注到农民工群体的结构变化。该文件提出，要把推动新生代农民工市民化作为推进城镇化的重要措施，要使新生代农民工融入城市社会，享受现代城市文明。同年，国务院发布的《关于进一步做好农民工培训工作的指导意见》提出，要逐步建立农民工培训项目和资金统筹管理体制。住房和城乡建设部等七部门颁布了《关于加快发展公共租赁住房的指导意见》，提出要让农民工在城市能够安居乐业；2011年《中华人民共和国社会保险法》规定，农民工可按规定参加社会保险。这些文件开始关注解决农民工的社会保障、子女教育和就业培训的问题，强调尊重和维护参与城市经济发展和社会建设的农民工群体的合法利益，消除各种对农民工的歧视性规定和制度，公平对待，一视同仁，促使和保障农民工和城市职工享受同等的权利和义务。

总的来看，21世纪以来的农民工政策向更利于农民工的方向转变。这主要体现在以下三个方面。第一，从角色定位来看，农民工的劳动者身份和地位开始得到国家的确认，不再被视为盲流和破坏城市社会安全与稳定的人，而是视为产业工人的组成部分，角色转变是政策调整的重要基础。第二，从政策调控来看，农民工社会政策的调控工具由行政管制和治安管理转变为制度吸纳。第三,从政策目标来看,农民工权益的保护正在成为政府施政的重要方向,致力于从制度上为农民工营造一个与城市居民同等的就业、生活的环境,维护农民工合法权益。这些政策与举措相对于过去政府将农民工视为社会不安定因素而实施的主要是管治、限制与防范为主的政策相比,是一种巨大的进步。

但是,制度吸纳逻辑下的农民工社会政策仍然是一种渐进性的调整策略,整个政策的演进过程,是把农民工的发展置于国家宏观的经济发展序列中,对过去社会政策进行修修补补,缺乏宏观统筹和顶层设计。虽然这一时期农民工的社会保障权利、公共服务权利、平等就业权利、教育发展权利悉数进入了政策议程之中,但更多的是政府从民生视角给予的回应,主要在于改善他们在城市的"暂居状态",很少考虑到农民工长期留居城市的市民化需求,社会权利平等作为社会政策的核心在农民工社会政策制定中仍没有受到重视。这就是说,新生代农民工能不能获得一些社会权利,以及能够获得什么样的社会权利,只能"且行且争取"。

为了更直观地显示1978~2000年这一时期的农民工社会政策变化情况,我们对相关文件进行了整理,具体如表3-4所示。

表3-4 2001~2012年农民工相关社会政策

发布时间	文件名称	政策要点
2001年3月	《中华人民共和国国民经济和社会发展第十个五年计划纲要》	改革城镇户籍制度,引导农村富余劳动力在城乡、地区间有序流动
2001年11月	《国务院批准公安部关于推进小城镇户籍管理制度改革意见的通知》	在小城镇有合法固定的住所、稳定的职业或生活来源的人员及有共同居住生活的直系亲属,均可根据本人意愿办理城镇常住户口
2002年1月	《国务院关于做好2002年农业和农村工作的意见》	对农民进城务工"公平对待,合理引导,完善管理,搞好服务"
2002年11月	《国家计委关于印发国民经济和社会发展第十个五年计划城镇化发展重点专项规划的通知》	形成人口和生产要素在城乡间有序流动的机制;积极开展面向城镇迁入人口的各类社会服务;取消针对农民和外地人口的限制性就业政策
2003年1月	《关于做好农民进城务工就业管理和服务工作的通知》	取消不合理限制,解决拖欠克扣农民工工资问题,多渠道安排农民工子女就学

续表

发布时间	文件名称	政策要点
2003 年 9 月	《国务院办公厅转发教育部等部门关于进一步做好进城务工就业农民子女义务教育工作意见的通知》	切实做好进城务工就业农民子女接受义务教育工作；建立进城农民子女义务教育的经费筹措保障机制
2003 年 9 月	《国务院办公厅转发农业部等部门 2003~2010 年全国农民工培训规划的通知》	以转移就业前的引导性培训和职业技能培训为重点，综合运用财政扶持政策和竞争、激励手段，多渠道、多层次、多形式地开展农民工培训工作
2004 年 1 月	《国务院关于促进农民增加收入若干政策的意见》	把对进城农民的职业培训、子女教育及其他服务和管理经费，纳入正常的财政预算；依法保障进城就业农民的各项权益；推进大中城市户籍制度改革
2004 年 3 月	《政府工作报告》	明确农民工工资支付责任；规范农民工工资支付方式；完善欠薪举报投诉制度；严格劳动用工制度
2004 年 10 月	《国务院转发建设部等部门关于进一步解决建设领域拖欠工程款问题意见的通知》	切实保障农民工工资按时足额支付，三年基本解决建设领域拖欠农民工工资问题
2005 年 3 月	《关于进一步改善农民进城就业环境工作的通知》	做好促进农民进城就业的管理和服务工作；切实维护农民进城就业的合法权益；健全完善劳动力市场
2006 年 1 月	《中共中央 国务院关于推进社会主义新农村建设的若干意见》	健全城乡就业公共服务网络，为务工农民服务；严格执行最低工资制度；完善劳动合同制度；逐步建立务工农民社会保障制度；解决务工农民子女上学问题
2006 年 1 月	《关于解决农民工问题的若干意见》	统筹城乡发展，认真解决农民工利益的问题；建立保障农民工合法权益的政策体系和执法监督机制
2006 年 3 月	《中华人民共和国国民经济和社会发展第十一个五年规划纲要》	对在城市已有稳定职业和住所的进城务工人员要创造条件使之逐步转化为城市居民
2007 年 3 月	《中共中央 国务院关于积极发展现代农业扎实推进社会主义新农村建设的若干意见》	加大农村劳动力转移就业培训支持力度；做好农民工就业的公共服务工作，切实提高农民工的生活质量和社会地位
2008 年 12 月	《国务院办公厅关于切实做好当前农民工工作的通知》	农民工已经成为中国产业工人的重要组成部分；加强农民工技能培训和职业教育；做好农民工社会保障和公共服务
2009 年 2 月	《中共中央 国务院关于 2009 年促进农业稳定发展农民持续增收的若干意见》	大规模开展针对性、实用性强的技能培训；抓紧制定适合农民工特点的养老保险办法，解决养老保险关系跨社保统筹地区转移接续问题

续表

发布时间	文件名称	政策要点
2010年1月	《国务院关于进一步做好农民工培训工作的指导意见》	建立统一的农民工培训项目和资金统筹管理体制,使培训总量、培训结构与农村劳动力转移就业相适应
2010年1月	《中共中央国务院关于加大统筹城乡发展力度进一步夯实农业农村发展基础的若干意见》	加大农民外出务工就业指导和服务力度,切实维护农民工合法权益;健全农民工社会保障制度,确保他们在工伤保险、医疗保险和养老保险三个方面的权益;解决好农民工子女入学问题的政策,关心农村留守儿童
2011年10月	《国务院办公厅关于印发安全生产"十二五"规划的通知》	完善农民工向产业工人转化过程的安全教育培训机制
2011年12月	《人力资源和社会保障部关于印发人力资源和社会保障事业发展"十二五"规划纲要的通知》	促进农业富余劳动力转移就业;加强农民工职业技能培训,建立农民工基本培训补贴制度;维护农民工合法权益;加强农民工公共服务基础能力建设
2012年4月	《国务院批转发展改革委关于2012年深化经济体制改革重点工作意见通知》	深化户籍管理制度改革,把在城镇稳定就业和居住的农民工有序转变为城镇居民
2012年7月	《国务院关于批转社会保障"十二五"规划纲要的通知》	维护农民、农民工、城市无业人员等群体的参保权益;扩大社会保障覆盖范围,将符合条件的各类人群纳入制度体系

资料来源:中央人民政府门户网站。

(三) 未来走向:以平等权利为核心,以市民化为目标

社会政策是指"以公正为理念依据,以解决社会问题、保证社会成员的基本权利、改善社会环境、增进社会的整体福利为主要目的,以国家的立法和行政干预为主要途径(但不是唯一途径)而制定和实施的一系列行为准则、法令和条例的总称"。[①] 社会政策不只是简单的条例与规定,有效的政策需要政策理念或一定的社会福利意识形态的支持。在社会公正、平等越来越成为社会共识的时代背景下,农民工市民化政策的调整应该以社会权利为指引,以市民化为目标进行。推动基本公共服务均等化,赋予农民工享受改革发展成果的权利,真正让他们"进得来""留得下",真正"融得入""过得好"。

---

① 吴忠民:《从平均到公正:中国社会政策的演进》,《社会学研究》2004年第1期。

一是构建城乡一体化的社会政策框架。包括统筹城乡户籍制度，分类、分阶段进行优化户籍体制改革；统筹城乡劳动就业，建立城乡一体化的劳动力市场，从政策制度上消除对农民工进城就业的歧视，使农民工享有与城市居民相同的择业、就业机会；统筹社会保障和公共服务，以社会权利思维引导探索城乡社会保障与公共服务制度的转移衔接办法，有序推进农业转移人口市民化。这样的社会政策框架有利于改变城乡分离社会政策体系的基本格局，能较为有效地解决农民工流动的各种社会问题，有助于国家长期规划和顶层设计。

二是社会政策的调整方向应该立足于社会公正，确保农民工机会均等和权利平等。首先，以户籍制度改革为核心，有梯度地消除户籍人口与非户籍人口之间的不平等待遇和差距，提高人口素质，优化人口布局，有序推进农民工市民化。其次，以基本公共服务均等化来维护农民工的社会保障权、自由迁徙权，重点保障农民工享有平等的受教育机会、就业机会和接受公共服务的机会。最后，应该探索建立农民工市民化成本分担机制，从政策层面上明确政府、企业、农民工各自的责任，形成合理的成本承担机制。

农民工作为中国社会发展的历史产物，在追求自身发展的同时也推动了社会政策的根本性改变。早期以管理和控制为主要特征的农民工社会政策在一定程度上对农民工群体流动起到了一定的规范作用；21世纪以来以制度支持和吸纳为主要特征的社会政策为农民工的城市流动搭建了良性平台。随着国家执政理念的转变和公民权利意识的提升，以往的社会政策逻辑需要做出相应的调整。保障和推动权利平等、致力于推动农民工市民化是农民工社会政策调整的新走向。

第三节 新生代农民工的市民化困境与解决

一 新生代农民工市民化的困境

与第一代农民工的"流而不迁"不同，新生代农民工有着强烈的市民化意愿和诉求。在笔者的一次调研中，一个"80后"农民工这样说：

"从我到的第一天开始,我就下定决心要把根留在城市。我这辈子打死也不会当农民,当然也不会再回到农村去。"《中国流动人口发展报告(2011)》也显示,在新生代农民工中有76.3%不打算回户籍所在地。但是,在中国城乡二元结构背景下,新生代农民工一方面受到来自社会制度和文化层面的结构性约束,另一方面又受到来自个体素质和社会交往层面的行动制约。结构与行动的双重束缚,使农民工在进入城市空间后没有发生根本性的变化,陷入了市民化困境。

(一) 农民工市民化制度约束明显。

新生代农民工渴望通过自己的打拼而成为城市人,但是城市原有社会管理系统的运转惯性产生的结构性排斥,使他们在劳动就业、公共服务、社会保障等方面无法获得公平的待遇,市民化制度约束明显。

1. 就业歧视

与老一代农民工相比,新生代农民工无论是受教育水平还是整体素质,都有了很大提高,职业选择也开始呈现多样化趋势。但是,整体来看,大多数新生代农民工无法进入城市首属劳动力市场正规就业,只能在次属劳动力市场非正规就业。在城市,能否实现正规就业并不主要由工作技能决定,更突出地表现为由户籍来决定。那些在职业队列中处于较高层次的部分,如行政事业单位、大中型国有企业、新兴服务业部门等往往被本地劳动力所占据,农民工则主要流入那些临时性、收入低、体力任务繁重、工作条件差的岗位。由于从事的是最底层的工作,他们的权益得不到保障,收入也仅仅只够维持自身及其家庭基本物质需要,难以为其融入城市社会提供持久的物质支撑条件和向上流动的动力,最终陷入"青年进城,中年返乡"的怪圈。

即便他们进入了以国有企业单位为代表的正规部门,也还是非正规就业。在这些单位的内部,同样存在两种劳动力就业市场:一种具有首属劳动力市场的性质,工资高、工作条件好、就业稳定、职业有保障、权利平等,在工作制度的行政管理上有适当的程序和规则,并有较多的晋升机会,其工资由职位本身决定。出于历史和制度原因,只有经过正规招聘的人员才能够成为内部劳动力市场里的一员。另一种是外部劳动力市场,具有次属劳动力就业市场的性质,农民工的就业就属于这种,工作条件差、工作时间长，劳动强度大，劳动权益得不到法律和制度的有效保护。这在实际上制约了农民工的城市进入。

非正规就业看似快速地在城市立足，但从长远来看，却是牺牲了他们在城市的发展能力。发展能力由人力资本水平决定，包括初始人力资本存量和后期的人力资本积累两个部分。人力资本存量是指通过接受学校的正规教育积累起来的知识资本。长期实行偏向于城市的政策，教育资源向城市严重倾斜，导致中国农村的正规教育和职业教育都相当落后。城市成年人平均受正规学校教育9.6年，而农村成年人平均只有5.5年，两者相差4.1年。近80%的劳动力没有特别技能，以教育程度为主要内容的初始人力资本明显不够。非正规就业又影响到他们后期的人力资本积累。一是收入报酬低，难以追加对人力资本的投资。作为城镇中的弱势群体，农民工始终处在"被平均"的悲剧位置，做的是最苦最累的工作，但是劳动报酬及其增长速度均低于城镇平均水平。由于工资水平偏低，农民工的打工收入大部分用在了房租、食品、着装、通信等生活必需品的支出上，只能维持基本的城市生存，很难进行人力资本的投资。二是很难获得单位对人力资本的追加投资。同正规就业的最大区别就是，非正规就业的用人单位只想着以最低的投入换取更高的回报，而不愿意为了长远而进行投入。[①] 所以，加班是农民工的工作常态，带薪培训成为奢谈。人力资本水平是就业以及收入水平的决定性因素。一般来讲，由培训、职业技能水平、资格证书数等要素形成的发展性资本能够改善农民工的就业质量，增加务工的收入水平。新生代农民工主要是通过参加各种职业技能培训来积累人力资本的。接受1个月以上的培训会使新生代农民工非农收入增长11.2个百分点。[②] 农民工是否参加培训对就业改善影响显著。接受培训，不断提升职业技能，农民工则有可能提升职业流动的层次，其收入和发展状态也随之改善。没有继续教育等人力资本的追加投入，则会陷入低工资收入→低人力资本投资→低人力资本形成

---

① 在这里，笔者无意揭露或批评私人老板唯利是图的本性和眼界的短浅，农民工就业的高流动性确实会影响私人老板投资的意愿，毕竟谁都不愿意自己辛苦栽树，他人乘凉。
② 罗锋、黄丽：《人力资本因素对新生代农民工非农收入水平的影响——来自珠江三角洲的经验证据》，《中国农村观察》2011年第1期。

效率→低工资收入的恶性循环，影响其发展性资本的形成，限制了他们在城市的稳定就业，进而使其实现市民化的能力短缺，陷入城市生活和发展能力不足的"综合能力贫困"的陷阱之中。

非正规就业将农村流动人口锁定在单纯的劳动力上，没有给予同等的其他权益和发展机会，如教育和培训机会、晋升机会、社会保障权益等。机会的欠缺和不公正，显然不利于农民工在城市的发展。

2. 公共服务缺失

农民工无法享受城市社会救助、住房保障、社会保险，子女教育平等权受阻等问题普遍存在。农民工只是"公共产品的边缘人"，应享有的公共服务变成了一种奢侈品。

农民工群体属于最需要社会关心和救助的社会底层，却被排除在城市社会救助体系的范围之外。社会救助制度是整个社会保障体系中的支柱性制度，承担着解除国民生存危机、维护底线公平的基础性作用。城市居民最低生活保障制度是城市社会救助体系的核心，它确定了城市居民在遭遇生活困境时可以向政府申请援助并获得救助的权利。但是，根据《城市居民最低生活保障条例》的规定，只有拥有城镇户籍的居民，才有资格在生活困难时，向政府申请援助并获得救助。农民工由于没有城镇户籍，当其因失业、疾病、意外伤害而陷入困境时，无法享受最低生活保障或其他方面的任何救助。

一是无法享有城市住房保障制度。住房是人类生存的基本必需品。因此，获得适当住房的权利是人权的基本构成部分，也是现代国家公民的一项基本社会权利。目前，无论是面向低收入居民的廉租房制度，还是面向中低收入居民的经济适用房制度，以及面向城镇职工的住房公积金制度，都是为了"保障城镇最低收入家庭的基本住房需要"，或"面向城市低收入住房困难家庭供应"，或"提高城镇居民的居住水平"，将同样处于城市底层的农民工群体排除在适用范围之外。尽管目前国家出台了改善农民工居住条件的相关政策，但仍强调以用人单位作为改善农民工居住条件的责任主体，并没有将其纳入政府提供的住房保障范围之内。例如，目前多数的公租房就是用人单位建造的职工宿舍，只是在统计上列为政府公租房。

二是农民工随迁子女平等享受教育的权利受阻。受教育权是人全面发展的基本手段,是当代国际社会公认的基本人权,其核心内容是受教育平等权。农民工随迁子女作为公民的一员,应当与城市户籍儿童一样,享有宪法和法律所赋予的平等接受义务教育的权利。这不仅直接影响到农民工市民化的进度,而且涉及农民工子女经济社会地位的获取以及弱势地位的改变,对农民工具有长远影响。然而,规模庞大的农民工随迁子女,在"地方负责,分级管理"的教育体制下,往往被排斥在当地正规教育体系之外,在入学机会、受教育条件以及受教育过程等方面,都与拥有城市户籍的儿童不平等。例如,尽管国家乃至许多省份在政策上规定了农民工子女在流入地享受九年义务教育的权利,然而学校照样要求农民工缴纳"赞助费",提高了农民工子女的入学门槛。

3. 社会保险不完善,参保率不高

农民工在城市就业和生活时,面临着养老、医疗、失业、职业伤害等各种风险,参加社会保险是农民工预防和化解诸多社会风险的重要举措,也是农民工分享基本公共服务的具体表现。长期以来,在中国"农民"与"市民"是两个完全不同的权利群体。城市居民有相对完善的社会保障体系,而农民工的社会保险至今没有一个统一的政策文本,社会保险模式遍地开花,推动农民工进城的"城保模式"、照顾农民工低收入的"双低模式"以及旨在减轻农民工负担的"综合保险模式"都进行了大胆的尝试和积极的努力,但各种模式各自为政,无法有效对接,导致农民工从中受益极为有限,预期的保障功能和政策效果难以发挥。农民工参保的动力不足,参保率不高。据统计,截至 2009 年 6 月底,全国农民工参加基本养老、基本医疗、工伤、失业保险的人数分别达到 2380 万人、4153 万人、5054 万人、1518 万人。[①] 这意味着,除了劳动报酬外,农民工几乎享受不到任何有效的福利保障,一旦失业、年老、生病、伤残,他们往往就会失去经济来源,无法在城市中生存。长期缺乏保障,使农民工在城镇缺乏安全感,并不敢真正割断与土地的联系,摇摆于城

---

① 汝信、陆学艺、李培林:《2010 年中国社会形势分析与预测》,社会科学文献出版社,2009。

乡之间，这也在一定程度上阻碍着农民市民化的进程。

(二) 社会排斥

1. 居住空间的隔离状态，影响了农民工社会资本的改善和提升

在中国的制度语境下，"城市"这一范畴在应用于个人时，指称的是人身属性而非空间标志。所以，尽管农民工已经是城市发展进程中必不可少的一部分，但这种制度性的安排并没有将农民工纳入"权利共享"的范围之内，农民工只是进入空间意义上的城市，而非身份意义上的城市，或者说只允许他们进城工作，而没有从其他体制上接纳他们。其结果是，新生代农民工不能获得稳定的就业和收入来源，没有能力租住或购买体面的住房。目前，农民工大多停留在租房子的阶段，他们在城市居住的主要区域是城乡接合部，或城中村。郑州的流动人口将近 300 万人，和郑州的本地原有居民持平，他们基本集中在郑州市各个城中村或郊区村。有一个说法是这样的：郑州地方很大，唯一能容下外来人的也就是城中村了。深圳市有关部门估计，在深圳当前 950 万外来人口中，大约有 700 万人居住在城中村。住房问题将农民工与当地城市居民进行了空间上的隔离。

居住条件在一定程度上反映了个人及家庭的社会地位。国际上对城市移民居住条件的比较研究表明，农村向城市移民，在居住上都经历了逐步融入的过程：人们第一步并不是直接拥有自己的房子，而是先租房子住，一般租住在城市中心贫民区，然后随着收入水平的提高，离开贫民区。由于收入水平并不高，中国目前绝大多数新生代农民工都住在企业提供的集体宿舍中，少数租住在城乡接合部。因为居住空间集中，农民工更愿意生活在自己的群体中。他们的交往圈基本上是根据这样的逻辑展开的：亲人（血缘和姻缘）—朋友（情缘）—村里人（地缘和业缘）—同一个乡镇（地缘和业缘）—同一个县（地缘和业缘）—同一个地区（地缘和业缘）—同一个省（地缘和业缘）—农村流动人口（身份和业缘）。最大的边界是进城农民工。这种聚居的生活方式，为他们在城市生活构建社会支撑体系，化解由于城市的排挤带给他们的各种困难的同时，也表现出典型的地域特征，如北京的"河南村""浙江村"，福州的"湖北村"等。

这种由亲友、老乡等组成的"村落式"的生活圈,虽然能够减轻城市社会生活带来的压力和焦虑,改善农民工的城市生活状态,但是他们从"熟人社会网络"中获得的资源是有限的。按照詹姆斯·科尔曼关于"社会资本是个体可获取的存在于其个人关系网络中的一切资源"的界定,由亲戚、老乡、工友等组成的社会关系网络同质性过高、广度受限、拥有的信息资源具有较高的重复性,蕴含的是同质资源,能够带来的就业机会与当地市民相比层级较低,对农民工改善在城市的就业状况很难有根本性的作用。并且,这种居住空间的隔离状态,限制了农民工和城市社会的正常交流,也影响了流动人口的自我意识和对城市的认同。

2. 城市社会存在的排斥,影响了农民工的城市认同,社会认同呈"内卷化"

在当代中国,农民工的生活际遇不仅取决于劳资关系,也取决于地方政府对于外来人口的管理政策和权利配置,在"生产政治"之外,还存在"生活政治"的空间。绝大多数城市对进城农民工"经济性接纳、社会性排斥",将农民工限制在城市体制之外,使他们根本无法享受到城市社会经济发展的成果,更无法实现其社会地位的变化,即无法实现社会身份由农民向市民转变。

并且,在城乡二元经济社会制度下,城市居民形成了根深蒂固的优越意识,对进城农民工存在严重的身份歧视和排外观念。他们认为,进城农民工是"不速之客",大量农民工涌入城市,带来了就业紧张、交通拥挤、社会治安恶化以及一系列与此相关的"城市病"。城市社区的管理也没有把农民工纳入服务范围。

来自市民社会的歧视,农民工与城市居民的交往仅限于业缘关系,而在心理上则存在"社群隔离"现象,城市居民与农民工两大群体的隔离状态不利于培养农民工的市民意识。从社会互动的角度来看,社会交往本质上是一种均相和非均相人群不断交流和互动的过程。人的社会化的一个重要步骤是逐渐从与同质人群的简单互动到与异质群体互动,扩大人文交流,加深相互了解。不断感受和累积的来自城市社会的歧视和排斥,让新生代农民工逐渐形成了一种强烈的反市民化情绪和失范行为取向,严重影响了他们对城市生活的归属感和认同感。

像蝼蚁一般的辛苦工作、城里人表现出的冷漠和傲慢，都让怀揣城市梦的新生代农民工对于自己未来的城市生活充满迷茫。与大多数第一代农民工拥有明确的"城市过客"意识不同，第二代农民工往往不清楚自己的未来在哪里。一方面，他们已经和农村渐行渐远，不愿返回农村生活定居，也无法回家务农；另一方面，他们一心想成为城里人，却没法获得城市的认可和接受，一些农民工甚至不知自己究竟是属于城市还是属于农村，他们感到自己成了农村社会和城市社会的"双重边缘人"。这种矛盾心理使他们觉得没有受到尊重，也没有城市归属感。一些新生代农民工甚至出现了心理问题，他们会产生挫败、自卑、孤独、苦闷、怨恨、仇视等心理。在对农村社会的认同减弱，又没有形成对城市社会的认同的情况下，农民工发现只有在老乡群体中，他们好像才能产生共鸣，找到自己的人生定位，导致其社会认同内卷化。

（三）农民工个体能力欠缺

大量事实证明，农民工的自身素质是取得市民资格的重要条件，直接决定着其市民化的成功率。虽然，较之第一代农民工，新生代农民工的市民化能力有了较大提高，但是对照市民化的要求，他们在文化素质、劳动技能、思维方式、政治意识和法制观念等方面依然存在较大差距。

人力资本水平和由其决定的工资收入水平是农民工市民化能力的主要内容。

一般而言，受过较好教育的人通常会获得更多的就业机会，并且因其具备足够的人力资本存量，易接受和掌握新技术和新知识，因而在社会竞争中就会处于有利地位。目前，新生代农民工人力资本水平整体不高，主要体现为人力资本存量较低，并且积累不足。一是人力资本存量较低。在新生代农民工中，初中以下文化程度的占6.1%，初中文化程度的占60.6%，高中文化程度的占20.5%，大专及以上文化程度的占12.8%，高中及以上文化程度的仅为33.3%，初中及以下文化程度的新生代农民工依然是主体。[①] 二是人力资本积累不足。农民工接受技能培训

---

① 《2013年全国农民工监测调查报告》，国家统计局网站，http://www.stats.gov.cn/tjsj/zxfb/201405/t20140512 - 551585.html，最后访问日期：2017年9月28日。

的比例仅为34.8%，而高达65.2%的农民工没有接受过技能培训。专业知识和技能的不足，决定了农民工很难在竞争激烈的正规就业市场获得机会，就业空间狭窄。现实困境导致新生代农民工的从业选择，始终停留在低质性的职业层次，很难实现向上的社会流动。在当前中国经济转型升级的背景下，低素质的农村富余劳动力的供给和相对高素质的劳动力需求之间的矛盾已经相当尖锐，进城农民工的就业领域将越来越窄，就业难度将越来越大。

社会资本是指个体从社会关系网络、组织及其身处的社会制度中所能获得的资源。对新生代农民工而言，社会资本的欠缺限制了他们在城市中的生存和发展。农民工的传统关系网络是以血缘、地缘和亲缘为纽带建立起来的，进入城镇后，大多从事相同或类似的职业，职业等级差异不大，社会交往范围小，社会资源质量较低。由于长期二元结构造成的城乡隔离以及自身人力资本不足，农民工社会网络攫取资源的能力较弱，并且难以重新建立社会关系网络。另外，从现有城市社会制度的框架来看，无论是单位组织、社区组织，基本都不涵盖农民工，农民工缺乏城镇的组织以及体制内资源的支持与保护，缺乏表达和维护自身利益的渠道，缺乏话语权。因此，农民工的社会资本远低于城镇市民水准，阻碍了其市民身份的转换。

从某种意义上来说，物质形态的问题比较容易解决，农民要在文化价值上得到市民的认可，融入城市社会，过上幸福的城市生活，则将是一个很漫长的过程。这不仅需要外在结构性制度的松动和结构的行动化，更需要农民自身采取行动来不断缩小与市民在文化价值观、行为模式等方面的差别，并将其再结构化。

二 新生代农民工市民化困境的制度性根源分析

农民工之所以会遭遇市民化困境，既有来自制度方面的约束和限制，也受农民工个体能力不足的制约。但是，如果将农民工置于中国宏观的社会历史制度环境中，坚持历史的分析方法，我们就不难得出这样的结论：农民工市民化能力整体不足是城乡二元保障体系长期实践的结果，城乡二元分割的社会保障制度设置从历史和现实两个方面共同制约着农民工的市民化进程。

（1）计划经济体制下形成的城乡分割的二元社会保障体系及长期实践造成了农民工在人力资本、社会资本、价值观念方面与城市社会存在差距，这种差距意味着农民工的市民化能力不足。

从人力资本来看，一般而言，个人人力资本存量的大小决定了劳动收入的高低。人力资本中对非农收入影响最大的是工作技能和受教育程度。虽然个人接受教育效果的好坏和掌握技能的多少受智力、勤奋以及健康等方面的直接影响，但获得这些资源的机会同样重要。新中国成立以来逐步确立的以户籍为身份依据，以就业、住房、教育、养老、医疗、救助为主要内容的城乡二元社会保障体系，在保障内容和保障水平上都是城市优先，从根本上决定着不同身份群体获得资源和发展机会的多少。在城乡分割的教育体系中，义务教育阶段经费投入的巨大差距从根本上剥夺了农村居民公平接受教育的机会，造成了农村劳动力以受教育程度为主要内容的人力资本水平整体低下，并且，由于长期生活在农村，农民所接触和掌握的技术可能和城市工作岗位的要求不相匹配，这部分人力资本还会因技能转换而受到损失，造成农民工在城市就业市场上人力资本水平整体上处于劣势。

从社会资本方面来看，农民以土地为经济支撑、以家庭成员互相帮助为主要形式的传统的社会保障，让农民工对初始社会关系形成了依赖。不管是找工作还是生活，他们都习惯于依赖亲戚或老乡。虽然这一初始的社会网络能够为农民工提供情感慰藉和安全保障，但造成了农民工和城市社会的隔离，影响着农民工通过社会网络获得更多的制度资源。

从文化资本方面来看，城乡之间社会保障模式的不同也造成了农民和市民在生活方式、行为方式和价值观念的巨大差异，这意味着农民工必须跨越生活方式、生活风格、交往方式、行为方式、价值观念的巨大鸿沟，才能适应城市社会的规则和逻辑，实现生活技能、规范性、个人气质等方面由农民向市民的转变。

此外，传统体制下农村保障流动性差，无法为进城农民提供有效保障。例如，以土地、宅基地为主要内容的生产资料和生活资料出于中国土地制度性质的原因，无法转化为农民进城的货币支持，除了家具、用具等生活用品外,农民工能带走的东西少之又少,而且,这种以家庭为基础、家庭成员之间互助的传统保障形式,并非一种正式的、可以自由转移和对接的社会契约。当家庭无法实现整体迁移时,这种保障形式的作用会减弱。

从传统体制下农村社会保障的制度局限和运行结果来看,即使没有城市社会的排斥,农民工和城市居民也不能在同等条件下进行竞争。从农村走向城市的第一天,农民工就输了,输在了长期分割的二元社会保障体制上。

(2)农民工在城市就业和生活过程中遭受到的社会排斥及对应的社会保障权利的缺失,影响了包括意愿在内的市民化能力的累积。改革开放以来,长期分割运行的城乡就业制度被打破,城市就业的大门率先对农民开放,数以亿计的农民得以进城务工。在过去 30 多年时间里,他们辛勤劳动、努力工作,在提高自身收入的同时,也为城市发展做出了巨大贡献。城市林立的高楼、宽阔的大道、繁荣的商业、四通八达的水陆交通网络等,无不凝聚着广大农民工的汗水和智慧。但是,由于户籍的原因,他们并未享有和城镇居民同等的就业和福利待遇。

在就业方面,受城市就业政策"壁垒"和自身素质的双重限制,农民工很难进入待遇较高、福利较好的正规部门,他们中的绝大多数只能集中在非正规部门就业。他们不仅工作时间长、劳动强度大、缺少技术培训,而且工资低。据统计,农民工的工资仅相当于城镇职工的 55%,这种差距的 60% 是人力资本差异造成的,40% 是体制差异(歧视)造成的。[①] 这部分由歧视产生的收入损失被企业无偿占用了,转化成为企业的资本积累。就业和工资歧视削弱了农民工的市民化能力。

除就业和工资方面的歧视外,农民工的其他社会保障权利也遭到排斥。从社会保障制度建立的初衷及其原则来看,社会保障权实质上是一种基本人权。联合国《经济、社会、文化权利公约》第九条规定:"人人有权享有社会保障,包括社会保险。"公平的社会保障权利已经成为现代

---

① 国务院发展研究中心课题组:《农民工市民化——制度创新与顶层政策设计》,中国发展出版社,2011。

社会公民基本人权的主要内容。但是，目前中国城乡分割的社会保障制度并未从根本上打破，农民工在住房保障、子女教育和公共卫生服务等方面还无法享有与市民同等的权利，造成了农民工和城镇居民收入中来自政府转移性收入的巨大差距。以住房为例，城镇中低收入群体虽然和农民工收入相当甚至更低，但因为能够享有廉租房、经济适用房等公共住房保障而得以正常和体面地生活，农民工却不能享有这方面的福利。单就住房一项，两者获得的政府转移性收入的差距就有10多万元，严重影响了农民工正常的城市生活和交往。同时，较低的工资和福利歧视又进一步影响到农民工参加城镇职工社会保险的积极性。《2012年全国农民工监测调查报告》的统计数据显示，2012年，农民工的社会保险参保率从高到低依次为：工伤保险（24%）、医疗保险（16.9%）、养老保险（14.3%）、失业保险（8.4%）、生育保险（6.1%）。[1] 从总体来看，农民工的社会保险参保率依然很低。参保率低意味着这些社会保障项目所包含的政府财政补贴、社会福利支出、养老补助等转移性支出被节约掉了，并且转化为城市基础设施建设投资的一部分。所以，城市的现代化不仅凝结着农民工辛勤的汗水，也内含了农民工辛酸的泪水和福利牺牲。

多年来，农民工对中国第二、第三产业生产总值的贡献程度达到19.98%[2]，但分享经济发展成果的比重却不到10%。这一巨大反差不仅剥夺了农民工公平的分配权利，而且还影响到他们公平的发展权利。较低的工资和缺失的福利不仅直接减少了农民工的生活消费，还减少了农民工教育和培训等人力资本的投资及积累，影响着农民工就业层次的提升和市民化的实现。

从农村来到城市的第一天，农民工就已经因为工作、生活场域转换带来的能力净值损失而处于竞争的劣势。在长期的城市生活中，这种劣势不仅没有改善，反而因固化的社会保障利益逻辑衍生的"经济吸纳、社会排斥"政策而进一步加重。可以说，在城市社会保障体系全面覆盖

---

[1] 《2012年全国农民工监测调查报告》，国家统计局网站，http://www.stats.gov.cn/tjsj/zxfb/201305/t20130527_12978.html，最后访问日期：2017年9月28日。
[2] 沈汉溪、林坚：《农民工对中国经济的贡献测算》，《中国农业大学学报》（社会科学版）2007年第1期。

农民工之前,不可能真正推动农民工市民化。

(3)市民化能力不足、长期社会保障缺失进一步影响了农民工融入城市的预期和行为选择。

迁移理论有一个未加言明的假设:迁移者是理性人,不管是出于经济理性还是社会理性,在做迁移决策时他们通常会考虑两个方面的因素:即期收入和可能获得的长期保障。在即期收入偏低的情况下,迁移者更为关注长期保障的获得。不过,受城乡二元社会保障体系长期分割运行的影响,农民工并未形成完整的现代社会保障观念,他们当中有相当一部分人并不清楚为社会成员提供生存、健康、养老保障是国家强制性的制度安排,也是公民的一项基本社会权利,他们理应平等地享有这种权利,因而也无法从长远角度看到社会保障公平化的改革趋势。相当多的农民工还是习惯于依靠当前收入和家庭成员互助支持来应对风险的传统做法。因此,在即期收入偏低的情况下,农民工很难产生定居城市的乐观预期,他们的务实选择就是多打工赚钱。在和农民工打交道的过程中,笔者听到最多的是:"我现在还行,等我老了,不能干工作了,怎么能在城市生存下去,最后还是要回去的。""你们城里人什么都有,退休了也不怕,我们有的那点保险不当事儿,关键还是趁年轻多攒点钱,这才是根本。"由于缺乏社会保障权利意识,他们很难相信参保对定居城市可能产生的支持作用。这一方面影响了农民工参加城镇社会保险的积极性,导致其参保率不高;另一方面也让农民工更看重即期可能获得的货币收入和农村土地的保障功能。这也是农民工总是抱着"走着看"的心态徘徊在城乡之间的原因所在。从另一个角度来看,城市政府的矛盾做法和现行社会保险"便携性"不足也影响了农民工参保的积极性。在推动农民工参加缴费型的社会保险项目上,城市政府热情十足。这是因为农民工年龄结构偏轻,医疗保险和养老保险费用支出低(尤其是养老保险),有助于缓解当前城市养老保险资金缺口的压力。而在以教育为主要内容的非缴费型的社会福利项目上,城市政府虽然不似以往采用"关门主义"的做法,但也没有把农民工子女生源和城市户口生源放在同等的位置上,存在城乡二元教育格局进城的现象。例如,一些城市规定"在学校招生指标未用完的情况下,可以接收农民工子女就读"。事实上,好的学校根本就不存在指标用不完的情况。而入学指标用不完的通常是那些办学条件相对较差和位置较偏的学校，结果造成农民工子女扎堆，演变成为另一种形式的农民工子弟小学。由于子女教育问题关系着下一代的素质，中国家长又历来重视教育，子女在城市接受义务教育的情况会直接影响农民工的城市预期。而当前社会保险统筹层次不高带来的"便携性"不足，又进一步影响到农民工参保的热情，从媒体关于农民工排队"退保"的报道中，我们很容易印证这一结论。

综合以上三个方面的分析，我们能够清楚地看出中国城乡二元社会保障体系长期运行对农民工市民化的影响。首先，在进城之初，农民工就已经因城乡二元保障体系长期分割运行带来的个体能力的不足而输在了竞争的起点上；其次，农民工在城市就业和生活过程中因为社会保障权利缺失，不仅没有更好地应对负担和风险，还影响到了包括意愿在内的市民化能力的累积。最后，市民化能力不足、长期的社会保障缺失进一步影响了农民工的市民化预期，并造成了就业选择的"高流动性"，不断侵蚀农民工的市民化能力。可以说，传统体制下以身份为依据的社会保障体系的设计和运行，是造成当前农民工市民化困境的关键因素。推动农民工市民化，需要重新建构和逐步推进社会保障体系。

三 新生代农民工市民化的实质和政策调整方向

（一）新生代农民工市民化的实质

从新生代农民工市民化的诉求和所处困境可以看出，农民工市民化虽然要退去乡土性，增加现代性，但这都是后话。在中国的社会制度语境下，农民工能够获得平等的社会权利——平等的就业权利、平等的居住权利、平等的发展权利和平等的社会保障权利，才是解决问题的关键。可以说，新生代农民工市民化的过程其实就是其与市民在权利上的差距逐渐缩小，直至平等的过程。在现阶段农民工市民化任务中，制度建构比自然演变更加重要。

（二）新生代农民工市民化政策的原则

国家为推动农民工市民化出台了很多政策，虽然这些政策也推动了农民工的市民化进程，但这些政策的出台整体上是服务国家经济社会发展的要求且"事本主义"特征突出,没有从根本上考虑和重视农民工市民化的实际诉求。很多政策的出台属于临时性应对,由危机促动,只关注当下问题,缺乏统一性、长远性和系统性,没有形成整体推动农民工市民化的明朗政策环境,也没有赋予政策应有的法律效力,尤其没有突出社会政策应有的社会公正意蕴。受政策影响,农民工在其市民化的过程中一直无法形成合理的发展预期,多年努力被空耗。推动农民工市民化,要求相关政策的出台应该以社会公正为基本准则,形成稳定的社会政策环境,并赋予其应有的法律效力。

1. 社会政策的制定和实施要以社会公正作为基本准则

根据公正理论,现代国家的首要原则就是要确保机会对每个公民是公平的。也就是说,所有公民都应享受平等的就业机会、居住机会、受教育机会、社会保障机会、社会参与机会、起码的医疗卫生服务、基本生存安全等由国家社会政策提供的福利权利,新生代农民工也不例外。从公民权利的角度来看,农民工在城市的生存、发展以及市民化,最需要关注的是城市是否给予了他们与其他城市人口同等的机会以及国家是否确保他们的公民身份。每个现代化国家都应该确保其公民拥有这样的平等机会:第一,在对国家的公共资源的获得上,每个社会成员应该享有平等的机会。也就是说,不管是农民还是市民,也不管他们身处何方,都有平等的机会去获得这些公共资源。第二,国家应该为社会的机会平等提供制度和政策保障,也即国家要从制度和政策上确保城乡居民在公共领域拥有平等的机会。

就整体社会而言,中国公民的社会权利并没有建立在公民资格的基础之上,而是建立在身份、职业、收入等基础之上。社会权利在促进社会公正方面的作用非常有限,甚至差别化的社会权利本身就是社会不公正的重要来源之一。

从劳动就业来看,新生代农民工多属于非正规就业。也就是说,他们从事的劳动"得不到公共当局的承认、记载、保护或管理",完全属于个人的市场行为,享受不到城市政府提供的技术培训、就业推荐等基本就业服务。如果失业了,他们也无法获得政府的相关支持,因为城镇失业率的统计也不包括农民工。失业救济、就业培训和再就业工程只是城市针对本地户籍人口的福利。农民工失业后，生活大多是靠积蓄或是老乡、亲戚家人的帮助来维持，再不行就只能选择返回农村。非正规就业将农民工锁定在单纯的劳动力上，农民工在城市仅仅是获得干活赚钱的机会，却没有享有和城市居民同等的其他权益和发展机会，如教育和培训机会、晋升机会、社会保障权益等。机会的欠缺和不公正，显然不利于农民工在城市的发展。

对于新生代农民工来说，凭目前的收入水平，他们根本没有能力在城市购买住房，而且没有能力去租住像样的房子。他们跟老一代一样，租住条件简陋的民房。但是，对于城市的低收入者来说，他们的收入水平和农民工差不多，却能享受到政府提供的廉租房政策、经济适用房以及房屋补贴福利等。如果农民工能享有这样的权利和待遇，即使收入低一些，也可以在城市稳定地生活下去，最起码也可以保证在城市"安居"。而今他们不但不能住上城市条件比较好一点的房子，而且他们在城市的居住还经常是不安稳的。尤其是那些租住在城市简陋又充满隐患的城中村房子、郊区农民房子里的人们，随时都有可能因城市扩张拆迁而不断搬家。他们在城市的居住权没有得到任何的政策保障。安居才能乐业，没有稳定的居住场所，新生代农民工就不能安心工作，也难以长久在城市中生存。

子女教育问题的解决也是困难重重，尽管中央和许多省级政府的相关政策都规定了农民工子女在流入地享有九年义务教育的权利，但是，在落实政策的过程中还是会存在这样那样或明或暗的制度性门槛。例如，《国务院关于做好免除城市义务教育阶段学生学杂费工作的通知》（国发〔2008〕25号）明确要求，进城务工人员随迁子女接受义务教育"以流入地为主、以公办学校为主"，农民工随迁子女即使可以获得在城市接受义务教育的机会，但政策执行下来，往往是打了折扣的。由于属于非本市户口，新生代农民工的子女很难真正享受到城市的优质教育资源。即便能够在城市接受义务教育，也是暂时性的。因为大多数省份的政策规定，学生必须拥有本地户籍才能在当地参加中考和高考。这意味着，这些随父母到外地城市上学的孩子还必须回到户籍所在地参加中考和高考。而不同地区教材和考卷的差异更加大了返乡农民工子女考试的难度。

从农民工在城市的这些遭遇来看，长期以来，机会平等的原则并未得到很好的落实，当新生代农民工强烈地要求成为市民的时候，摆在他们面前的最主要的问题就是机会不平等。例如，由于城乡资源配置不平等、不合理，教育资源向城市倾斜严重，农民工因为成长于农村，能够获得的教育资源实在有限，农民工本身所拥有的人力资本已经因先天的教育资源而输在了起跑线上。从传统的农村进入现代的城市，受城市相关政策制约，农民工在市场、社会和政治领域中不能享有与城市居民平等的竞争、参与机会，使这种不平等特征进一步凸显。

单靠市场本身是无法为外来人口的公民权问题提供成熟的或者永久性的解决方案的。维护社会成员的基本权利和社会公正，应当成为社会政策的重要目标。在调整农民工社会政策的过程中，应该以现代的公正理念作为社会政策的基本立足点和基本理念。第一，要保证基本生存的机会平等，也就是要保障农民工拥有脱贫机会、就业机会、受救助救济机会、流动和迁移机会等。第二，要保证享有公共服务的机会平等。公共服务是国家利用纳税人的钱为社会成员提供的服务，公共服务不应是歧视性的，因此每个社会成员理当享受平等的公共服务机会。第三，要保证参与公共领域的机会平等，包括参与政治活动的机会、参与社会组织的机会等。在公共领域，每个社会成员都拥有同等的参与权利和机会。第四，要保证发展机会的平等，包括受教育培训机会、社会流动机会和文化活动参与机会等，最明显的是社会流动机会，包括职场升迁、政治升迁等机会，这些机会应该面向包括农民工在内的所有在职人员，让人们享有平等竞争的机会和权利。

2. 农民工市民化政策系统化

农民工市民化不仅包含农民工的户籍变动、产业转化和地域转移，更重要的是，它还包含了农民工生活观念、思维方式、兴趣习惯、社会组织形态的转化，是一个经济社会变迁的系统工程。农民工市民化所涉领域十分广泛，问题非常复杂，非一个、两个甚或若干个政策所能够解决。改革开放以来，尽管针对农民工的流动变化，国家出台了一系列政策予以引导和规范，但就制度实践成效来看，还远远不够。

改革开放以来，根据中国经济发展形势和农民工流动的变化，国家对农民工的政策做了数次调整，出台或颁布了不少农民工社会政策。但是，各项政策之间缺乏内在的衔接，甚至前后政策的宗旨出现矛盾。20世纪80年代初期，针对农民工流动的政策特征是限制为主；1983年，政策由限制调整为支持农民进城落户；到了1989年，政策特征再次以限制为主，颁布了史上最严的农民工流动政策，国务院办公厅甚至发出劝阻农民工盲目去广东的通知。政策变动幅度大，政策宗旨前后矛盾突出，根本没有形成统一的政策环境。在这种环境下，农民工无所适从，很难形成合理的政策预期。进入21世纪以来，虽然推动农民工市民化作为政策大方向的特征越来越突出，但就相关政策的内容和实践效果来看，农民工市民化所需要的完整和统一的政策体系依旧没有形成。

政策的出台看似很好，但是单兵突进，缺乏有效的制度规范与支持。政策文本规定与实践之间严重错位，让不少规定只是停留在文本上，根本无法执行。与此同时，还催生出不少规避行为和做法，抵消了社会政策的效力。例如，新修改的《劳动合同法》实施后，由于缺乏有效监督管理，实际的劳动合同签订率不高，有不少劳动者并没有与用人单位签订合法有效的劳动合同。技能培训政策也由于培训机制的缺陷与资源的缺乏而大打折扣，组织培训的主体不明确，相关部门相互推诿，不仅实际参与培训的流动人口占比很小，还出现了借培训收费的情况。一些部门为了完成任务，培训的内容与就业的需求脱节。相关政策要求各级政府解决农民工随迁子女义务教育问题，但受限于中国教育经费体制障碍，实际中却存在变相收取"赞助费"，人为设置各种门槛的状况，侵害了农民工随迁子女接受义务教育的权利。

除了政策本身缺乏有效的规范而使执行效力大打折扣外，还会因为政策体系的残缺造成问题频出，经常是"按下葫芦浮起瓢"。例如，2008年的《劳动合同法》注重对劳动者权益的保护，规定了最低工资水平，有助于切实保障农民工的收入，却会导致企业用工成本的提高，促使企业在招聘农民工时比以前更加谨慎和理性。在最低工资收入标准的压力下，企业会更注重农民工的能力，更愿意雇用高素质、技能型的员工，而大部分农民工存在技术薄弱、文化水平低、缺乏经验的问题，又会给农民工的就业尤其是低层次就业带来一定的负面冲击。并且，由于农民工没有被纳入城镇失业救济范围，他们在失业后无法获得城市政府提供的失业救助。因此，《劳动合同法》看似在保护农民工等劳动者的权益不受侵害，但恰恰没能保护那些最需要得到帮助的农民工群体。又如，从2006年起，政府要求解决农民工随迁子女的义务教育问题，当农民工欢天喜地将子女接进城里读书时，他们发现，若干年后，孩子还得要回原籍参加高考。各地教育水平的差距、高考竞争的激烈程度、教材体系的不一致，都让他们无所适从。

粗略算下来，国家出台的有关农民工的社会政策不少，但都没有有效地解决农民工在城市务工和生活遇到的难题。这主要是因为，中国农民工市民化的相关政策制定一直存在一种"事本主义"的取向，头痛医头、脚痛医脚，很少考虑农民工的正当、合法、真实和根本性发展的需要。政府在制定相关政策时，不是以推动农民工市民化为目标取向，而是在现实压力下对农民工的权利诉求做出回应。社会政策所具有的应急性或非常态化特征，不仅不利于社会政策的衔接与监管，还在客观上增加了解决农民工市民化问题的难度。

总体来看，从现有关于农民工市民化的社会政策来看，尚未形成一个系统的政策环境，来保障农民工在城市生存和发展的权利诉求。政策是行动的风向标，政策环境不明朗，农民工就很难形成合理的发展预期。对他们来讲，可以真切感受到的利益才是真实的，最为务实的选择就是增加即期收入。在看不到希望的情况下，他们便会不断流动以寻找更好的机会，争取利益的最大化，从而无法形成完整的职业规划，为市民化做好准备。从20世纪80年代初期至今，农民进城务工已有30多年了。在这30多年时间里，他们不可谓不努力，但这些努力被不明朗、不系统的社会政策给空耗了，仅仅只有极少数人实现了市民化，大多数农民工还在希望与现实之间飘来荡去。农民工市民化的社会政策应是一个完整的体系，单一的、相互分割的、支离破碎的社会政策在解决民生问题时会导致"按下葫芦浮起瓢"的现象。只有各种社会政策间实现了有机的科学组合，只有在制定相关政策时抛弃"事本主义"取向，立足于从根本上解决问题，相关社会政策才能有效地推动农民工市民化这一宏观的历史发展进程。

3. 农民工市民化政策体系的法制化

从农民工进入城市场域起，国家决策机构就已经启动了"农民工市民化"的宏大工程。但是，作为一个经济社会变迁的系统工程，农民工市民化一直是以全国人大通过的国民经济和社会发展规划、中共中央的有关决定，以及国务院各部门的通知、意见等作为决策导向的。全国人大常委会作为立法机关，从未启动该领域专门立法，国务院亦无相关的行政立法。这让这一宏大工程从一开始就缺乏法律的威严和强制力。

农民工市民化的社会政策由中共中央、国务院各部委发布的意见、通知、指导意见等行政命令组成，只是体现了一定程度的"农民工市民化"的决策导向，并没有形成农民工市民化的法律依据，也不能作为农民工实施市民化的具体依据。1995年，国务院办公厅发布的《关于加强流动人员管理工作的意见》指出，促进农村剩余劳动力就地就近转移，提高流动的组织化、有序化程度，实行统一的流动人口就业证和暂住证制度，整顿劳动力市场。暂住证也只是规范了劳动力的有序流动，方便流入地的城市部门进行管理，持有暂住证并没有让农民工平等地享有市民的权利，离市民身份更靠近一些。2010年的中央"一号文件"提出要着力解决新生代农民工问题，让新生代农民工市民化。该文件是这样表述的："促进符合条件的农业转移人口在城镇落户并享有与当地城镇居民同等的权益，鼓励有条件的城市将有稳定职业并在城市居住一定年限的农民工逐步纳入城镇住房保障体系。"从文字表述来看，"促进"和"鼓励"也只能算是指导性意见，无法作为农民工落户和申请城镇保障性住房的具体依据，文件精神的落实，还要看各地有没有严格按照中央精神制定细则。对于农民工市民化的实际操作来讲，这些政策显得空洞、苍白、华而不实。

行为基于对政策的理性反应。政策规定明确，有助于利益相关者有效地利用规则、融合资源以达到目的。当前，中国有不少民众选择移民海外，他们或选择投资移民，或选择智力移民。其选择的依据全在于海外移民政策的相关规定。如果是移民，当事人在所在地或投资国投资达到相应额度，对所在地做出相应"贡献"，即可按照法定程序申请移民；如果选择智力移民，就得先看看自己具有的专业能力和技术水准能否达到目的国的要求，如达到即可以申请。能否移民海外，怎样才能移民海外，当事人在未出发前就已经很清楚。即便有一些不符合前述条件而想去碰运气的非法移民，政策也对其合法归化给予了明确的规定。非法偷渡或其他形式留住所在地人士及其子女居住达到一定期限，当地政府依据法律将这些人士归化为所在国国民。明确的政策规定，有助于移民群体仔细研读，并统筹规划，保证迁移和融入过程的合法、有序开展。相比于西方国家移民政策的明确性，中国的农民工市民化政策是相当模糊的，政策的演变似乎让大家看到了希望，但在实践过程中，又无法实现这种希望，因为缺乏可以具体操作的细则。

实践表明，农民工市民化还停留在纸面上，尚未形成具体的可以操作的规则。上述决定、通知与意见对于相关部门布置工作，对于形成一定的社会影响而言，有一定的作用和价值，但是对于个体的农民工，尤其是想融入城市的农民工而言，可以说都属于"都正确，但是都没有用"的东西，老百姓拿着这些红头文件任何事情都办不成，因为这些文件上不存在老百姓需要的具体权利。这些政策文件无助于让农民工直接转变为市民。到现在，决定、通知和意见没有完成哪怕是一批次的农民工，或者说最有资历、最有条件农民工的市民转化。

将大量身份尚属农民、在城市务工的农民工接纳为新市民，是一个渐进过程。在这一过程中，当事人所享有的权利和所负担的义务，相关机构的法律职责，市民化的路径和程序等，都必须纳入法制轨道。

（三）新生代农民工市民化政策的调整方向

围绕这些平等权利的实现，在推动农民工市民化的改革呼声中，户籍改革的呼声无疑是最高的。如果选择全面推进户籍改革，就意味着农民工将伴随户籍制度的变革"一夜之间"消失，成为公共政策意义上的"市民"。这种转变在农民工市民化过程中虽然不是彻底的，但却是根本性的。问题的关键是，户籍制度作为中国社会管理制度的"母体"制度，决定了近期全面彻底放开户籍并不现实，但逐步放宽户籍管理是全面放开户籍制度之前应该的实践方向。目前，放宽户籍管理主要有两种做法或思路：放宽城镇落户条件和基本公共服务均等化。

放宽城镇入户条件将使一些农民工取得流入地的城市户口，从而获得城市居民享有的经济社会权利。采取这种方式的结果就是，农民工向市民转变是一次到位的，市民化的标识就是户籍身份的转变。但是，单靠放宽城镇落户条件并不能解决所有问题。一是每次落户的毕竟只能是少数人，大多数农民工要长期等待。例如，在推行"积分入户"的广州，每年积分落户的指标总数实际上只有3000个，并且能真正落户下来的积分数要远远高于基准线（85分），2010年落户最低分为132分，2011年落户最低分为122分。因此，能够落户下来的外来人员大部分都是高学历、高技术人才，而对700多万名外来农民工来说则基本无法实现。这意味着所谓最彻底的制度改革，也只有少数人能享受。二是单纯放宽城镇落户条件无法有效解决人口跨地区流动所产生的公共服务需求，也就是"内外之别"的问题。因为目前城市的很多公共服务和社会福利体系是与户籍挂钩的，不同地区之间的社会福利体系差别较大，且不"兼容"。新生代农民工即便取得了城市户籍，但当他们从一个城市流动到另一个城市，由于不属于工作所在地城市的户籍，仍然无法享受这些城市的就业、子女教育、医疗、社会保障、住房等公共服务和社会福利。放宽城镇落户条件、取消城乡户籍差别只是解决了"城乡差别"的问题，并没触动现行户籍制度的核心——户籍身份与公共福利的联系。在经济体制市场化改革不断深化的今天，它无法有效地解决人口流动所产生的社会权利保障问题。

基本公共服务均等化的改革思路是按照权利平等的要求来推进市民化。其核心不在于一次性放开户籍制度，而在于综合考虑资源分配，使农民工获得与城镇居民同等的公共服务。正像2011年政府工作报告中所明确指出的那样，对暂不具备落户条件的农民工，要解决好他们在劳动报酬、子女就学、公共卫生、住房租赁、社会保障等方面的实际问题。推进公共服务均等化，就是把依附在城市户籍身份上的公共服务和社会保障一项一项剥离下来，使其逐步与户籍身份脱钩，实现无差别化和社会化。从表面来看，基本公共服务均等化似乎与户籍制度无关，因为它并不改变外来人口的户籍身份。但是，均等化措施是在进行广义的户籍制度改革，它有助于缩小地区之间、城乡之间公共服务水平和质量的差距，能保障城乡居民的平等和城市间居民的平等权利，使户籍管理回归居住地管理，减少基于户籍身份不同所带来的福利不同。从权利平等和迁移自由的意义来说，农民工市民化不能理解为把城市农民工固定在某个城市社区，使其成为所谓"稳定"的劳动力，而是保障其自由流动的权利，基本公共服务均等化为农民工的流动提供了制度保障。基本公共服务均等化的着眼点不是一次性地完成农民工个体的市民化，而是让2.5亿名农民工的权利地位向城市居民逐渐靠拢，这也是一个完善各类社会群体的公民资格与社会权利的过程。可以说，推动基本公共服务均等化成为农民工市民化这一伟大历史进程的核心。2011年的政府工作报告中明确指出："要让那些长期在城市生活和工作，并具备一定条件的农民工享受同城市人一样的福利待遇和生活条件，是最根本的。"

基本公共服务均等化能够造成城市户籍身份的"贬值"，对现行户籍福利制度框架产生实质性的冲击。如果忽视基本公共服务均等化，把农民工市民化的希望完全依托于放宽落户条件，那么不但农民工市民化的目标难以实现，户籍制度改革的大方向也将受到干扰与制约。在过去的十年间，以社会福利和公共服务均等化为宗旨的社会政策改革取得了一系列进展。尤其是2002年以后，在"城乡平等就业"方针的指导下，废除了过去的歧视性法规、政策，构建了新的农民工政策体系。《劳动合同法》《就业促进法》等劳动立法为包括农民工在内的企业劳动者界定了普遍性的劳动就业权益，《社会保险法》把农民工纳入统一的城镇职工社会保险体系，农民工子女在流入地平等接受义务教育的政策也得到贯彻落实。这些举措，把城市的劳动就业、社会保险、义务教育等与"非农业户口"相剥离，有力地促进了权利平等（见表3-5）。现在，在社会保障统筹地区内部流动就业的农民工，其权利待遇与城市户口居民的差别已经不大，有学者称户籍为"看不见的墙"，造成人口隔离和社会分层。但是，如果"墙"两边的差距不再如此之大而且不断缩小，户籍制度的分割、分层的意义就会不断降低，最终还原其本来的意义。

从当前来看，城市社会保障和公共服务差别的主要根源已经不再是城乡户口的差别，而是本地户口与非本地户口的划分。这主要表现在，非正规就业流动人口难以在流入地享受社会保险和就业服务，流动人口子女入学还有种种实际困难，流动人口不能申请保障性住房等。基本公共服务均等化改革已经把过去的全国性城乡分割压缩到部分流动人口聚集城市的地域性政策,权利待遇的差别种类也大大减少了。推动基本公共服务均等化,减少户籍的附加值和含金量,使得户籍这道"无形的墙"内外不再有如此大的差别,农民工市民化的努力就不会因户籍福利的限制而损耗,市民化进程也会更顺利。

随着户籍含金量的减少,公民权利的观念也将逐渐确立,有助于形成劳动力自由、平等的社会氛围,劳动力的流动也将更顺畅,劳动力资源的配置则会趋向合理,从而能够改善城乡二元分割的状态,户籍制度改革也会更加容易。

表3-5 农业户口和非农业户口各自享有的权益

类别	主要权益
农户和非农户共有	就业、养老保险、教育、基本公共卫生服务、基本公共文化服务
农业户口独有	土地权益、粮食直补、退耕还林、农村"五保"、扶贫 ↓ 拥有承包地和宅基地、享受集体收益分配权、征地补偿、买房、大病保险,以及新农合、生育、教育、养老保险
非农业户口独有	公租房、廉租房

资料来源:张倪:《户籍改革:实现公共服务均等化才是根本》,《中国发展观察》2012年第3期。

第四节 本章小结

本章梳理了农民工市民化的发展变迁过程。笔者认为,农民工群体是中国渐进式改革背景下以户籍制度为主要内容的社会制度改革滞后于经济发展要求的产物。作为改革开放过程中的一股重要力量,从农村到城市,农民工不仅走出了一条统筹城乡发展的新路子,而且还为新型城镇化建设的推进指明了方向。

(1)从农民工现象产生的制度根源分析可以看出,农民工是中国渐进式改革背景下新旧体制并存的矛盾产物,刻有深深的制度烙印。而且,经过30多年时间的发展变迁,农民工群体内部发生了很大分化,已经不再是一个同质性群体。农民工群体的产生和发展变化意味着解决农民工问题既要考虑弱势群体的整体特征，又要考虑其内部的复杂性。在制定相关政策时，既要通过制度建构来保障权利平等，又要留够空间以尊重农民工个体的选择。

（2）农民工的流动行为在30多年时间里发生了很大变化，从城乡循环流动转为相对稳定的城乡单向流动，从单身外出转为举家迁移，从进城就业转为返乡创业。这些变化在反映国家政策变迁的同时，也清晰地表达了公民（社会）权利自由流动的发展要求。

（3）虽然国家为推动农民工市民化出台了很多政策，但这些政策调整"事本主义"特征突出，没有形成系统化的政策体系，也没有赋予政策应有的法律效力，尤其是没有突出社会政策应有的社会公正。在推动农民工市民化的进程中，社会政策的制定和实施要以社会公正作为基本准则。

（4）农民工市民化虽然要退去乡土性、增加现代性，但在中国的社会制度语境下，在现阶段农民工市民化任务中，制度建构比自然演变更加重要。农民工市民化的关键在于能否获得平等的社会权利——平等的就业权利、平等的居住权利、平等的发展权利和平等的社会保障权利。可以说，农民工市民化的过程其实就是他们与市民的权利差距逐渐缩小，直至平等的过程。

（5）围绕农民工市民化的平等权利诉求，既可以通过户籍制度的变革"一夜之间"将农民工变成公共政策意义上的市民，也可以通过公共服务均等化改革，使之获得与城镇居民同等的公共服务。前者虽然是根本性的，却是不彻底的。后者虽然不能一次性地完成农民工个体的市民化，但是能够让2.5亿名农民工的权利地位向城市居民逐渐靠拢，是一个完善各类社会群体的公民资格与社会权利的过程，更符合中国渐进性改革背景的要求和农民工群体分化的实际。

第四章　社会保障影响新生代农民工市民化的研究设计

本书第二章对农民工社会保障和市民化的相关文献进行了全面回顾和分析，为农民工市民化测量变量及潜在的社会保障影响因素设计提供了诸多可借鉴的内容。第三章分析了农民工群体的分化和新生代农民工的整体特征，对中国农民工进城务工的发展历程进行了梳理，指出市民化是农民工代际分化以来的整体发展趋势，也是新生代农民工的权利诉求，为新生代农民工市民化影响因素的设计提供了一定的现实依据，保证了影响因素设计的科学性与全面性。本章将在前人研究的基础上，根据第三章的分析结论，在相关理论的指导下，着手设计新生代农民工市民化测量变量及潜在的社会保障影响因素，在请专家讨论进行修改与完善之后，设计新生代农民工调查问卷，进行数据收集，为下文定量分析与实证研究奠定数据基础。

第一节　社会保障影响新生代农民工市民化的理论基础

20世纪早期以来，伴随着移民运动的兴起，如何推动移民更好地融入目的地社会就成为社会学、人口学、心理学、人类学和政治学等学科关注的问题。由于研究视角不同，并且移民社会融入过程本身也具有复杂性，因此学界对移民的社会融入概念及内涵的界定也呈现出复杂性。总的来看，西方关于移民社会融入的概念主要包括"同化"（Assimilation）、"社会融合"（Social Integration）、"社会适应"（Social Adaptation）

和"社会吸纳"(Social Inclusion)等。这些概念试图从不同的层面与角度来概括和描述移民在目的地国家或社会的融入状态与融入过程。新生代农民工作为中国转型时期的特殊群体,既具有移民群体在目的地社会市民化的一般特征,也有自身的特殊性。从移民社会融入的角度出发并结合中国实际,新生代农民工市民化可界定为新生代农民工融入城市现代生产体系、适应城市现代性的社会互动规范、获得市民权利和最终实现稳定的城市生活的过程。这一过程所涉及的内容包括经济、社会、文化、政治等多个方面。

学术界根据不同的分析范式,对影响新生代农民工市民化的人力资本、社会资本、社会网络、社会排斥等因素进行了全方位的探索和讨论,从不同角度对农民工市民化提出了合理化解释。但是,当前对制度排斥方面的研究还是相当宽泛和模糊的,尤其是社会保障制度在新生代农民工市民化过程中的作用机制,还未引起足够的重视。在新生代农民工逐渐成长为农民工队伍的主体并且渴望得到市民权的现实背景下,结合已有研究成果和当前的发展动态,进一步深入探索新生代农民工市民化的社会保障机制,将是对当前研究的一个有益补充。关于移民社会融入和农民工市民化的已有研究成果将为本研究理论框架的构建提供丰富的理论基础。

一 社会排斥理论

社会排斥最初是在研究贫困问题过程中被发现的,最早提出社会排斥概念的学者是法国的任·雷纳尔(Ren Lenoir)。社会排斥的对象是那些未被包含在社会安全体系中的人,包括残疾者、自杀者、老年疾病患者、药品滥用者、青少年犯罪者等。20 世纪 90 年代,社会排斥的含义有所拓宽,指某些群体部分地或全部出局,享受不到人类权利。社会排斥涉及范围广,形式复杂多样,经常被学术界和政策界用来分析复杂的社会现象。对于"社会排斥"的概念定义,至今尚未形成统一的结论,研究者往往依据自身需要来进行界定。

露丝·列维塔斯(Ruth Levitas)等人认为,社会排斥是指一些个体或群体在社会、政治、经济、文化领域都缺乏社会大多数人拥有的资源、权利、商品和服务，或者他们获得这些资源的权利被否定，没有能力参与常规的社会关系和活动。[1] 社会排斥是一个复杂而具有多向度的过程，表现为制度排斥、法律排斥、教育排斥、就业排斥、社会福利排斥，等等。政策界研究的社会排斥通常指"不能行使基本的社会权利"。例如，欧洲基金会认为，社会排斥指的是"个体或群体被全部或部分地排除在充分的社会参与之外"。联合国开发计划署侧重于从权利路径角度来界定社会排斥，认为社会排斥表现为基本的公民和社会权利（如获得充足教育、医疗和其他非物质形式的福利）得不到认同，以及在存在这些认同的地方，缺乏获得实现这些权利所必需的政治和法律体制的渠道。作为欧洲国家中对社会排斥问题关注最多的国家，英国已有多项研究对社会排斥现象的向度进行了分析，主要包括四个：其一，劳动力市场排斥；其二，服务排斥；其三，被排斥在充足的收入或资源之外；其四，被排斥在社会关系之外。[2]

研究者通常按政治、经济、社会、文化四个维度来划分社会排斥，也有一些研究者以具体内容来划分社会排斥，如心理排斥、福利排斥、教育排斥等，但最终都可以归入以上四个维度。例如，教育排斥可以归入社会排斥，福利排斥可以归入经济排斥，心理排斥则可以归入文化排斥。依据已有研究观点并结合中国的实际情况，我们认为，中国农民工所遭受到的社会排斥虽然包括以上四个方面，但还不尽完备，制度排斥是农民工面临的最突出、最根本的排斥，并且成为所有排斥的根源或母体。基于制度角度分析，农民工遭受的排斥具体表现为缺乏平等的劳动就业权利，缺乏获取住房、教育和医疗、其他公共服务的权利，缺乏平等参加社会保险的权利，缺乏获得社会救助的权利等。

从社会排斥的分析视角来看，社会融合其实就是反社会排斥的过程，或者说是被社会吸纳的过程。具体到中国，农民工的市民化就是这一群

---

[1] Ruth Levitas, Christina Pantazis, Eldin Fahmy, David Gordon, Eva Lloyd, and Demi Patsios. *The Multi-dimensional Analysis of Social Exclusion*, January 2007, pp. 18-25.

[2] Whelan, Christopher T. and Maitre, Bertrand, Vulnerability and Multiple Deprivation Perspectives on Social Exclusion in Europe: A Latent Class Analysis, EPAG Working Paper, Colchester: University of Essex, 2004.

体不断被城市基本公共服务和社会保障制度所接纳的过程。不管是从改善农民工的弱势地位来看，还是从市场经济体制发展的要求来看，农民工市民化都需要来自城市社会的制度支持，主要是社会保障制度的支持。受城乡二元社会管理制度的影响，农民工虽然常年工作和生活在城市，但其风险保障整体上来自农村，这意味着如果城市社会保障体系不接纳或者接纳力度不够，农民工无论如何都不会放弃其最后的安全屏障——土地，当然也不会放弃农村户籍。对他们来讲，最现实的选择就是：一方面在城市努力工作，充分利用市场经济体制改革带来的挣钱机会，争取在经济上取得更多的收入；同时，观望政策的变化，依据政策来计算保留农村户口的利弊得失。只要政策对其转为城市户籍支持力度不够，他们就绝不会轻易放弃农村这个最后的"屏障"，也就很难割断同农村联系的"脐带"。市场经济带来的思想洗礼，决定了他们绝不仅仅是一个"经济理性人"，还兼具更多"社会理性人"的特征。所以，就中国的实际来看，农民工市民化其实是一个制度排斥不断减少或者说制度支持不断增加的过程，主要体现在与农民工城市就业和生活息息相关的劳动就业、文化教育、社会福利等公共服务的获得上。可以说，农民工的市民化过程就是其社会保障体系由农村转向城市的过程。

二 社会互动理论

"社会互动"，即社会相互作用，是指在一定的社会关系背景下，人与人、人与群体、群体与群体等在心理、行为上相互影响、相互作用的动态过程。美国芝加哥学派的 R. E. 帕克和 E. W. 伯吉斯主张把"互动过程"分为四个阶段：竞争、冲突、顺应、同化。两种文化体系之间交流、冲突、认同和融合的过程，与上述互动过程是基本吻合的。

社会互动是群体相互了解、增进感情的重要途径。对社会互动的评价包括向度、深度、广度、频度四个维度。其中，互动深度常被作为衡量互动效果的标准，它以情感投入、延续时间、深度互动或表层互动为主要内容。交往圈的大小在一定意义上代表了农民工的社会适应性，通常被用于衡量互动的广度。生活方式的丰富与现代性特征属于另外一种形式的互动，更容易实现新生代农民工价值观念和行为方式与城市接轨，增强其城市适应性。移民群体与目的地社会之间进行良性的社会互动，有助于他们成功地参与当地的社会生活。郭星华等人以社会距离来测量农民工市民化。他们指出，新生代农民工的生活环境与城市居民有较大的差异性，在此基础上若没有主观上融入城市社会的积极性的话，两者互相作用将会使新生代农民工主观上感觉与城市社会背道而驰，形成更明显的疏离感。他们更愿意形成一个内部组成的社交群体网络，这样的结果就是进一步强化了与城市社会的疏离感。[①] 这就解释了为什么农民工与城市居民之间的客观距离在缩小，而以社会心理、文化认同为主要内容的主观距离并未表现出同步的发展趋势。邓大松、孟颖颖则认为，农民工仅仅是完成了形式上的市民化，内在的市民化还远远未完成。[②]

对于影响农民工与城市社会互动的原因，一些学者提出，从个体角度来看，农民工工资报酬低，处于社会分层序列的底层，他们在迁入地的生活本身就面临着太多的障碍和困难，更需要得到帮助和关心。有数据表明，超过30%的农民工有过失业的经历，在失业期间，他们大多是靠过去的积蓄维持生活，或者向家人和老乡借钱生活，也有少部分不得不回家去，基本通过同乡互助和自救的方式渡过难关，很少得到就业单位或流入地政府提供的救助。城市社会救助体系对农民工的忽略尽管有助于培养他们独立进取的奋斗精神，但却使其始终无法割舍对家乡的经济依赖，在心理和精神层面很难产生对城市的认同感，不愿意更深入地同所处城市社会进行互动，他们与城市的精神融合被深深地阻断了，只是抱着一种"过客"心理不断迁徙，寻找人生定位。

住房救助是近年来城市社会救助的重要内容，在一定意义上揭示了互动对于农民工市民化的重要性。农民工无缘享受福利分房或者政府提供的住房补贴，只能通过单位宿舍、租房来解决住房问题，城中村、城乡接合部以及一些工业集中区往往是农民工扎堆居住的地方，农民工交往的圈子以亲戚、老乡、同事和工友为主，等于在城市"复制"了原有

---

① 郭星华、李飞:《漂泊与寻根:农民工社会认同的二重性》,《人口研究杂志》2009年第6期。
② 邓大松、孟颖颖:《中国农村剩余劳动力转移的历史变迁:政策回顾和阶段评述》,《贵州社会科学》2008年第7期。

的初级社会关系网络,生活模式呈现"孤岛化",无法很好地实现社区的互动,社会认同"内卷化"特征明显,缺乏市民化所需要的交往和互动基础。

三 社会支持理论

对社会支持的研究最早源于对精神病患者的拯救,后来才拓展到社会学、心理学领域。一般来讲,社会支持是指人们获得的来自社会和他人的各种帮助。刘维良认为,社会支持是指个体经历的各种社会关系对其产生的主观或客观影响。[1] 哥特莱德(Gottlied)认为,社会支持是一个复合维度的概念,在个人及其环境之间表现为三种水平的关系:人们的整体参与水平、社会支持环境的组成以及社会支持能否为个人提供如情感、归属感、信息或物质的帮助。[2] 在社会学研究中,社会支持具有三种含义:①个人拥有的与家人、朋友、同僚之间的在出现危机时可发挥援助功能的社会关系,即社会互动关系。②他人表现出的外在于被支持者的社会性活动。③个人主观感受到的来自他人的关怀、鼓励、表扬等,主要指当事人对他人提供援助的满足感。[3] 目前学术界对社会支持的理解,主要归为两大类:一是客观的、现实的支持,包括物质上的援助和直接的服务,这种支持独立于个体的感受,是客观存在的现实;二是个体在社会中受尊重、被支持、理解的情感体验和满意程度。李强认为,社会支持的获得有助于个人减轻心理应激反应,提高社会适应能力。[4]

国内从社会支持视角进行的农民工市民化研究认为,来自政府和他人的各种帮助组成的社会支持系统(见图4-1)为农民工融入城市提供了有力支持。[5] 其中以血缘和地缘组成的"先赋支持系统"是农民工市民

---

[1] 刘维良:《教师的应付方式与社会支持》,《北京教育学院学报》(社会科学版)1999年第1期。
[2] 转引自邱海雄:《社会支持结构的转变:从一元到多元》,《社会学研究》1998年第4期。
[3] 周湘斌、常英:《社会支持网络理论在社会工作实践中的应用性探讨》,《中国农业大学学报》(社会科学版)2005年第2期。
[4] 李强:《社会支持与个体心理健康》,《天津社会科学》1998年第1期。
[5] 向鑫、陈燕霞:《市民化中农民工社会支持体系研究》,《社会工作》2008年第7期。

化的前提；由流入地政府、城市社区、民间组织、社会团体以及用人单位提供的帮助和服务而组成的农民工"后赋支持系统"则关系到农民工对城市适应性的强弱、生存状况的好坏、认同程度的高低。事实上，农民工的社会支持以家庭、亲友、职业场所中的亲密朋友等非正式支持系统为主，而来自企业、劳动管理制度及相关政府部门、社会团体等正式支持系统则处于相对缺乏状态。① 朱考金、刘瑞清在调查分析后指出，亟须建立青年农民工的正式社会支持网，这将对其市民化产生重要影响。②

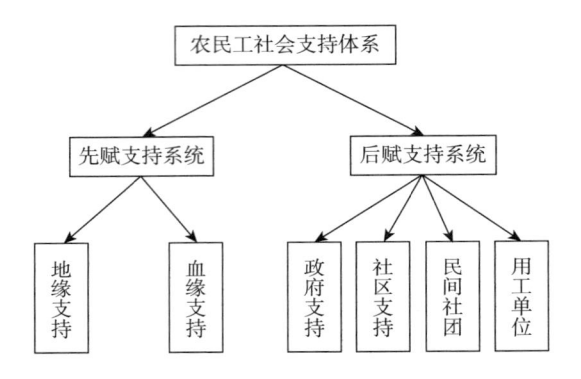

图 4-1 农民工社会支持体系

资料来源：向鑫、陈燕霞：《市民化中农民工社会支持体系研究》，《社会工作》2008 年第 7 期。

农民工自身所带的非正式的社会支持网络虽然在进城初期能够帮助他们更快地适应城市生活，但从长远来看，这种非正式的社会支持网络却在更深层次阻隔了农民工和城市社会的交往，从而导致农民工市民化的失败。事实上，正式的社会支持网更能促进农民工实现市民化。建立以政府为主导，以企事业单位为基础，以街道社区、社会团体为纽带，以亲缘、地缘等初级关系为依托的社会支持系统，才是推动农民工市民化比较理想的选择模式。③

---

① 张文霞、朱冬亮、邓鑫：《外出打工青年的社会支持网络与社会工作的介入——以深圳市宝安区外来打工青年为例》，《中国青年研究》2004 年第 9 期。
② 朱考金、刘瑞清：《青年农民工的社会支持网与城市融入研究：以南京市为例》，《青年研究》2007 年第 8 期。
③ 王君健、井凤：《浅议农民工融入城市的社会支持体统》，《重庆科技学院学报》（社会科学版）2007 年第 3 期。

四 社会认同理论

"认同"(Identity)最初是一个心理学概念。作为一种心理防御机制,认同是个人与他人、群体或模仿人物在感情上、心理上趋同的过程。① 亨利·泰弗尔(Henry Tajfel)将社会认同(Social Identity)定义为:"个体认识到他(或她)属于特定的社会群体,同时也认识到作为群体成员带给他的情感和价值意义。"② 该理论认为,当一个人在与他人进行交往的过程中,其本身并非一个独立的个体,而是作为一组或者一类人的代表在与别人交流沟通。个体通过社会分类把群体分为内群体和外群体,并通过自我归类将自己归于某一群体,内化该群体的价值观念,接受其行为规范。③ 例如,当农民工认同自己是迁移目的地的一分子时,他会将该群体的特征赋予自身,内化其价值观念,接受其行为规范。当个体越是认为自己属于某一群体(内群体),对这一群体的认知和评价就越高,越能认识到这一群体带给他的情感和价值意义。④ 所以,社会认同论特别关注社会身份的建构过程及其对社会思维和社会行动造成的影响。

社会认同与政治认同相区别,同时包含身份认同、心理认同等。社会认同的含义,包括对自我特性的一致性认可、对周围社会的信任和归属、对有关权威和权力的遵从,等等。在选择自身的认同群体问题上,地位差异期望显著地影响人们之间的亲疏关系,差异越小认同度越高,差异越大认同度越低。从社会认同理论来看,农民工的社会认同是农民工在接触城市生活的过程中,通过分析、比较而采取的心理防卫措施,通过这种认同实现自己的价值和体现自己的尊严。这一分类、认同和比

---

① 史慧颖:《西南地区少数民族大学生民族认同内隐维度的调查》,《西南大学学报》(人文社会科学版)2007年第1期。
② Tajfel, H., *Hum all Groups and Social Categories*, Cambridge: Cambridge University Press, 1981.
③ Turner, J. C., Hogg, M. A., Oakes, P. J., Reicher, S. D., & Wetherell, M. S., *Rediscovering the Social Group: Self - Categorization Theory*, Oxford: Basil Black - well, 1987.
④ 郭星华、邢朝国:《社会认同的内在二维图式:以北京市农民工的社会认同研究为例》,《江苏社会科学》2009年第4期。

较的过程与农民工自身的经历和经验有关。农民工适应城市社会的程度又与其社会认同密切相关,农民工认同城市社会,即"对城市生活方式、工作方式、城市文化、市民价值观念、市民群体的日常运作逻辑等的赞同、认可、渴望与同化,并将城市人作为自己的参照群体和评价标准",就会更多地将自己归类于城市人群体,借此获得自尊感和归属感。

从社会认同的角度来看,新生代农民工市民化就是不断弱化农民群体记忆、模糊农民的制度性身份并不断加强其城市群体归属感的过程。在中国以户籍为基础的二元管理体制依然存在的条件下,在新生代农民工渴望获得平等的市民权利的现实背景下,增加新生代农民的社会认同就主要表现为破除城乡二元户籍制度,赋之以平等的、无差别的社会平等主体的资格或身份。当新生代农民工基于受供主体资格或身份的认可而获得以子女教育和住房福利为主要内容的公共财政服务时,一种作为城市居民主体资格的意识油然而生,愿意将自己划分到城市群体中去。而以市民资格为核心的城市社会福利制度对农民工的排斥则会带来社会认同的不确定和模糊化。郭星华等人的社会认同内在二维图式直观地展示了人们接触社会群体、了解社会群体以及归属社会群体的实际体验(见图4-2)。

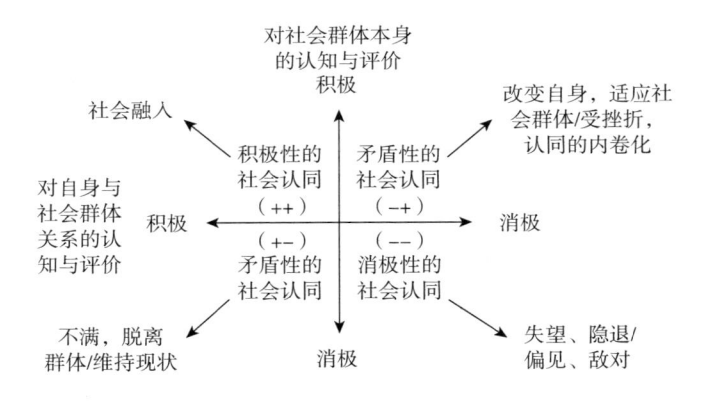

图4-2 社会认同的内在二维图式

资料来源:郭星华、邢朝国:《社会认同的内在二维图式:以北京市农民工的社会认同研究为例》,《江苏社会科学》2009年第4期。

第二节 社会保障影响新生代农民工市民化的理论架构

市民化不仅是进城农民工在身份上获得与城市居民相同合法身份和社会权利的过程,更是一个在价值观念、文化素质、行为习惯、身份认同等方面逐渐和城市居民趋同的过程。在这一过程中,获得与城市居民相同合法身份是实现由农民向市民转化的基本条件,放开户籍制度就可以实现。但是,中国的外出农民工个体差异巨大,制度松动和户籍赋予只是创造了一种条件,在户籍含金量不断缩水的今天,一纸户籍并不能成为所有农民工实现市民化的充分条件。在中国城乡差距依然存在的背景下,农民工的市民化其实是一种向上的流动。从代表着传统与落后的农村来到代表现代的城市场域,农民工必须付出更多的个人努力,这是一个首要的前提条件。在过去 30 多年时间里,很多农民工通过自身的努力,融入了现代化的城市社会。例如,1998 年中国住房制度市场化改革以来,有一部分经济实力强的农民工选择在城市买房、定居;也有一部分农民工通过投资渠道在城市落户,开始"真正"成为城市中的一员。户口的转变意味着他们不仅从地理空间上进入了城市,而且进入了城市的生活领域。他们外在形式的市民化已经随着户口的转变而实现,其内在市民化只是时间问题。但是,我们不得不承认,这一群体所占比例极小,更多的农民工兄弟依然苦苦挣扎于城市边缘。这固然是由他们人力资本匮乏、社会资本单调造成的,但是站在历史发展的角度来看,农民工群体本身烙有深深的制度印记,其在劳动力市场上竞争能力不高的困境既有现实的原因,更是历史的责任。改革开放前,中国计划经济体制条件下实行的城乡二元制度安排造成了市民无论是在就业制度的安排上,还是在教育资源的投入上都领(优)先于农民。因此,仅放开户籍只能解决市民化程度较高的农民工群体的市民化需求,对于市民化能力较差的农民工群体来讲,只是允许他们进了城而已,是一种不负责任的做法。农民工市民化不能只依赖制度的帮助,毕竟中国市场化的改革方向导致个人的努力和奋斗是决定个人命运的更为重要的因素。

当然，仅通过放开市场渠道让农民工个体自己奋斗来突破制度、社会等方面的制约以实现市民化，不仅不可行，同时对农民工也不公平。毕竟农民工的市民化能力整体不足是在长期的历史过程受制度影响而形成的，通过制度层面给予适当的支持非常必要，也是公平的做法。所以，农民工市民化既需要政府调整政策来给予更多的制度支持，更需要行动主体积极参与以创造更多条件，需要制度支持和个体努力共同发挥作用（见图4-3）。

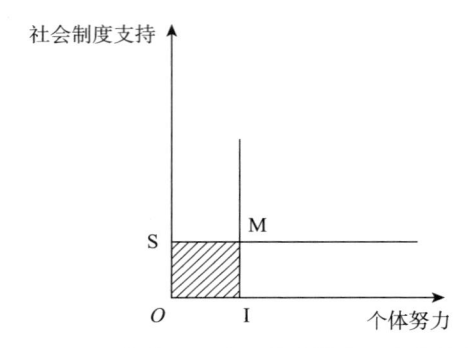

图4-3 新生代农民工市民化的社会制度支持机制

在图4-3中，横轴代表农民工的个体条件，纵轴代表城市社会制度条件，两者对农民工市民化的影响都不容忽略。新生代农民工的市民化不仅要强调个体的奋斗，并且这种奋斗的结果还要能够冲破城乡二元社会管理制度的阻力，获得城市社会的认可和支持。农民工市民化其实就是这两种因素共同作用的结果，任一因素缺失，都会影响最终的实现。如果只有制度支持，农民工不努力或者努力程度不够，也难以超越城乡之间的差距而融入城市，表现为MI线的左侧区域；或者个体很努力，但制度的障碍太大，同样也无法有效地推动农民工融入城市，表现为SM线的下侧区域。图4-3中画线的OIMS区域，我们可以理解为制度、个人条件双缺失状态下的农民工市民化状态，处于这一区域的农民工市民化无疑是最不可能成功的。在现实生活中，制度支持作用的有效发挥也需要配合一定条件。因此，农民工的市民化起点应该不是在O点，而应该在M点，超越这一点，个体奋斗的作用才不至于完全被制度排斥所抵消，而是同制度一起推动农民工市民化。

农民工融入城市的过程涉及政治、经济、文化、社会等诸多方面。依据戈登（Gordon）的"二维度"模型来看，市民化表现为一个由结构融入到内核融入的动态过程。农民工先是与外在的城市主体社会进行持续互动，增进相互之间的沟通与理解，进而产生价值、观念的认同。需要说明的是，戈登指出，移民的结构性融入与文化性融入并不必然是重合的过程。按杨格-塔斯等人的"三维度"模型来看，农民工市民化不仅包括与当地社会外在的互动和由此产生的价值认同，还需要正式的法律来保障其作为公民的平等权利。恩泽格尔等人提出的社会经济融入、政治融入、文化融入、主体社会对移民的接纳或拒斥的四维度划分标准，为我们分析农民工的市民化提供了更有力的支持。借鉴恩泽格尔的移民分析"四维度"模型，并结合中国社会实际和学者的研究成果，我们认为，在农民工的市民化过程中，不论处于融入的哪个层次或哪个阶段，都有来自城市主体社会的排斥。因此，以经济、社会、心理三个不同领域或是不同层次来划分农民工的市民化，更容易厘清不同领域所遇到的制度排斥。站在对立面来看，针对农民工的不同融入层次提供对应的制度支持，将会更为有效地推动其融入城市。

作为现代市场经济条件下的一项基本社会制度，社会保障立足于社会公正和社会安全的角度，通过社会救助、社会养老保险、社会医疗保险、社会生育保险、社会工伤保险、社会失业保险、社会福利以及社会优抚等多个方面来实现社会公正和社会安全，确保每个人都能有合理的生活水平。社会保障既是国家赋予每个劳动者的社会权利，也是一种社会风险责任分担机制。作为社会权利，社会保障权是每一个公民都应当平等享受的基本权利：不管是"城里人"还是"乡下人"，都应当在陷入贫困时，得到社会救济，以维持最低生活水平和基本的人格尊严；面临社会风险造成的收入下降时，获得社会保险金，以维持基本的生活。同时，平等地享受公共资源和社会福利服务，不断提高福利水平。作为一种社会风险责任分担机制，社会保障实行国家、雇主、职工个人三方面责任共担。因此，社会保障应该是对农民工市民化过程产生重要影响的一种制度支持，它们之间可能存在的关系如图4-4所示。

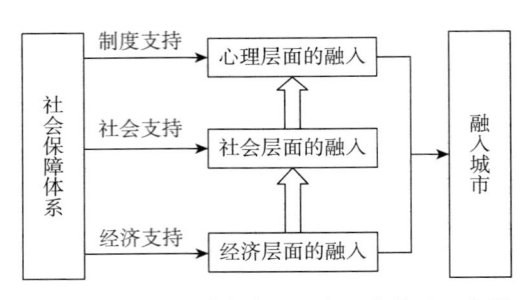

图 4-4 社会保障与农民工市民化关系示意图

根据前述分析，本研究根据社会保障的相关影响因素，从经济融入、社会融入和心理融入三个角度选取部分可测指标构建了新生代农民工市民化的分析框架（见图 4-5）。以下分析维度的一级、二级指标选取是基于研究方便性（见表 4-1）。

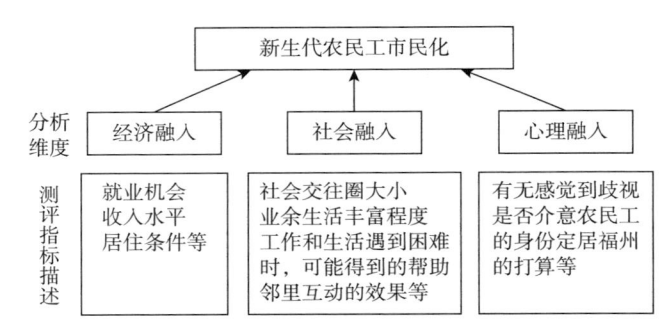

图 4-5 新生代农民工融入状况三维度分析框架

表 4-1 新生代农民工市民化状况测评指标

分析维度	一级指标
经济融入	就业机会
	收入水平
	居住条件
社会融入	社会交往圈子的规模和异质程度
	业余休闲娱乐方式
	遇到困难可能得到的帮助
	邻里之间的互动及融洽程度
心理融入	对城市社会歧视的感知
	留城意愿
	对自我身份的评价

经济融入是新生代农民工立足城市的前提和基础。这一指标主要测量农民工在流入地个体经济地位的综合情况，测评指标有就业机会、经济收入、居住条件。如果与城镇居民具有类似特征的流入者在流入地获得相对公平的就业机会、收入水平、住房条件，则表明他们经济上成功地融入了主流社会；如果他们仅在某些方面获得了与当地居民类似的待遇，则表明其经济融入并不完全；若他们在大部分的指标上都与当地人存在较大差距，则表明他们基本没有融入流入地的主流社会。就业机会决定了流动人口是否享受近似公平的就业渠道、拥有类似的就业水平及就业保障。就业以及收入是农民工经济融入的首要问题，是农民工立足目的地的基础。农民工只有拥有了一份稳定的工作，获得了像样的经济地位，他们才会更有信心、更有能力与城市居民进行深层次交往，也才能更好地获得现代性。居住条件是农民工的居住环境在经济上的反映，同时也反映了其社会网络的异质性程度。居住条件既是经济整合的主要指标，也反映出流动人口的文化接纳、行为适应和身份认同程度。住单位宿舍和租住在农民工聚居地的农民工，有着类似的经济收入，但社会交往的态度却有着很大不同，后者对城市社会文化有着明显的抵触心理，他们更喜欢生活在传统的社会关系网络中。

社会融入表现为新生代农民通过学习获得的市民生活方式和城市社会支持网络。其测评指标有社会交往圈子的规模和异质程度、业余休闲娱乐方式、遇到困难可能得到的帮助、邻里之间的互动及融洽程度。社会融入是指农民工在行为上能够按照流入地认可的规矩和习俗办事，实践着流入地认可的行为规范，言行举止向当地人靠拢。人际交往、社会网络、生活习惯等都是衡量行为适应的指标。与谁交往、如何交往、交往面有多宽，直接体现了行为适应程度。如果农民工的人际交往关系大多停留在传统的亲缘和地缘关系层面，则会造成与流入地主流社会及文化的疏离，降低农民工在城市的适应性。在社会融入层面，社区是一个有效的平台或者载体，在社区这个制度转换场域中，通过社区日常生活的渐进性互动，可以帮助农民工顺利完成角色和身份的同步转化。

心理融入标志着城市融入最高层次的实现和农民工乡城转移的完成。其测量指标有对城市社会歧视的感知、留城意愿以及对自我身份的评价。

对自我身份的评价客观反映了农民工与本地人及老家人的心理距离、归属感及对自己是谁、从何处来、将去往何处的思考及认知，是城市融入的重要指标。只有当农民工对流入地有很强的认同感和归属感时，只有当他们认为自己是当地人时，他们才真正融入了城市的主流社会。因此，对自我身份的评价是城市融入的最高境界，它与其他层面的社会融入相互作用。但是，其他维度的融入不一定导致身份认同；即便流入者在其他层面（如经济层面和行为层面）有了较高程度的融入，他们也可能始终保持一种旅居者的心态，把自己当成异乡人。事实上，虽然许多流动人口在流入地生活、工作了很长时间，其活动已成为流入地经济发展不可或缺的一部分，但他们可能依旧具有较强的"打工心态""过客心态"，将流入地社会当成"他们的"，而不是"我们的"，认为自己的"根"在家乡。这种心态使大多数流动人口将自己的未来定位在农村，认为自己只是暂时寄居于流入地而已，对流入地社会没有归属感和"主人翁"意识，始终保持一种"陌生人"的感觉。流动人口这种漂泊的感受和心态十分普遍，而这正是他们缺乏身份认同和归属感的表现。①

按照事物发展的逻辑顺序，经济融入、社会融入、心理融入分别代表着农民工市民化由低到高、由浅至深的三个层面。农民工在城市首先需要找到一份工作，在有稳定收入保障的基础上，农民工仿效并逐步接受城市的生活方式和社会交往方式，与城市有了更多的互动，经过长期的城市生活，城市的价值观在农民工身上内化，并产生对城市的归属感和认同感。需要指出的是，三个层面融入发生的顺序并非一成不变的，有的时候心理融入可能会取代经济融入而成为新生代农民工市民化的第一步。这主要是因为，农民工对城市产生的心理认同并不必然等到最后才发生，而是会提前至进城之初。例如，城市展现的平等、友好的人文氛围，城市政府对外来务工人员的福利政策的对比等，都会很容易产生对城市的归属感和认同感。对那些循着传统的社会网络到城市工作和生活的农民工来说，家人、亲戚朋友前期的城市生活及打好的基础，也会让农民工的心理融入先于经济融入发生。因此，心理融入并不绝对代表

---

① 徐祖荣：《以杭州为例浅析流动人口的社会融入问题》，《调查与研究》2009 年第 1 期。

农民工市民化过程的完成。但是，从普遍意义上来看，三个维度存在一定的先后顺序，他们所代表的基本含义是：经济融入是前提和基础，社会融入反映了农民工融入城市生活的广度，心理融入代表农民工融入城市生活的深度。

社会保障作为一项基本的社会制度安排，在经济、社会、心理层面都可能对新生代农民工的市民化产生影响。并且，社会保障的社会责任共担机制特征也代表着制度支持和个体努力的有效结合。可以说，社会保障体系全面影响着新生代农民工的市民化过程。社会保障影响新生代农民工市民化分析机制如图4-6所示。

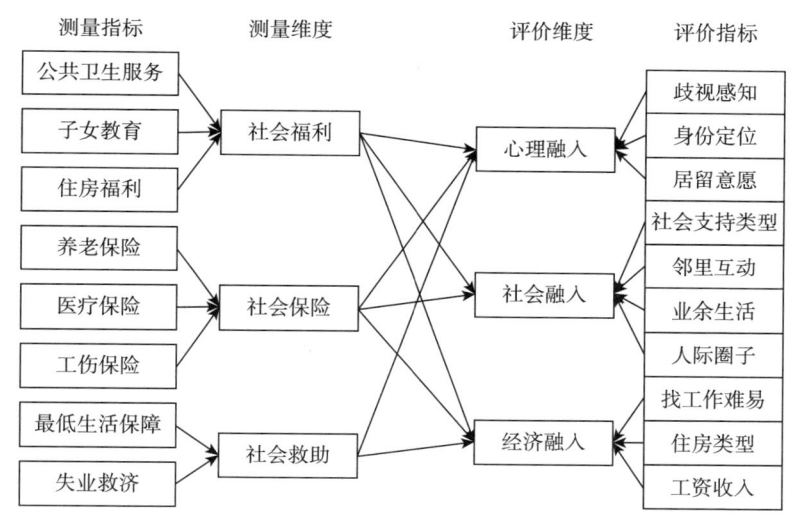

图4-6 社会保障影响新生代农民工市民化分析机制

第三节 新生代农民工市民化的测量变量设计

一 测量变量的初步设计

以社会保障可能产生的影响来测量新生代农民工市民化是本研究的重要方法，如何进行准确的测量是一个重要问题，其测量方法即过程的合理性，将会直接关系到影响因素实证分析结果的准确性与科学性。目前，有关社会保障项目对农民工市民化的研究文献不多，尚未查阅到关于社会保障影响市民化程度的文献。本研究首先根据市民化测量指标的研究文献，拟定经济、经济、心理融入三个一级指标，并根据前人的研究筛选出若干个二级测量指标。同社会保障体系中社会救济、社会保险、社会福利项目可能产生的影响一一对应，我们确定了初步的新生代农民工市民化具体测量指标。

（1）经济融入按找工作难易、住房类型、工资收入3个一级指标细分为目前的住房类型、月均收入、年可支配收入、收入中食宿所占比例、就业机会的公平性、找工作的难易程度共6个二级指标。

（2）社会融入按可能获得的社会支持类型、邻里互动、业余生活、人际圈子4个一级指标细分为可以提供帮助的朋友的数量、邻里之间的交往方式、邻居的异质性、参加社团组织的情况、业余生活的方式、换工作的频繁程度、参加养老保险的态度、找工作的渠道、一天工作时间共9个二级指标。

（3）心理融入按歧视感知、身份定位、居留意愿3个一级指标细分为对农民工称呼的心理感受、是否有定居的打算、对市民态度的感知、是否愿意以放弃农村户籍换得迁居城市、对市民行为方式的评价、普通话的应用、在城市身心的满意程度共7个二级指标。

二 测量变量的修改与确定——基于专家访谈和预调查结果

为了保证测量变量科学有效，本研究又通过请教本领域相关专家、召开小范围内农民工集体访谈、发放开放式问卷等方式，对相关测量变量进行了修改和完善。

（1）专家访谈。福建师范大学和福州大学两位研究农民工社会保障的专家提出，参加养老保险对新生代农民工未来的影响是一个相当遥远的事情，尤其在当前养老保险统筹层次低、政策改革方向不明朗的情况下，对参加养老保险与解除后顾之忧可能的反应都是基于理论逻辑的判断，不能有效测量新生代农民工对此问题的真实感受。此外，生活方式是一个很宽泛的概念，内涵丰富，从事商品零售和商业服务的新生代农民工因为和市民打交道多，生活方式中有一些共通之处，再加上新生代农民工中多数未婚，生活方式的可比性较小，建议对这两个题项进行修改或调整。

（2）进行开放式问卷调查。通过发放自编的"新生代农民工市民化开放式问卷》",对笔者居住的小区、附近的幼儿园、商业中心、工业园区实施开放式问卷调查。共发出问卷 60 份，回收 60 份，其中有效问卷 54 份（只填写个人信息或者没有按要求填写等视为无效问卷），具体被试分布见表 4-2。

表 4-2 开放式问卷调查被试的分布

人口学变量	类别	数量（人）	占比（%）
性别	男	23	42.6
	女	31	57.4
行业	制造业	11	20.4
	零售业	14	25.9
	服务业	17	31.5
	教育业	12	22.2
年龄	18 岁以下	2	3.7
	18~25 岁	31	57.4
	26~32 岁	21	38.9
总计		54	

根据社会保障视角的新生代农民工市民化这一界定，开放式调查问卷设置以下主要问题。

问题一：在城市工作，您感受到的和本地城市户口的区别包括哪些方面？

问题二：在城市生活，您感受到的和本地城市户口的区别包括哪些方面？

问题三：影响您参加城镇职工社会保险的因素有哪些？

问题四：参加社会保险对您的工作选择有哪些影响？

问题五：参加社会保险给您的生活带来了哪些影响？

问题六：您如何界定自己的身份，请简要谈谈您的想法。

（3）集体访谈。在发放开放式问卷的同时，选取笔者所在小区的保安、幼儿园老师、超市销售员共12人（其中男性7人，女性5人；18～25岁的8人，26～32岁的4人）进行集体访谈，访谈的问题与开放式问卷的问题基本相似，主要围绕新生代农民工市民化的内容结构进行提问和讨论。此外，还就政府对农民工参加社会保险的政策调整变化以及城市社会福利逐步向农民工开放的政策进步进行了拓展讨论，对所有模糊或偏题的答案（回答）予以现场追问并澄清，形成了最终的新生代农民工市民化变量测量表（详见本书附录四）。

第四节　新生代农民工社会保障享有的测量变量设计

对新生代农民工社会保障项目享有情况的测量因为不同保障层次的内容不一样，不能简单对比，测量的设计有很大难度，但对社会保障满意程度的感受在一定意义上反映了农民工对社会保障享有情况的评价，所以本研究拟以新生代农民工对社会保障体系实施情况的评价作为衡量其社会保障享有情况的指标。根据本书对社会保障概念内涵的界定，剔除了军人及家庭的优抚安置项目，社会保障体系主要包括社会福利、社会保险、社会救助和住房保障四个方面。因为住房保障具有深厚的福利色彩，所以将住房保障归为社会福利范畴。根据福州市政府相关社会保障政策规定，我们设计出了相关的二级变量。

（1）社会救助按最低生活保障、失业救济2个一级指标，细分为政府的社会救济、最低生活保障、社会团体的救助、就业帮扶共4个二级指标。

（2）社会保险按养老保险、医疗保险、工伤保险3个一级指标，细分为签订合同、参保项目的数量、感受到的社会保险好处、参保态度、退保的态度、缴纳养老保险的时间、参保与流动选择、影响参保的因素、住房公积金共9个二级指标。

（3）社会福利按公共服务、子女教育、住房福利3个一级指标，细分为子女的义务教育、公益技术培训的数量、社区管理、儿童计划免疫等公共卫生服务、公租房制度、户籍管理共6个二级指标。

为了保证测量变量科学有效，本研究通过请教本领域相关专家、召开小范围农民工集体访谈、发放开放式问卷等方式,对相关测量变量进行了修改和完善。

第五节 问卷设计

根据以上设计的新生代农民工市民化程度测量问卷以及潜在的社会保障因素指标,笔者开始着手进行问卷的设计。根据研究目的和各个指标的特性,笔者的调查问卷包括四个方面的内容:第一部分主要是个人资料,包括性别、年龄、受教育程度、家乡、婚姻状况等。第二部分是新生代农民工在城市工作和生活的情况,包括选择在城市工作的原因、在城市工作的时间长度和更换工作的次数、目前在福州的住房类型以及未来的住房打算、业余时间的规划、每月食宿之外的消费情况、月工资收入、所属行业、有无签订劳动合同等。第三部分是新生代农民工对城市社会保障享有情况的评价,包括对社会福利项目、社会保险参加情况、城市社会救助方面的评价等。第四个部分是分别从经济融入、社会融入、心理融入等维度来测评新生代农民工的市民化。根据各个指标的特性,笔者在设计调查问卷时采取了不同的数据收集方式,包括实际数据方式与虚拟数据方式。虚拟数据收集方式主要采用李克特(Likert)5点量表法。其中,"完全不同意"赋1分,"不太同意"赋2分,"一般"赋3分,"比较同意"赋4分,"非常同意"赋5分。在本研究中,新生代农民工市民化程度测量表和社会保障享受程度测量表采取李克特5点量表法收集数据。

第六节 数据收集与样本基本情况

本研究以福州为例,以在福州就业的新生代农民工作为调查对象,检验福州市的社会保障制度对于新生代农民工市民化的影响。在调查问卷设计、调查方案设计等工作完成之后。本次调查分为问卷调查和访谈调查两个部分,笔者从2012年4月开始实施问卷调查。

一是问卷调查。按分层抽样和方便抽样的方法对福州市制造业、建筑业、零售业、商业服务业、交通运输业、餐饮业等行业的新生代农民工进行了调查，共发放问卷 500 份，其中回收 489 份。在剔除无效问卷（主要是户口性质为"非农业"和年龄为"32 岁"以上的农民工填写的问卷①）后，剩余有效问卷为 367 份。

二是访谈调查。对在制造业、建筑业、零售业、服务业等行业的 10 名人力资源负责人进行访谈，样本选择主要采用分层抽样和方便抽样相结合的方法。

第七节 本章小结

本章在对新生代农民工市民化相关影响因素研究文献进行归纳总结的基础上，根据社会保障的相关理论，构建了社会保障体系影响新生代农民工市民化的理论框架。以此为依据，设计调查问卷，进行数据收集，主要内容包括以下几个方面。

第一，理论基础论述。分析了社会排斥理论、社会互动理论、社会支持理论、社会认同理论，并将以上理论与本研究进行了有效结合，为指标设计奠定良好的理论基础。

第二，确定社会保障体系影响新生代农民工市民化的理论框架。根据李培林、朱力等学者的研究，并结合社会保障各项内容可能产生的影响，确定了市民化分析维度和评价指标体系。包括经济融入、社会融入、心理融入 3 个分析维度和对应的收入水平、居住条件、找工作难易、社会支持种类、邻里互动、业余生活方式、交往圈子共 19 个评价指标。

第三，新生代农民工享有社会保障的测量变量设计。根据福州市社会保障政策的相关规定及文献研究，确定了影响新生代农民工市民化的潜在社会保障因素。其中，社会福利潜在变量为 6 个、社会保险潜在变量为 9 个、社会救助潜在变量为 4 个。

---

① 问卷中设计有年龄在 32 岁以上，和户籍身份的选项，主要是用于初步判断被调查对象是否符合本研究的要求。这是因为，在调查初期对这类群体进行甄别时，会增加他们的疑虑，导致他们不愿意配合；而且，也会使其他在场的同事也以年龄不符合和户籍身份不符合而回避填写问卷。

第四，问卷设计。根据影响新生代农民工市民化的潜在社会保障因素，并根据本研究所需要的数据资料，设计调查问卷。问卷的主要内容包括四个方面：第一部分主要是个人资料，包括性别、年龄、受教育程度、家乡、婚姻状况等。第二部分是新生代农民工在城市工作和生活的情况，包括选择在城市工作的原因、在城市工作的时间长度和更换工作的次数、目前在福州的住房类型以及未来的住房打算、业余时间的规划、每月食宿之外的消费情况、月工资收入、所属行业、有无签订劳动合同等。第三部分是新生代农民工对城市社会保障享有情况的评价。包括对社会福利的评价、社会保险参加的情况、对城市社会救助方面的评价等。第四部分分别从经济融入、社会融入、心理融入等维度来测量新生代农民工市民化程度。

其五，数据收集。本次调查分为问卷调查和访谈调查两个部分，笔者从 2012 年 4 月开始实施问卷调查。在问卷调查方面，按分层抽样和方便抽样的方法对福州市制造业、建筑业、零售业、商业服务业、交通运输业、餐饮业等行业的新生代农民工进行了调查。

第五章 新生代农民工社会保障与市民化情况的描述性分析

在通过问卷调查了解每个样本各个指标上的赋值之后,本章将对新生代农民工市民化测量变量进行描述性统计分析,以帮助我们了解福州市新生代农民工市民化程度的总体情况。这一基本面分析,将为下文的政策建议提供直接依据。

第一节 调查样本的基本特征分析

本文利用 Excel 统计软件对回收的有效调查问卷数据进行录入和初步的描述统计分析,在此基础上,利用 SPSS17.0 等统计软件展开定量分析。本研究调查样本的基本情况如表 5-1 所示。

表 5-1 样本的基本情况

特征		数量(人)	占比(%)
性别	男	146	39.8
	女	221	60.2
年龄	18 岁以下	18	4.9
	18~25 岁	183	49.9
	26~32 岁	166	45.2
文化程度	小学	20	5.4
	初中	117	31.9
	高中或中专/中师	88	24
	大专	118	32.2
	本科及以上	24	6.5

续表

特征		数量（人）	占比（％）
工作年数	0～3年	183	49.9
	3～5年	70	19.1
	5～10年	93	25.3
	10年以上	21	5.7
目前月收入	1050～1600元	31	8.4
	1600～2000元	117	31.9
	2000～2500元	112	30.5
	2500～3000元	59	16.1
	3000元以上	48	13.1
婚姻状况	未婚	205	55.9
	已婚	162	44.1
家乡	本省	200	54.5
	外省	167	45.5
签订合同	签订	243	66.2
	未签订	124	33.8
所属行业	制造业	76	20.7
	建筑业	61	16.6
	零售业	80	21.7
	服务业	82	22.3
	其他	68	18.5

注：样本量为367人。

在本研究中，被访者是年龄在32岁以下，依然保留农村户籍的新生代农民工。从被访者的个体特征来看，被访者的平均年龄为23.6岁，其中，18～25岁的新生代农民工占的比重最大。新生代农民工的文化程度有了很大提高，尽管初中阶段的人数绝对数依然较多，但高中及以上文化程度的样本占到样本量的62.7%。男性被访者和女性被访者在文化程度方面表现出一定的差异：在文化程度为小学和本科学历的被访者中，男性所占的比例要高于女性，而在高中和大专阶段的被访者中，女性所占的比例相对较高，为62.3%；新生代农民工中未婚要高于已婚，且集中在23岁以上的群体中。从被访者来源地来看，来自福建本省的新生代农民工依然占到多数,空间距离是影响迁移的重要因素。就被访者基本的工作情况来看,有 66.2% 的新生代农民工都同用人单位签订了劳动合同,这一群体的劳动权益意识明显提高。可喜的是,新生代农民工的工资收入有了大幅度提高,虽然月收入为 1600~2000 元的新生代农民工虽然占较大比例,但月收入在 2000 元以上的新生代农民工比例为 59.7%,如果忽略这些工资收入背后的劳动时间,这样的工资水平确实能够为新生代农民工在城市更好生活提供保障。

第二节 测量变量问卷的信度检验

一 新生代农民工市民化测量问卷的信度检验

一般认为,问卷总体的 α 系数超过 0.8,即表示该问卷的内部一致性程度较高。若问卷包含分问卷(或维度),则各分问卷(或维度)的 α 系数应不小于 0.6;如果各分问卷(或维度)的 α 系数为 0.7~0.8,则表示分问卷(或维度)的内部一致性程度较高。另外,问卷总体的 α 系数不应小于 0.7,否则就应考虑对问卷(或维度)及题项进行重新修正或编制。新生代农民工市民化问卷的内部信度分析结果如表 5-2 所示。

表 5-2 新生代农民工市民化测量问卷的内在信度(α 系数)

内部信度指标	问卷总体	经济融入	社会融入	心理融入
Cronbach α 系数	0.816	0.812	0.744	0.869

从表 5-2 的数据可以看出,新生代农民工市民化问卷的总体 α 系数值大于 0.8,说明问卷总体上内部信度较高,另外经济融入、社会融入、心理融入等 3 个维度的 α 系数值也都在 0.7 以上,说明新生代农民工市民化问卷各维度的内部一致性程度较好。

二 新生代农民工社会保障测量问卷的信度检验

新生代农民工社会保障问卷的内部信度分析结果如表 5-3 所示。

表 5-3　新生代农民工社会保障测量问卷的内在信度（α 系数）

内部信度指标	问卷总体	社会福利	社会保险	社会救济
Cronbach α 系数	0.832	0.841	0.851	0.821

从表 5-3 的数据可以看出，新生代农民工社会保障测量问卷的总体 α 系数值大于 0.8，说明问卷总体上的内部信度较高。另外，社会福利、社会保险、社会救济 3 个维度的 α 系数值也都在 0.8 以上，说明新生代农民工社会保障问卷各维度的内部一致性程度较好，可靠性高。

三　新生代农民工市民化与社会保障的关系

农民工的市民化过程是从他们在城市成功地获得工作开始的，有了工作提供的经济支持，他们开始具备在城市生活的条件，这一阶段的主要特征属于经济层面的融入。当农民工处于失业状态，或是发生疾病风险的时候，社会保障体系中的社会救助、失业保险和医疗保险会对其提供相关经济支持，以保证其城市生活不至于中断。接下来，农民工在城市工作和生活的过程中，开始和当地人打交道，其服饰打扮、行为举止等方面和城市人的差别会慢慢缩小甚至完全一样，他们甚至也可能享有和市民无差别的公共服务。包括子女在城市上学，周末到公园里走走或者在社区公共健身活动场所锻炼身体等，城市社会福利惠及农民工有助于拓宽他们的社会交往范围，同城市社会、市民群体有更多的交集，实现社会层面的市民化。长期的城市生活，以及包括养老保险在内的社会保险体系提供的"安全覆盖"，会让农民工更放松地适应城市生活。当农村生活永远成为"记忆的片段"的时候，则意味着农民工无论在生活方式、行为方式，还是在身份认同上都永远选择了城市，实现了心理上的市民化。由此可以看出，社会保障对农民工的市民化过程的支持是全面的。

我们对新生代农民工市民化测量与城市社会保障的相关关系进行了检验，结果见表 5-4。

表 5 – 4　新生代农民工市民化与社会保障的相关系数

	社会福利	社会保险	社会救济	心理融入	社会融入	经济融入
社会福利	1					
社会保险	0.130*	1				
社会救济	0.016	−0.003	1			
心理融入	0.638**	0.535	0.074	1		
社会融入	0.417	0.774**	0.000	0.503**	1	
经济融入	0.324	0.696**	0.081	0.458	0.480**	1

注：* $p < 0.05$，** $p < 0.01$。

由表 5 – 4 的相关数据可以看出，社会福利与新生代农民工的心理融入呈显著的正相关。社会保险与新生代农民工的经济融入和社会融入分别有着显著的正相关关系。新生代农民工的心理融入对其社会融入也表现出显著的正相关。

第三节　新生代农民工市民化各维度差异分析

由表 5 – 5 的数据可以看出，性别对于新生代农民工市民化各个维度均没有显著性影响。

表 5 – 5　新生代农民工市民化各维度的性别差异检验结果

	男		女		t	p
	M	SD	M	SD		
心理融入	3.19	0.72	3.23	0.94	−0.375	0.708
社会融入	2.77	0.76	2.91	0.76	−1.674	0.095
经济融入	3.22	0.72	3.07	0.78	1.839	0.067

由表 5 – 6 的数据可以看出，家乡所在地属于福建省内的新生代农民工在心理融入维度和社会融入维度的得分，都要高于家乡是外省的新生代农民工，并且省内外新生代农民工得分差异具有非常显著的统计学意义（$p < 0.01$）。

表 5-6 新生代农民工市民化各维度的家乡差异检验结果

	省内		省外		t	p
	M	SD	M	SD		
心理融入	3.33	0.78	3.07	0.93	2.951	0.003
社会融入	2.99	0.69	2.70	0.81	3.624	0.000
经济融入	3.18	0.65	3.06	0.87	1.550	0.122

从表 5-7 的方差分析结果可见，不同年龄段的新生代农民工在经济融入维度的得分差异具有显著的统计学意义（$p<0.05$）。并且，由事后多重比较的结果可见，年龄在 18 岁以下的新生代农民工在经济融入维度的得分分别与年龄在另外两个阶段的新生代农民工的得分存在显著的差异。其中，18 岁以下的新生代农民工与 18~25 岁阶段的新生代农民工得分均分差为 -0.368，得分差异具有显著的统计学意义（$p<0.05$）。而和 26~32 岁的新生代农民工得分均分差为 -0.489，得分差异具有非常显著的统计学意义（$p<0.01$）。

表 5-7 新生代农民工市民化各维度的年龄差异检验结果

	18 岁以下	18~25 岁	26~32 岁	F	P
	M±SD	M±SD	M±SD		
心理融入	3.19±0.667	3.25±0.915	3.17±0.820	0.324	0.724
社会融入	2.69±0.755	2.92±0.689	2.80±0.831	1.665	0.191
经济融入	2.72±0.974	3.09±0.692	3.21±0.785	3.875	0.022

从表 5-8 的方差分析结果可见，不同受教育程度的新生代农民工在心理融入和社会融入维度的得分差异具有非常显著的统计学意义（$p<0.01$）。在经济融入维度的得分差异有着显著的统计学意义（$p<0.05$）。

表 5-8 新生代农民工市民化各维度的受教育程度差异检验结果

	小学	初中	高中	大专	本科	F	P
	M±SD	M±SD	M±SD	M±SD	M±SD		
心理融入	3.38±0.901	2.94±0.881	3.30±0.853	3.33±0.825	3.50±0.643	4.476	0.001
社会融入	2.75±0.855	2.70±0.786	2.77±0.781	2.99±0.621	3.30±0.872	4.483	0.001
经济融入	3.33±0.831	2.92±0.911	2.99±0.803	3.20±0.696	3.38±0.859	3.241	0.012

由事后多重比较的结果可见，初中文化程度的新生代农民工和本科文化程度的新生代农民工在社会融入维度的得分均分差为 -0.599，得分差异具有极为显著的统计学意义（$p<0.001$）。在心理融入维度，初中文化程度的新生代农民工和大专文化程度的新生代农民工的得分均分差为 -0.390，得分差异具有极为显著的统计学意义（$p<0.001$）。在经济融入维度上，初中文化程度的新生代农民工和大专及以上文化程度的新生代农民工的得分均分差分别为 -2.893 和 -5.143，得分差异具有极为显著的统计学意义（$p<0.001$）。

从表 5-9 的方差分析结果可见，不同行业的新生代农民工在社会融入维度的得分差异具有极为显著的统计学意义（$p<0.001$）。

表 5-9　新生代农民工市民化各维度的行业差异检验结果

	制造业	建筑业	零售业	服务业	其他	F	P
	M±SD	M±SD	M±S	DM±SD	M±SD		
心理融入	3.08±1.083	2.93±0.599	3.20±0.778	3.30±0.888	3.26±0.822	1.977	0.097
社会融入	3.06±0.846	2.38±0.576	3.07±0.671	2.85±0.777	2.91±0.719	6.389	0.000
经济融入	3.15±0.914	3.09±0.492	2.99±0.763	3.20±0.755	3.04±0.795	1.060	0.376

由事后多重比较的结果可见，在建筑行业工作的新生代农民工与在制造业、零售业、服务业、其他行业工作的新生代农民工在社会融入维度上的得分均分差分别为 -0.673、-0.686、-0.470、-0.525。不同行业的新生代农民工在社会融入维度的得分差异具有显著的统计学意义（$p<0.05$）。由事后多重比较的结果可见，在建筑业和制造业工作的新生代农民工在社会融入维度的得分均分差为 -0.404，得分差异具有显著的统计学意义（$p<0.05$）；在建筑业和零售业、服务业、其他行业工作的新生代农民工在社会融入维度的得分均分差分别为 -0.462、-0.482、-0.436，得分差异具有非常显著的统计学意义（$p<0.01$）。

从表 5-10 的方差分析结果可见，不同住房类型的新生代农民工在社会融入维度上的得分差异具有非常显著的统计学意义（$p<0.01$）。

表 5-10 新生代农民工市民化各维度的住房类型差异检验结果

	单位宿舍 M ± SD	租房 M ± SD	住亲戚家 M ± SD	自购住房 M ± SD	F	P
心理融入	3.37 ± 0.817	3.15 ± 0.884	3.16 ± 0.914	3.21 ± 0.763	1.495	0.216
社会融入	3.07 ± 0.740	2.76 ± 0.736	2.82 ± 0.807	2.93 ± 0.876	4.044	0.008
经济融入	3.18 ± 0.698	3.07 ± 0.767	3.05 ± 0.762	3.45 ± 0.809	2.393	0.068

由事后多重比较的结果可见，住在单位宿舍的新生代农民工和租房居住的新生代农民工在社会融入维度上的得分均分差为0.313，得分差异具有非常显著的统计学意义（$p < 0.01$）。

从表5-11的方差分析结果可见，未来不同类型住房打算的新生代农民工在所有维度上的得分差异都具有显著的统计学意义（$p < 0.05$）。

表 5-11 新生代农民工市民化各维度的未来住房打算差异检验结果

	公租房 M ± SD	经适房 M ± SD	商品房 M ± SD	租房 M ± SD	没想过 M ± SD	F	P
心理融入	3.13 ± 0.669	3.17 ± 0.864	2.94 ± 0.770	2.94 ± 0.881	3.39 ± 0.745	3.132	0.015
社会融入	2.63 ± 0.667	3.02 ± 0.845	2.95 ± 0.659	2.77 ± 0.740	2.90 ± 0.814	3.112	0.015
经济融入	2.98 ± 0.590	3.08 ± 0.836	3.20 ± 0.722	3.01 ± 0.721	3.62 ± 0.740	6.118	0.000

由事后多重比较的结果可见，在社会融入维度上，未来打算租住公租房的新生代农民工和购买经济适用房的新生代农民工的得分均分差为-0.392，得分差异具有显著的统计学意义（$p < 0.05$）。在经济融入维度上，没有想过未来住房的新生代农民工和未来打算租住公租房、未来打算购买经济适用房、未来打算租房居住的新生代农民工的得分均分差分别为0.639、0.540、0.609，得分差异具有极为显著的统计学意义（$p < 0.001$）；没有想过未来住房的新生代农民工和购买商品住房的新生代农民工的得分均分差为0.419，得分差异具有非常显著的统计学意义（$p < 0.01$）。在心理融入维度上，未来打算购买经济适用房的新生代农民工和未来打算租房居住的新生代农民工的得分均分差为0.424，得分差异具有显著的统计学意义（$p < 0.05$）。

从表 5-12 的方差分析结果可见，单位提供社会保险数量不同的新生代农民工在社会融入维度上的得分差异都具有显著的统计学意义（$p < 0.05$），在经济融入维度上呈边缘性差异。

表 5-12　新生代农民工市民化各维度的单位提供社保数量差异检验结果

	0 项	1 项	2 项	3 项	F	P
	M ± SD	M ± SD	M ± SD	M ± SD		
心理融入	3.09 ± 0.673	3.39 ± 0.832	3.23 ± 0.746	3.25 ± 0.766	2.244	0.083
社会融入	2.71 ± 0.744	2.84 ± 0.736	3.06 ± 0.775	2.83 ± 0.727	4.655	0.003
经济融入	3.08 ± 0.638	3.28 ± 0.737	3.31 ± 0.711	3.21 ± 0.713	2.592	0.053

由事后多重比较的结果可见，在经济融入维度上，没有参加任何社会保险的新生代农民工和单位提供包括医疗、养老、工伤、失业等在内的比较全面的社会保险的新生代农民工的得分均分差为 -0.229，得分差异具有非常显著的统计学意义（$p < 0.01$）。在社会融入维度上，没有参加任何社会保险的新生代农民工和单位提供包括医疗、养老、工伤、失业等在内的比较全面的社会保险的新生代农民工的得分均分差为 -0.353，得分差异具有极为显著的统计学意义（$p < 0.001$）。

从表 5-13 的方差分析结果可见，社会保险受益项目的数量在新生代农民工市民化的任一维度上的得分差异都不显著。

表 5-13　新生代农民工市民化各维度的社会保险受益项目数量差异检验结果

	0 项	1 项	2 项	F	P
	M ± SD	M ± SD	M ± SD		
心理融入	3.11 ± 0.875	3.04 ± 0.758	3.06 ± 0.941	1.137	0.339
社会融入	2.84 ± 0.763	2.84 ± 0.739	3.13 ± 1.014	1.154	0.331
经济融入	3.07 ± 0.739	3.17 ± 0.737	3.21 ± 1.117	2.027	0.090

从表 5-14 的方差分析结果可见，养老保险缴纳年数不同的新生代农民工在市民化各维度上的得分差异都具有非常显著的统计学意义（$p < 0.01$）。

表 5-14 新生代农民工市民化各维度的养老保险
缴纳年数差异检验结果

	1 年以下	1~3 年	3~5 年	5 年以上	F	p
	M±SD	M±SD	M±SD	M±SD		
心理融入	3.09±0.678	3.11±0.910	3.39±0.847	4.08±0.665	4.591	0.004
社会融入	2.77±0.706	3.08±0.813	2.89±0.981	3.38±0.607	4.378	0.005
经济融入	3.04±0.784	3.13±0.898	3.25±0.918	3.78±0.655	2.134	0.008

由事后多重比较的结果可见，在经济融入维度上，参加养老保险不到 1 年的新生代农民工和参加养老保险时间为 3~5 年的新生代农民工的得分均分差为 -0.451，得分差异具有非常显著的统计学意义（$p<0.01$）。在社会融入维度上，同样表现为参加养老保险不到 1 年的新生代农民工和参加养老保险时间为 3~5 年的新生代农民工的差异，得分均分差为 -0.416，得分差异具有显著的统计学意义（$p<0.05$）。在心理融入维度上，参加养老保险不到 1 年的新生代农民工、参加养老保险 1~3 年的新生代农民工与参加养老保险时间为 3~5 年的农民工存在差异，得分均分差分别为 -0.376、-0.397，得分差异具有显著的统计学意义（$p<0.05$）。

从表 5-15 的方差分析结果可见，是否享有失业社会救助在新生代农民工市民化的任一维度上的得分差异都不显著。

表 5-15 新生代农民工市民化各维度是否享有
社会救助的差异检验结果

	享有		未享有		t	p
	M	SD	M	SD		
心理融入	3.21	0.87	3.00	0.00	0.171	0.679
社会融入	3.12	0.77	3.00	0.50	0.074	0.785
经济融入	2.87	0.77	2.75	1.09	0.075	0.785

从表 5-16 的方差分析结果可见，医疗费用支出来源在新生代农民工经济融入维度上的得分差异都具有显著的统计学意义（$p<0.05$）。

表 5-16　新生代农民工市民化各维度的医疗费用
支出来源差异检验结果

	自费	新农合	医保	F	P
	M ± SD	M ± SD	M ± SD		
心理融入	3.17 ± 0.856	3.26 ± 0.721	3.25 ± 0.913	0.449	0.639
社会融入	3.12 ± 0.793	3.09 ± 1.094	3.02 ± 0.757	0.553	0.576
经济融入	3.03 ± 0.659	3.35 ± 0.887	3.18 ± 0.816	3.800	0.023

由事后多重比较的结果可见，在经济融入维度上，新农合报销的新生代农民工和自费形式、城市医保形式的新生代农民工的得分均分差为 -0.349、-0.396，得分差异具有非常显著的统计学意义（$p<0.01$）。

从表 5-17 的方差分析结果可见，孩子有无在福州接受义务教育在新生代农民工的经济融入和心理融入维度上的得分差异都具有非常显著的统计学意义（$p<0.01$）。

表 5-17　新生代农民工市民化各维度的子女义务教育差异检验结果

	无孩子	在福州	未在福州	F	P
	M ± SD	M ± SD	M ± SD		
心理融入	3.03 ± 0.730	3.52 ± 0.771	2.96 ± 0.924	9.826	0.000
社会融入	3.11 ± 0.875	3.04 ± 0.758	3.06 ± 0.941	1.137	0.339
经济融入	2.95 ± 0.704	3.55 ± 0.741	3.22 ± 0.761	15.389	0.000

由事后多重比较的结果可见，在经济融入维度上，孩子在福州接受义务教育和孩子没有在福州接受义务教育得分均分差为 0.451，得分差异具有非常显著的统计学意义（$p<0.01$）。在心理融入维度上，同样表现为孩子在福州接受义务教育和孩子未在福州接受义务教育的差别，得分均分差为 0.416，得分差异具有显著的统计学意义（$p<0.05$）。

第四节　社会保险与社会福利影响新生代农民工市民化的对比分析

进一步将社会保险与社会福利对新生代农民工市民化的影响进行比

较，有助于把握社会保障系统中社会保险和社会福利对新生代农民工市民化的具体影响。

一 社会保险与社会福利影响新生代农民工市民化的差异

1. 社会保险影响新生代农民工市民化的统计结果分析

新生代农民工参加社会保险的比例并不高，参保农民工仅占受访群体的23.4%。不过，参保与否对新生代农民工的经济融入维度和社会融入维度都有显著影响。从现实的情况来看，是否参保并不主要取决农民工自身，在更大程度上是由用人单位决定的。一般来讲，企业用工规范受其企业层级的影响，企业层级越高，劳动合同签订率越高，在这些企业工作的农民工参加社会保险的比例就更高。

从表5-18可以看出，养老保险对新生代农民市民化各维度的影响因时间不同而不同：参保不足1年的农民工经济融入和社会融入程度均不及参保3~5年的农民工。这可能是因为参保时间较长的农民工工作一般比较稳定，而工作的稳定性受工作环境、发展空间和收入水平的影响，工作稳定一般意味着收入水平较高。但是，在心理融入维度上，差异主要表现在参保不足1年、参保3~5年的农民工与参保5年以上的农民工之间，这证明了社会保险的基本功能在于为人们提供稳定预期，随着参保年限的延长，农民工对于未来像城市居民一样生活的预期也在稳定增长。

医疗费用来源对新生代农民工城市融入的影响主要表现在经济融入维度上。医疗费用支出来自新农合的农民工，其经济融入程度要明显高于自费和参加医疗保险的农民工。这一差别说明了新生代农民工理性"社会人"的特征，选择新农合的群体部分是因为单位不提供社保，部分是出于未来发展的考量。新农合缴费低，并且享有较多的国家补贴，对收入水平不够高的农民工而言是一个较为现实的选择。

从表5-19可以看出，失业救济与城市融入关联程度极其不明显，这主要是由于数据整体缺失引起的。

表 5-18 社会保险影响新生代农民工市民化的统计结果（Ⅰ）

		经济融入		社会融入		心理融入	
		M	SD	M	SD	M	SD
养老保险缴纳时长	1 年以下	3.04	0.78	2.77	0.71	3.09	0.68
	1~3 年	3.13	0.90	3.08	0.81	3.11	0.91
	3~5 年	3.25	0.92	2.89	0.98	3.39	0.85
	5 年以上	3.78	0.66	3.38	0.61	4.08	0.67
F		4.59***		4.38**		4.59***	
医疗费用来源	自费	3.03	0.66	3.12	0.79	3.17	0.86
	新农合	3.35	0.89	3.09	1.09	3.26	0.72
	医疗保险	3.18	0.82	3.02	0.76	3.25	0.91
F		3.80*		0.55		0.45	

注：* $p<0.05$，** $p<0.01$，*** $p<0.001$。

表 5-19 社会保险影响新生代农民工市民化的统计结果（Ⅱ）

		经济融入		社会融入		心理融入	
		M	SD	M	SD	M	SD
参加社会保险	是	3.18	0.65	2.99		0.69	3.33
	否	3.06	0.87	2.70		0.81	3.07
t		1.55		3.62***		2.95**	
领取失业救济	是	2.87	0.77	3.12		0.77	3.21
	否	2.75	1.09	3.00		0.50	3.00
t		0.08		0.07		0.17	

注：** $p<0.01$，*** $p<0.001$。

2. 社会福利影响新生代农民工城市融入的统计结果

从表 5-20 可以看出，住房类型对新生代农民工的影响主要表现在社会融入维度，住单位宿舍和租房居住的农民工社会融入差别比较大。其实，选择住单位宿舍和选择租房的新生代农民工的收入水平基本没差别。没有数据表明，住单位宿舍的农民工有更高的收入水平。但是，居住选择的不同却使他们的市民化进程产生了较大的差距。选择租房居住的新生代农民工市民化的社会融入维度要低于住单位宿舍的农民工群体。这主要是因为租房居住的农民工通常聚居在城中村或城乡接合部，因为扎堆居住，形成了一个个具有地方特色的"村落"，如"河南村""湖北村"。租房居住的新生代农民工交往的对象也主要限于老乡和同是老乡的工友，社会网络单调、封闭，社会网络半径不大，很少发生同城市社会的互动。住单位宿舍的农民工来自不同的地域，有着不同的文化和传统，处于这样的社会网络结构中，农民工可以获得更多的信息，社会交往也更具有开放性。慢慢地，两类群体就在生活交往中拉开了距离。

子女有没有在福州公办小学就读主要影响了农民工的经济融入和心理融入，对社会融入的影响不明显。随迁子女在流入地接受义务教育不仅减轻了新生代农民工家长的经济负担，而且义务教育一直以来的福利身份特征足以使其产生作为城市一员的心理感受。对社会融入影响不明显一方面可能是这项政策执行的时间还不够长，其应该产生的作用还无法得到数据的支持；另一方面则可能是因为随迁子女义务教育落实不到位，农民工子女基本聚集在相对偏远的学校，没有形成交融互动的现象。

从表5-21可以看出，就社区管理来讲，享有社区服务和参与社区活动在推动农民工社会融入上影响显著，享有社区服务更容易让农民工产生心理融入。作为个人生活的载体，社区的主要作用是提供一个交流、交往的平台，在参加活动的过程中，大家都有一个共同的身份——社区成员，这有助于打破身份和社会地位的阻隔，参加社区活动不失为推动农民工市民化的有效途径。由数据结果也可以证明异质性社会资本在推动农民工市民化过程中发挥着更大的作用。

表5-20 社会福利影响新生代农民工市民化的统计结果（Ⅰ）

		经济融入		社会融入		心理融入	
		M	SD	M	SD	M	SD
居住形式	单位宿舍	3.18	0.70	3.07	0.74	3.37	0.82
	租房	3.07	0.77	2.76	0.74	3.15	0.88
	住亲戚家	3.05	0.76	2.82	0.81	3.16	0.91
	自购住房	3.45	0.81	2.93	0.88	3.21	0.76
F		2.39		4.04**		1.50	

续表

		经济融入		社会融入		心理融入	
		M	SD	M	SD	M	SD
子女义务教育	无孩子	2.95	0.70	3.11	0.87	3.03	0.73
	在福州	3.55	0.74	3.04	0.76	3.52	0.77
	不在福州	3.22	0.76	3.06	0.94	2.96	0.92
F		15.39***		1.14		9.82***	

注：** $p<0.01$，*** $p<0.001$。

表 5-21 社会福利影响新生代农民工市民化的统计结果（Ⅱ）

		经济融入		社会融入		心理融入	
		M	SD	M	SD	M	SD
社区服务	是	3.22	0.69	2.77	0.76	3.19	0.72
	否	3.07	0.78	2.56	0.74	3.06	0.93
t		1.84		2.93***		2.83**	

注：** $p<0.01$，*** $p<0.001$。

二 新生代农民工个体特征影响社会保险、社会福利选择分析

在选择参保和争取社会福利方面，新生代农民工的个体特征影响显著。

有66.2%的新生代农民工同用人单位签订了正式劳动合同，而与用人单位签订正式劳动合同的新生代农民工社会保险权利意识普遍较高，这种权利意识主要是建立在对社会保险了解的基础上。有46.1%的农民工表示完全了解社会保险的相关政策（缴费方式、缴费比例、缴费年限），基本了解的也占到了近30%。

农民工的参保行为与受教育程度成正比，受教育程度越高，越有可能参保。从受教育水平来看，受教育程度越高，农民工对社会保险相关政策越了解。此外，受教育程度也影响到社会福利的获得，子女在福州上小学的农民工家长中有89.3%都达到高中及以上学历。

此外，性别和参保关联度不大，来自福建省内和省外的农民工参保率有很大差异，差距达近11个百分点。

由此可以得出结论，以受教育程度为主要内容的人力资本水平越高，农民工越有可能了解社会保险的相关情况，从而选择参加社会保险。不过，有时这种影响机制并非直接取决于受教育程度影响的权利意识，而是间接的：在调研中我们发现，人力资本水平越高，农民工就业的层次和社会声望越高，获得社会保险的可能性就越大，而不管农民工主张与否。

三 农民工城市融入过程中社会保险与社会福利交互影响的机理分析

社会保险和社会福利在资金筹集、保障内容以及参与者的权责划分等运行机制方面都有很大不同，两者属于不同系统并分别运行。不过，放到农民工城市融入过程来看，两者之间不仅有关联，还互相影响。

一是享有社会福利会影响新生代农民工的社会保险选择。子女在福州公办小学就读的新生代农民工缴纳养老保险的比重达到88.9%。而无子女或者子女不在福州上学的新生代农民工参加养老保险的比重都只有45.3%。享有社区服务与否也会影响新生代农民工的参保行为。这一方面可能是因为社会福利改善了新生代农民工的收入状况，使他们更有能力参保；另一方面是享有社会福利影响了新生代农民工对在城市工作和生活的预期，他们更愿意参保。

二是参加社会保险有助于培养农民工的权利意识，争取属于自己的社会福利权利。参保会让农民工对相关制度更了解、对平等享有社会福利更渴望。以未来住房打算为例，在参加社会保险的农民工中有42.1%希望政府提供公租房，有25.6%选择经济适用房，选择自购商品房、租房和没想过的共占到30%左右。有接近70%的参保农民工希望政府为他们提供保障性住房以解决居住问题。未参保的农民工不仅居住分散，而且只有大约一半人对政府解决住房问题抱有期待。

四 研究结论

综上所述，笔者的主要研究结论如下。

第一，参加社会保险虽然推动了农民工的经济融入和社会融入，但不易产生心理融入。参保农民工的社会融入程度明显高于未参保农民工群体。这主要是因为，作为一项以政府信誉为保证的基本制度设置，社会保险在一定程度上增加了农民工的安全感，有助于他们以更积极的态度去感受并融入城市生活。也因为没有了后顾之忧，他们无须节衣缩食以应对风险，使有限的货币收入得到了更大程度的释放，有助于其改善生活质量。养老保险不同缴费时长的对比表明：在短期内，参加社会保险并不会影响农民工的身份认同，但随着缴费时间的累积，影响将逐渐表现出来。

第二，享有社会福利有助于农民工实现社会融入和产生心理融入，对经济融入的影响当前并不突出。其中，社区管理和服务为农民工提供了开放的社交平台，有助于打破他们交往圈子的封闭性，推动其融入城市社区；子女进入公办学校就读和享有社区服务更容易让农民工产生心理融入。社会福利对农民工经济层面的影响不显著，同我们的预期存在偏差。这主要因为农民工还无法享有除公租房外的其他保障性住房，相信这一政策体系的开放将改善农民工的经济状况及其对在城市工作和生活的预期。总之，让农民工真正平等地享有社会福利必将大大推进其城市融入进程。

第三，参加社会保险和享有社会福利互为消长又相互促进。一方面，参加社会保险有助于农民工形成平等的权利意识，更懂得去争取公平的社会权益。另一方面，在中国的政策语境下，社会福利的获得不仅丰富了农民工的城市生活和相互交往，更大的意义在于推动农民工形成定居城市的乐观预期，进而积极参加社会保险。

第四，农民工的受教育程度也会通过社会保险和社会福利途径影响城市融入。农民工受教育程度越高，对社会保险的权利义务关系就越了解，主动参保意识强，更可能获得社会保险。而且，受教育程度越高，农民工越懂得去争取合法平等的社会福利权利。

社会保险和福利贯穿农民工城市融入全过程并发挥着重要影响。参加社会保险无形中释放了农民工的消费潜力，丰富了其在城市的生活。随着缴费年限的增加，社会保险对于心理融入的影响会逐渐加大；社会福利的平等权利色彩对农民工产生身份认同的作用直接而明显，也有助于打破"隔离",使城市社会形成良性互动。虽然社会福利对改善农民工经济收入的影响无法精确衡量,但社会福利的公共财政转移特征决定了将农民工纳入城市社会福利体系只会有助于改善他们的生活状况而不是相反。以住房为例,城镇中低收入群体虽然和农民工收入相当甚至更低,但却因为能够享有廉租房、公租房等公共住房保障而得以正常和体面地生活,农民工却不能。单就住房一项,两者获得的政府转移性收入就有不小的差距。此外,社会保险和福利虽然互相影响,但社会福利获得对推动农民工参加社会保险的作用更直接。因此,虽然社会保险和福利都影响到农民工的城市融入,但社会福利发挥的作用更直接、更大。

第五节 本章小结

通过对调查样本进行分析,我们得出了如下研究结论。

(1) 在本研究中,被访者是年龄在32岁以下,依然保留农村户籍的新生代农民工。在调查中,18~25岁的新生代农民工所占比重最大。尽管初中文化程度的被访者绝对数依然较多,但高中及以上文化程度的人群已经占到样本量的62.7%,新生代农民工的文化程度整体上有了很大提高。新生代农民工普遍未婚,这和文化程度高的新生代农民工所占比重较高在逻辑上是一致的。来自福建本省的新生代农民工占到多数,说明距离依然是新生代农民工迁移选择过程中要考虑的重要因素。有66.2%的新生代农民工同用人单位签订了劳动合同,其劳动权益意识有了明显提高。农民工的参保行为同受教育程度成正比,受教育程度越高,越有可能参保。可喜的是,新生代农民工的工资收入有了大幅度提高,虽然收入水平为1600~2000元的新生代农民工依然较多,但收入水平在2000元以上的比例为59.7%,如果忽略这些工资收入背后的劳动时间,这样的工资水平确实能够为新生代农民工在城市更好生活提供保障。

(2) 在新生代农民工个人自然属性特征中,性别对新生代农民工市民化各个维度的影响没有显著差异。来自福建省内的新生代农民工在心理融入和社会融入程度上要明显高于来自福建省外的新生代农民工。这一结果和经验事实完全一致,说明距离在新生代农民工市民化过程中产生了非常重要的影响。不同年龄段的新生代农民工在经济融入维度上表现出较大差异。其中，18岁以下的新生代农民工和26~32岁的新生代农民工差异最显著，这可能是因为26~32岁的新生代农民工在工作经验方面更占优势。

（3）初中文化程度的新生代农民工群体无论在经济融入还是在社会融入方面都要低于大专及以上文化程度的新生代农民工群体，说明受教育程度在新生代农民工市民化过程中发挥着重要作用。随着更多高学历者加入农民工队伍，可能会影响其整体市民化进程。

（4）新生代农民工的市民化还表现出典型的行业差异。从事建筑业的新生代农民工社会融入程度最低，这主要是由建筑行业的特殊性决定的。建筑行业因为施工的安全要求，属于半封闭状态，且建筑行业就业者流动性大，建筑工人要根据施工进程转战各个工地，大大减少了工人和外界交流的机会。

（5）是否享有社会救助在新生代农民工市民化的各个维度均没有显著差异。这主要是因为当前城市社会救助制度将农民工整体排除在外。社会救助对农民工整体性缺失也是导致他们更依赖农村的主要原因，尤其是那些人力资本水平和竞争力弱的农民工，他们总是不敢割断连接农村的"脐带"。

（6）住房类型在一定意义上能够反映出新生代农民工市民化的特征。住房类型对农民工的影响主要体现在社会融入维度。住单位宿舍的新生代农民工社会融入程度明显高于租房居住的新生代农民工群体。这可能是因为农民工多选择租住租金便宜的民房，这些房子多集中在城中村或城乡接合部，因此出现农民工扎堆的现象。因为租住群体高度同质，社会交往圈相对封闭，交往对象以老乡、工友居多，与外部社会的互动较少。而住单位宿舍，则能够打破交往群体的地缘局限，建立更开放的社会交往网络。未来，依然选择租房居住的农民工一般经济条件不好，并且对长期在城市生活不抱太大希望，他们基本上会选择返回农村。

（7）社会保险对新生代农民工的市民化有非常重要的影响，参保新生代农民工在经济融入、社会融入方面的得分都要高于没有参保的群体。就医疗保险来说，医疗费用支出来自新农合报销的新生代农民工，其经济融入程度要明显高于自费和参加医疗保险的农民工。但是，是否从社会保险受益却对新生代农民工的市民化没有显著影响，这可能是由于调查对象多数还没有启用医保卡而造成的。福州市医疗保险办理的正常周期是3个月，但因为从2011年开始，旧的社会保障卡全面更新，所以新参保的农民工在其后一年多时间里未拿到医保卡，也未从中受益，相关政策效果还需要更长一段时间来验证。缴费时间在5年以上的新生代农民工相对于其他缴费时长的群体有着更强烈的心理融入。养老保险不同缴费时长对比表明：在短期内，参加社会保险对农民工市民化的作用并不显著，随着缴费时间的累积，影响逐渐凸显。

（8）社会福利是影响新生代农民工市民化的重要因素。首先，是否享有社会福利影响了新生代农民工的参保选择。子女在福州公办小学就读的新生代农民工缴纳养老保险的比重达到88.9%。而无子女或者子女不在福州上学的新生代农民工参保的比重都只有45.3%。其次，社会福利影响了新生代农民工的心理融入。子女在福州公办小学就读的新生代农民工父母和子女未在福州就读的新生代农民工父母在社会融入和心理融入上差别很大。子女在福州接受义务教育能够增强新生代农民工父母对城市社会的认同感，为了子女他们愿意坚守在某一个城市工作和生活。

（9）参加社会保险和享有社会福利互为消长又相互促进。参保农民工往往享有更多的社会福利，而享有社会福利又会推动参保行为的发生。

（10）虽然参加社会保险和享有社会福利都影响到农民工的市民化，但社会福利发挥的作用更直接、更大。社会保险的影响主要体现在将来，而享有社会福利的影响则体现在当前。

（11）农民工的受教育程度也会通过社会保险和社会福利途径影响城市融入。受教育程度越高，农民工对社会保险的权利义务的关系就越了解，主动参保意识就越强，也更可能获得社会保险。而且，受教育程度越高，农民工越懂得去争取合法平等的社会福利权利。

第六章　社会保障对新生代农民工市民化作用机理的实证研究

通过前面的分析，我们已经识别了影响福州市新生代农民工市民化的社会保障因素。但是，关键影响因素的识别只是新生代农民工市民化影响因素研究的一部分，要深入探究影响新生代农民工市民化的社会保障因素，还需要对关键影响因素与市民化各个维度之间的作用机理进行分析，以充分了解关键影响因素对新生代农民工市民化的直接影响与间接影响。因此，本章将以社会保障各因素与市民化的不同维度为对象，运用结构方程模型，探讨这些关键因素内部及其相互之间的影响，以揭示社会保障各因素对新生代农民工市民化的作用机理。

第一节　方法选择

当同时处理多个因变量之间的关系时，学界通常使用结构方程模型（SEM）方法。结构方程模型是一种建立、估计和检验因果关系模型的方法，它融合了因子分析和路径分析等多元统计技术，可以清晰地分析单项指标对总体指标的作用以及单项指标之间的相互关系，并量化这种关系（见图6-1）。基于上述优势，结构方程模型在心理、行为、教育和社会科学等领域被广泛应用。

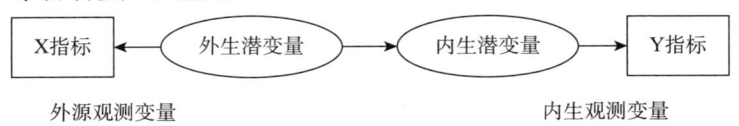

```
X指标 ← 外生潜变量 → 内生潜变量 → Y指标
外源观测变量                         内生观测变量
```

图6-1　结构方程模型分析示意图

运用结构方程模型分析问题主要分为四个步骤：第一，模型构建，根据原有的理论知识和研究目的，构建出理论模型，然后用测得的数据对理论模型的合理性进行验证；第二，模型拟合，运用广义最小二乘法（GLS）和极大似然法（ML）等方法，使模型隐含的协方差矩阵 Σ 与样本协方差矩阵 S 尽可能接近；第三，模型评价，在参数与预设模型关系合理的基础上，根据绝对拟合指数 χ^2/df、RMSEA（近似误差均方根指数）、SRMR（标准化残差均方根）以及相对拟合指数 CFI（比较拟合指数）、NFI（基准适配度指数）、NNFI（非基准适配度指数）等不同类型的拟合指标衡量模型的拟合程度；第四，模型修正，依据理论或有关假设提出先验模型，建立测量方程模型，循序渐进地对测量模型进行检验，并确定最终的结构方程模型。

在利用结构方程模型时，LISRAL 提供了多种模型拟合指数，如 χ^2、RMSEA、SRMR、CFI、AGFI、NFI、NNFI、CFI 等，以判断假设模型与实际观测值之间的拟合情形，判断 CFA 模型的拟合效果。根据结构方程模型中评价模型拟合优劣的相关理论，本研究选取 χ^2/df、RMSEA、CFI、SRMR、NFI、NNFI 六类指标，来综合评价模型的拟合效果。

（1）χ^2/df：$\chi^2/df<2$，表示观测数据与构想模型有很好的拟合；$2<\chi^2/df<5$，表示模型拟合较好。

（2）RMSEA：$0.05 \leqslant \text{RMSEA} \leqslant 0.08$，表示拟合合理；RMSEA < 0.05，表示拟合非常好；RMSEA 在 0.85 以上，可认为理论模型和原始数据的拟合程度达到统计要求。

（3）CFI：取值在 0~1 之间，该统计值越接近 0，表示模型拟合越差；越接近 1 表明，模型拟合程度越好。一般认为，CFI≥0.9，表示模型拟合较好。

（4）SRMR：SRMR < 0.080，表示模型可以接受；该统计值越接近 0；表明模型拟合越好。

（5）NFI：取值在 0~1 之间，该统计值越接近 1 表明模型拟合越好。

（6）NNFI：取值在 0~1 之间，该统计值越接近 1 表明模型拟合越好。

第二节 变量设计

根据第五章对新生代农民工市民化社会保障影响因素的分析结果，基于社会救助对农民工整体性缺失的原因，需要去掉社会救助测量变量，剩下的影响因素有21个。其中，经济融入3个、社会融入4个、心理融入3个、社会保险5个、社会福利6个，进入结构方程模型的潜变量初步包括社会保险、社会福利、经济融入、社会融入与心理融入测量变量。因此，本章结构方程模型的潜变量及其包含的显变量如表6-1所示。

表6-1 结构方程模型中的变量

潜变数	符号	变量内容
经济融入	jjrr1	找工作难易程度
	jjrr2	机会公平
	jjrr3	工资收入
社会融入	shrr1	人际圈子异质性
	shrr2	邻里互动
	shrr3	社会支持
	shrr4	业余生活
心理融入	xlrr1	居留意愿
	xlrr2	身份认同
	xlrr3	歧视感知
社会福利	shfl1	子女教育
	shfl2	公共卫生
	shfl3	住房福利
	shfl4	社区管理
	shfl5	户籍区别
	shfl6	就业培训
社会保险	shbx1	保险项目总数
	shbx2	保险受益评价
	shbx3	单位态度
	shbx4	劳动合同
	shbx5	保险态度

第三节 概念模型与研究假设

一 社会保障因素影响农民工市民化作用机理的理论分析

农民工市民化是一系列条件共同作用的结果。农民工首先得有一定的经济基础，如找到一份收入较高的工作以保障生存没有问题。在获得一定的经济保障或者说实现经济融入的基础上，农民工才有进一步开展社会交往的条件和动力。随着社会交往面的扩大，农民工和城市社会互动增强，生活方式会越来越多地受到城市的影响，其文化、价值观念会和城市居民趋于一致，从而产生心理上的认同。农民工市民化基本遵循着经济融入、社会融入、心理融入这样一个循序渐进的自然发展过程，心理融入是市民化的最后阶段。不过，这一过程也会基于多种因素的影响而出现心理融入率先发生的情况。例如，农民工在进城之初可能会因为感受到的城市社会的文明、友善而对所处城市心生好感，主观上倾向于将自己归为城市中的一员，更愿意为最终生活在此而努力工作、积极交往。心理融入并不都是农民工市民化的终点站，有时可能是起跑点，在其市民化过程中起着助推器的作用。

城市公共福利的有效支持对新生代农民工工作和生活的影响是全方位的。以农民工随迁子女就读的问题为例，中国人历来都有重视子女教育的优良传统，农民工也不例外，让子女接受更好的教育有时可能就是他们工作的最强动力。农民工随迁子女在城市就读有三种选择：农民工子弟小学、私立学校、公办学校。农民工子弟小学普遍存在的问题是办学条件差，不仅校舍简陋，有时甚至连个固定的老师都没有，只要有一丝可能，任何一个农民工都不愿意孩子在这样的学校里就读。私立学校学费高昂，农民工承担不起。公办学校教学质量好，收费低，但仅限于本市户籍人口。过去，大部分农民工父母只能有两种选择：要么读农民工子弟小学，要么将孩子留在家乡就读。不管哪一种选择，都注定了他们和城市没有太多的交集，城市对于他们的意义是打工赚钱。而在不断呼吁和政府调整中，城市公办学校开始接纳农民工随迁子女就近入学，农民工开始进入城市的福利体系，他们也与工作和生活的城市更紧密地联结在一起。这主要因为，子女教育具有稳定性的要求，在一定程度上降低了农民工的流动性，而稳定的生活状态是建立社会关系网的基础；而且，为了子女更好地接受教育，农民工父母愿意努力工作，不再将赚钱看成打工的首要目标，而是会考虑更为职业的长远发展，农民工父母也由此和城市社会有了更多的互动交集。而且，社会福利属于公共支出，这在一定程度上强化了他们的市民权利意识，主人翁责任感也会油然而生。因此，单就子女就读公办学校一项社会福利，就能在经济层面、社会层面以及心理层面影响农民工的市民化。

社会保险的责任共担机制和政府兜底的政策设计，使新生代农民工不再独自承担未来的养老责任以及可能遇到的疾病、工伤、失业等风险，他们不须增加预防性储蓄，等于自己有限的收入得到了释放，无形中改善了他们当前的生活。而且，社会保险要求权利与义务对等，多积累，多受益，又激励着新生代农民工为了多积累而更加努力工作。社会保险的这些机制和设计在一定程度上改善了农民工当前的经济条件，而经济条件的改善是扩大交往的基础，支持了新生代农民工在更大范围内进行社会互动。社会保险在经济层面和社会层面都有可能对新生代农民工的市民化产生直接影响。

因此，根据以上分析，本研究提出社会保障对新生代农民工市民化作用机理（见图6-2）。

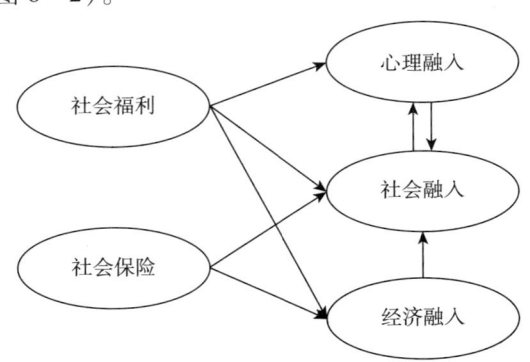

图6-2 社会保障影响新生代农民工市民化作用机理示意图

二 结构方程的概念模型

结构方程模型包括测量方程（LV 和 MV 之间关系的方程，外部关系）和结构方程（LV 之间关系的方程，内部关系），本书构建的测量方程和结构方程具体如下：

测量方程，$y = \Lambda y \eta + \varepsilon y$, $x = \Lambda x \xi + \varepsilon x$ （1）

结构方程，$\eta = B\eta + \Gamma\xi + \zeta$，或 $(I - B)\eta = \Gamma\xi + \zeta$ （2）

其中，η 是内生 LV，本研究中将分别代表经济融入、社会融入与心理融入因素的指标内容；ξ 是外生 LV，本研究中代表社会福利和社会保险因素；y 和 x 分别是和的 MV，$Y = (y_1, y_2……, y_n)^T$，$X = (x_1, x_2……, x_m)^T$；Λx 和 Λy 是载荷矩阵，B 和 Γ 是路径系数矩阵，ε 和 ζ 是残差。具体如图 6-3 所示。

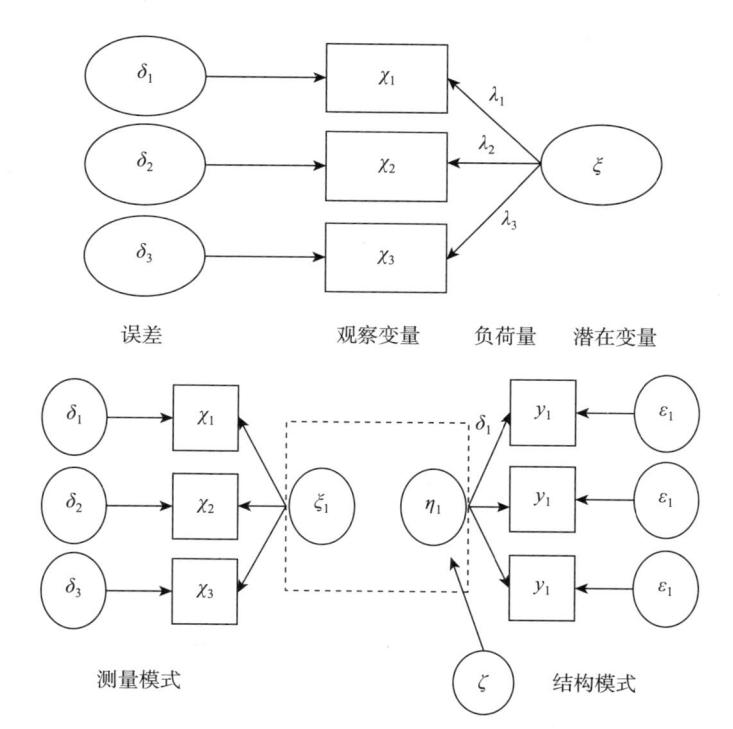

图 6-3 结构方程模型概念示意图

三 研究假设

根据以上理论分析和概念模型，本研究提出以下研究假设：

假设1，社会福利对新生代农民工经济融入产生直接影响；

假设2，社会福利通过经济融入对新生代农民工社会融入产生影响；

假设3，社会福利对新生代农民工心理融入产生直接影响；

假设4，社会保险对新生代农民工经济融入产生直接影响；

假设5，社会保险对新生代农民工社会融入产生直接影响；

假设6，心理融入对新生代农民工社会融入产生直接影响。

第四节 量表的信度检验与效度检验

一 量表的信度检验

在重新分配指标归属之后，需要对新的指标归属量表进行内部一致性检验。我们运用Cronbach's Alpha进行检验，由表6-2可见，社会福利、社会保险、经济融入、社会融入、心理融入等因素的Cronbach's Alpha统计量的值分别为0.743、0.853、0.817、0.635、0.871，均大于0.60。这表明，本研究设计问卷信度较好，可以利用获取的数据进行分析。

表6-2 可靠性统计量

	Cronbach's Alpha	指标数（个）
社会福利	0.743	6
社会保险	0.853	5
经济融入	0.817	3
社会融入	0.635	4
心理融入	0.871	3
总计	0.852	21

二 量表的效度检验

为了验证所设计的变量是否适合进入结构方程模型，本章通过收敛效度分析和区别效度分析，进一步检验显变量对潜变量的测度效果，以及显变量与潜变量之间、潜变量之间的区别性。

(一) 收敛效度

我们通过构建各测度项的 CFA 模型，对 CFA 模型的拟合效果及回归参数进行分析，检验各子量表的收敛效度。利用 LISERAL8.70 软件进行检验，得到的 CFA 初始模型如图 6－4 所示，得到的六类拟合指数如表 6－3 所示。其中，$\chi^2/df = 4.23$，说明模型还可以接受。SRMR、CFI、NFI、NNFI 分别为 0.067、0.94、0.93、0.93，在可接受的范围内。RMSEA 为 0.10，偏大，模型的拟合度有待优化。

表 6－3 CFA 测度模型的拟合效果

	χ^2/df	RMSEA	SRMR	CFI	NFI	NNFI
数值	4.23	0.10	0.067	0.94	0.93	0.93

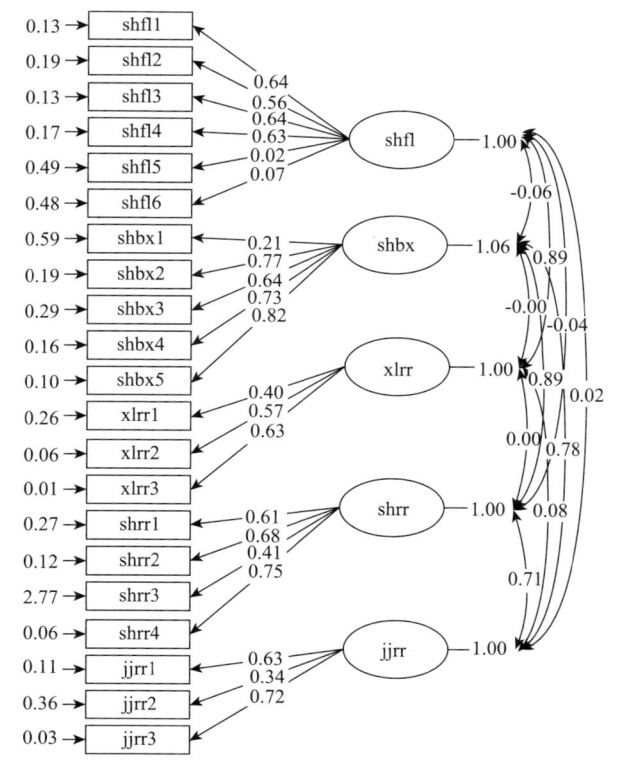

Chi-Square=758.14, df=179, P-value=0.00000, RMSEA=0.10

图 6－4 验证性因素分析的 CFA 初始模型

根据验证性因素分析中，显变量对潜变量从属度、潜变量之间相关程度的 t 统计值检验结果，由图 6-4 可知，未达到 CFA 模型 t 统计值检验标准的路径有：shfl5←shfl（t=0.02）、shfl6←shfl（t=0.07）、shbx1←shbx（t=0.21）、xlrr1←xlrr（t=0.40）、shrr3←shrr（t=0.75）、jjrr2←jjrr（t=0.34）。

而根据当前学者的研究结果，按 t 统计值来进行 CFA 模型修正的步骤是：先剔除 t 统计值绝对值最小的显变量，依次删除 t 统计值绝对值小于 1.96 的显变量。根据以上介绍，依次剔除 shfl→shfl5、shfl→shfl6、shbx→shbx1、xlrr→xlrr1、shrr→shrr3 和 jjrr→jjrr2，得到 CFA 修正模型（见图 6-5），而调整后的 CFA 模型的各测度项的拟合效果及回归参数如表 6-4 所示。其中，$\chi^2/df=4.01$，RMSEA、SRMR、CFI、NFI、NNFI 分别为 0.099、0.12、0.93、0.91、0.92，RMSEA、SRMR 统计值未达到理想状态，但与标准值差距很小，CFA 模型的拟合度比初始状态有了很大的提升，验证性因素分析结果较为可信。从图 6-5 可以看出，在对 CFA 初始模型进行逐步修正之后，潜变量社会福利因素中的户籍区别和就业培训 2 个显变量未能通过从属度检验，被剔除出社会福利潜变量。同理，单位提供社会保险积极与否被剔除出了社会保险潜变量；居留意愿被剔除出了心理融入变量；社会支持被剔除出了社会融入潜变量；机会公平被剔除出了经济融入变量。经过以上逐步剔除之后，各潜变量因素中的显变量可以表征因子内涵，显变量的收敛效度符合要求，说明显变量对潜变量具有较好的从属度。

表 6-4 CFA 测度模型的拟合效果

	χ^2/df	RMSEA	SRMR	CFI	NFI	NNFI
数值	4.01	0.099	0.12	0.93	0.91	0.92

（二）区别效度检验

通过逐步删除未达到从属度判断要求的路径之后，我们得到验证性因素分析的最优 CFA 模型，接着分析潜变量之间的区别效度。表 6-5 给出了潜变量之间区别效度的检验结果。表 6-5 中的对角线数值表示每个

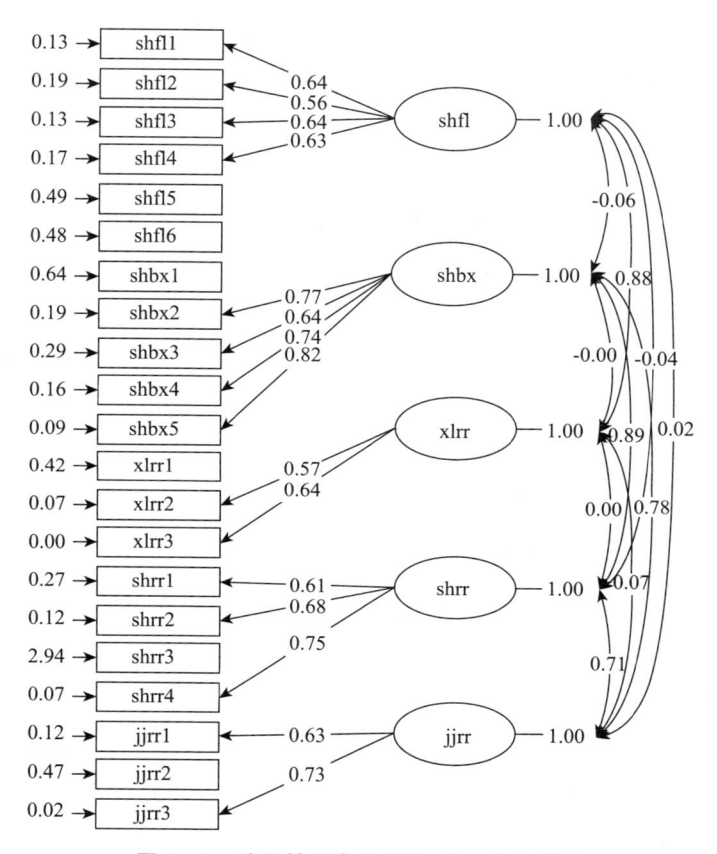

第六章 社会保障对新生代农民工市民化作用机理的实证研究

```
0.13 → shfl1
0.19 → shfl2    0.64
0.13 → shfl3    0.56
0.17 → shfl4    0.64   shfl — 1.00
0.49 → shfl5    0.63
0.48 → shfl6                              -0.06
0.64 → shbx1                      shbx — 1.00  0.88
0.19 → shbx2    0.77
0.29 → shbx3    0.64                      -0.00  -0.04
0.16 → shbx4    0.74
0.09 → shbx5    0.82
0.42 → xlrr1                      xlrr — 1.00  0.89  0.02
0.07 → xlrr2    0.57
0.00 → xlrr3    0.64                      0.00  0.78
0.27 → shrr1    0.61
0.12 → shrr2    0.68              shrr — 1.00  0.07
2.94 → shrr3    0.75
0.07 → shrr4                                    0.71
0.12 → jjrr1    0.63              jjrr — 1.00
0.47 → jjrr2    0.73
0.02 → jjrr3
```

图 6-5 验证性因素分析的 CFA 修正模型

潜变量的抽取方差，非对角线上的数值表示潜变量间相关系数的平方。由表 6-5 的数据可知，所有对角线上的数值大于或等于非对角线上的数值，说明本研究中，潜变量之间的区别效度较好。

表 6-5 潜变量间的区别效度

	shfl	shbx	xlrr	shrr	jjrr
shfl	1.00				
shbx	0.63	1.00			
xlrr	0.95	0.69	1.00		
shrr	0.67	0.44	—	1.00	
jjrr	1.00	0.68	0.99	0.30	1.00

上文的收敛效度检验结果与区别效度检验结果显示，本研究中测量工具的收敛效度和区别效度都较好，说明本研究量表具有较好的效度，可以做进一步深入分析。

第五节 结构方程概念模型的检验

在结构方程概念模型的检验中，我们以社会福利因素、社会保险因素为外生潜变量，以经济融入、社会融入与心理融入测量变量为内生潜变量，进行路径分析。

一 结构方程模型的初步拟合与评价

根据验证性因子分析结果，各个潜变量所包含的显变量已经很清楚了。因此，本节根据结构方程模型的概念模型，在 LISERAL8.70 软件中绘制初始结构方程模型并利用 LISERAL8.70 进行检验，得到的初次结构方程模型如图 6-6 所示，各条路径的拟合结果如表 6-6 所示。本节中判断路径显著性的标准是各条路径的 t 统计量。由表 6-6 可知，根据 t 统计量的判断标准，shfl→shrr、shfl→jjrr、shbx→xlrr 三条路径的 t 统计值小于 1.96，未通过显著性检验。RMSEA、SRMR、CFI、NFI、NNFI 分别为 0.088、0.18、0.93、0.92、0.91，未达到理想水平，说明结构模型的整体拟合效果较差。

表 6-6 初始结构方程模型的拟合结果

路径	路径系数	标准化路径系数	t 统计值
Shfl→xlrr	0.88	0.88	17.92
Shfl→shrr	0.02	0.02	0.50
Shfl→jjrr	0.07	0.07	1.81
Shbx→xlrr	0.05	0.05	1.69
Shbx→shrr	0.86	0.86	16.84
Shbx→jjrr	0.78	0.78	14.60
χ^2	720.56	CFI	0.93

续表

路径	路径系数	标准化路径系数	t 统计值
df	179	SRMR	0.18
χ^2/df	4.03	NFI	0.92
RMSEA	0.088	NNFI	0.91

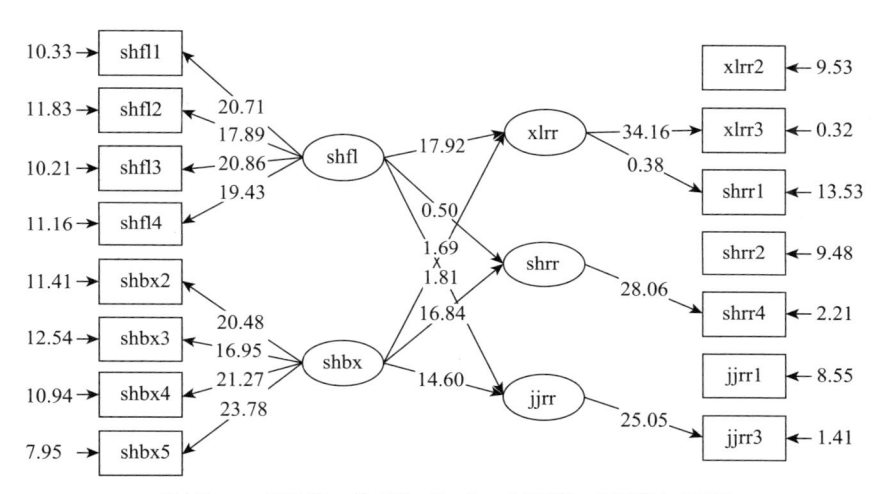

Chi-Square=720.56，df=179，P-value=0.00000，RMSEA=0.088

图 6-6 初始结构方程模型拟合效果

二 结构方程模型的修正与确定

首先，根据模型修正的基本步骤，删除 t 统计值最低的路径 shfl→shrr，进行模型的第一次修正，修正结果如图 6-7 和表 6-7 所示。路径 shfl→jjrr 的 t 统计量由原来的 1.81 下降为 1.77，shbx→xlrr 的 t 统计量保持原来的 1.69 不变。修正后模型的 RMSEA、SRMR、CFI、NFI、NNFI 分别为 0.078、0.18、0.93、0.92、0.91，仍未达到理想水平，初始结构模型的整体拟合效果有待提升。

表 6-7 第一次修正后的结构方程拟合效果

	χ^2/df	RMSEA	SRMR	CFI	NFI	NNFI
数值	4.54	0.078	0.18	0.93	0.92	0.91

```
10.33 → shfl1
11.83 → shfl2      20.71
10.20 → shfl3      17.89        shfl ──17.92──→ xlrr
11.16 → shfl4      20.86
                   19.43
11.41 → shbx2
12.54 → shbx3      20.48
10.94 → shbx4      16.96        shbx
 7.94 → shbx5      21.27
                   23.78
```

图中路径及系数：shfl→xlrr 为 17.92；shfl→shrr 为 1.69；shfl→jjrr 为 1.77；shbx→xlrr 未标；shbx→shrr 为 16.86；shbx→jjrr 为 14.60。

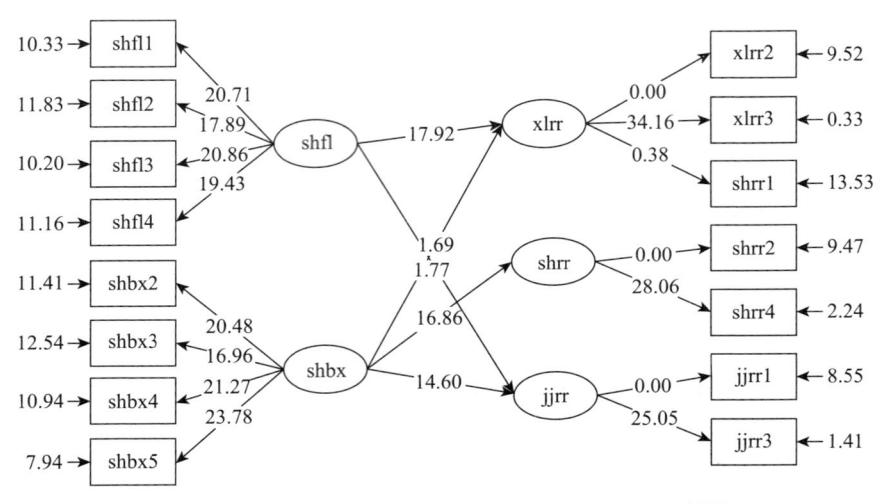

xlrr→xlrr2 0.00 (9.52)；xlrr→xlrr3 34.16 (0.33)；xlrr→shrr1 0.38 (13.53)；shrr→shrr2 0.00 (9.47)；shrr→shrr4 28.06 (2.24)；jjrr→jjrr1 0.00 (8.55)；jjrr→jjrr3 25.05 (1.41)。

Chi-Square=704.60, df=155, P-value=0.00000, RMSEA=0.078

图 6-7 第一次修正后的结构方程模型

其次，删除路径 shbx→xlrr，进行模型的第二次修正，修正结果如图 6-8 和表 6-8 所示。路径 shfl→jjrr 的 t 统计量保持原来 1.77 不变，修正后模型的 RMSEA、SRMR、CFI、NFI、NNFI 的统计值分别为 0.076、0.12、0.93、0.92、0.91，结构模型的整体拟合效果有了很大的提升。

表 6-8 第二次修正后的结构方程拟合效果

	χ^2/df	RMSEA	SRMR	CFI	NFI	NNFI
数值	4.63	0.076	0.12	0.93	0.92	0.91

再次，删除路径 shfl→jjrr，进行模型的第三次修正，修正结果如图 6-9 和表 6-9 所示。经过第三次的修正完善之后，结构方程模型的拟合结果得到极大的优化。RMSEA、SRMR、CFI、NFI、NNFI 的统计值分别为 0.071、0.081、0.96、0.91、0.95，同时，经过三次模型修正后，所得到的结构方程模型中于路径系数相应的 t 统计值均大于 1.96 的参考值。因此，根据以上拟合效果的数据，说明在对初始结构方程模型进行修正之后，结构方程模型的拟合效果得到了较大的改善，修正后的模型与数据拟合通过检验，保证了模型的统计意义和经济意义。

第六章　社会保障对新生代农民工市民化作用机理的实证研究

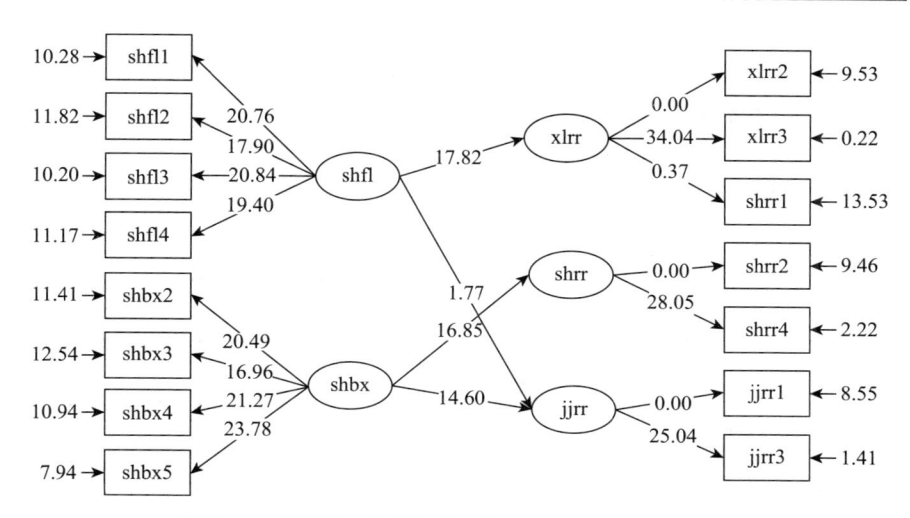

Chi-Square=694.86, df=150, P-value=0.00000, RMSEA=0.076

图 6-8　第二次修正后的结构方程模型

表 6-9　第三次修正后的结构方程拟合效果

路径	路径系数	标准化路径系数	t 统计值
Shfl→xlrr	0.87	0.88	17.79
Shbx→shrr	0.85	0.86	16.81
Shbx→jjrr	0.77	0.77	8.67
χ^2	655.06	CFI	0.96
df	155	SRMR	0.081
χ^2/df	4.22	NFI	0.91
RMSEA	0.071	NNFI	0.95

由最终结构方程模型可以看出以下结果。

（1）社会福利直接影响到新生代农民工的心理融入，对社会融入和经济融入则没有直接影响。具体来讲，子女教育和住房福利是社会福利中影响最为显著的两个项目。

（2）新生代农民工参保对其社会融入和经济融入均有影响，且对社会融入的影响要大于对经济融入的影响。参保对新生代农民工的影响，从具体评价指标来看，主要体现在工资收入和业余生活两个方面。

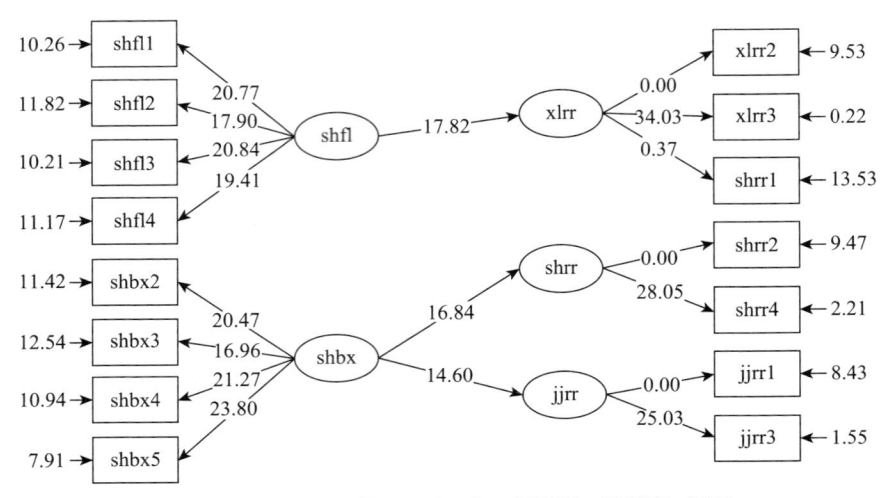

```
10.26 → shfl1 ┐
           20.77
11.82 → shfl2 ┤ 17.90
           ┌─ shfl ──17.82── xlrr ──0.00──→ xlrr2 ← 9.53
10.21 → shfl3 ┤ 20.84                  34.03→ xlrr3 ← 0.22
           19.41                        0.37→ shrr1 ← 13.53
11.17 → shfl4 ┘

11.42 → shbx2 ┐
           20.47
12.54 → shbx3 ┤ 16.96         ──16.84── shrr ──0.00──→ shrr2 ← 9.47
           ┌─ shbx ┤                          28.05→ shrr4 ← 2.21
10.94 → shbx4 ┤ 21.27         ──14.60── jjrr ──0.00──→ jjrr1 ← 8.43
           23.80                        25.03→ jjrr3 ← 1.55
7.91 → shbx5 ┘
```

Chi-Square=655.06, df=155, P-value=0.00000, RMSEA=0.071

图 6-9 第三次修正后的结构方程模型（t 统计值模型）

第六节 结构方程模型的检验结果讨论

通过上文将基于概念模型构建出的初始结构方程模型与样本数据进行多次拟合，我们根据每次拟合的结果逐步对初始结构方程模型进行修正与改进，使模型与样本数据拟合效果得到不断改善，并完全通过检验，根据得到的最终结构方程模型对初始的理论概念模型修正并加以确定，具体如图 6-10 所示。

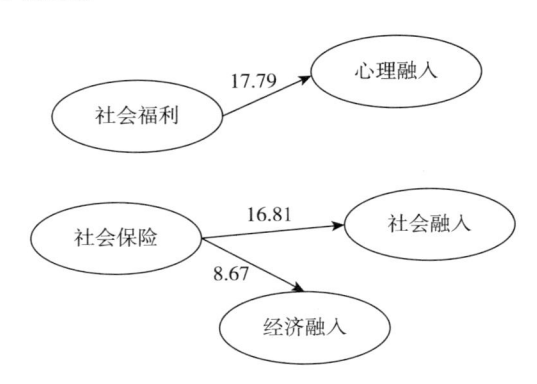

```
       社会福利 ──17.79──→ 心理融入

       社会保险 ──16.81──→ 社会融入
              └──8.67──→ 经济融入
```

图 6-10 社会保障对应新生代农民工市民化作用机理路径

根据前述的理论分析，农民工市民化是一个由经济融入到社会融入再到心理融入循序渐进的发展过程，心理融入是市民化的最后阶段。不过，农民工融入城市的过程也会因多种因素的影响而发生心理融入率先实现的情况。例如，农民工在进城之初可能会因为城市软环境而对所处城市心生好感，内心更愿意将自己视为其中的一员，并为之努力。因此，心理融入并不都是农民工市民化的终点站，有时可能是起跑点，助推其城市梦的实现。新生代农民工市民化过程不仅循着从经济融入到社会融入再到心理融入的逻辑发展顺序，也会出现心理融入率先发生并影响社会融入的情形。结合以上分析和实证结果，社会保障影响新生代农民工市民化的作用机理如图 6-11 所示。

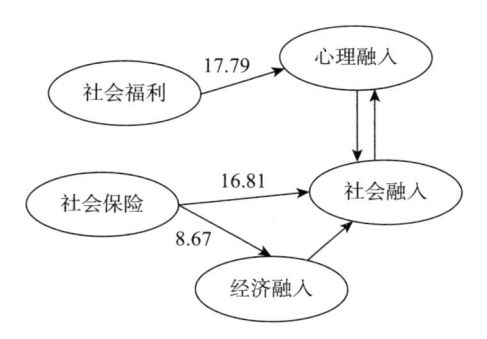

图 6-11 社会保障影响新生代农民工市民化作用机理路径

对比图 6-2 和图 6-11，在参数估计过程中，一些不显著的路径和方向被删除了，由结果路径图我们可以得出以下结论。

（1）社会福利直接影响新生代农民工的心理融入，对社会融入和经济融入没有直接影响。这与现实情况符合：社会福利属于社会保障体系中较高层次的内容，更大的作用是提升国民的精神文化生活水平和促进社会公平，对物质生活水平的影响远没有社会救济来得明显。

（2）参保对新生代农民工的社会融入和经济融入均有影响，且对社会融入的影响要大于对经济融入的影响。这主要是因为，作为市场经济体系的一项基本制度设置，社会保险的主要作用是预防风险，它对劳动力人口最大的意义是减少对未来不确定性的担忧而不在于经济上的补偿。因为没有了后顾之忧，他们才能以更为积极的态度去感受并参与城市生活。也因为没有了后顾之忧，他们无须节衣缩食以应对风险，可以"放心"地将更多工资收入用于当前的消费，使有限的货币收入得到了更多的释放，推动了他们生活质量的改善和社会交往的拓展。

（3）新生代农民工的心理融入和社会融入相互影响。一方面，随着居住时间的延长，农民工和城市社会之间的良性互动更容易让他们的价值观念和行为方式与城市接轨，产生心理认同；另一方面，新生代农民工对城市软环境的喜欢和认同，也会激励他们为了长远发展而努力工作，积极投入城市社会生活。

根据结构方程模型最终修正的结果，本节将对前文提出的6个研究假设的验证结果进行讨论，为下文提出政策建议提供理论依据，以提高政策建议的科学性、针对性与可操作性。

第一，社会福利直接影响新生代农民工的经济融入这一假设（假设1）没有通过检验。这一方面是因为享受社会福利属于一种宽泛的社会权利，它通过改善公共环境卫生，提高人民健康水平，发展国民教育，进行城市改造，增加住宅和公共福利设施来提高全体社会成员的社会生活质量和保障社会公平。尽管社会福利项目内含大量政府财政补贴，但社会福利是非排他的，受益群体的广泛性决定了其对受益人经济上的影响远没有社会救济来得直接。另一方面可能是因为在福州的新生代农民工目前享有的城市社会福利还比较少，其影响无法有效检测。目前，福州市社会福利对外来务工人员开放的主要项目包括外来务工人员随迁子女的义务教育、免费疫苗接种服务和公租房制度共三大项。其中，义务教育政策贯彻得最好，福州市公办小学接收农民工随迁子女入学已经实践了六年，相关政策也在不断完善，这有助于减轻新生代农民工的负担，没有通过显著性检验主要是因为样本中未婚者所占比例比较大。公租房是政府新近提出的住房保障政策，保障对象是处于中低收入水平的外来流动人口，主要是农民工和新毕业的大学生。目前，这项政策还是"只听楼梯响，未见人下楼"，真正住进"公租房"的农民工少之又少，主要集中在一些大的工业厂区的员工宿舍。在本研究367个样本中，仅有17人享有"公租房"的福利。目前，农民工还无法享有除公租房以外的其他保障性住房，模型检验不显著。农民工随迁子女的疫苗接种服务也已经做到了全覆盖，只需带上儿童预防接种证就行，和本地人一样是免费的。但是，样本中新生代农民工普遍未婚或是未育，所以也没有通过显著性检验。

第二，社会福利通过经济融入对新生代农民工的社会融入产生影响这一假设（假设2）也未能通过显著性检验，这和假设1的结果呈现出逻辑上的一致性。只有当农民工享有相对多的社会福利时，其对社会成员生活质量的影响才可能得到体现。而且，社会福利不同于货币补贴，并没有额外增加社会成员的经济收入。在检测样本中，新生代农民工能够享有的社会福利比例太小，或者说社会福利整体对农民工开放不够导致了这一路径的前提假设未能通过检验，这一路径在现实中因为条件不具备而不成立。

第三，社会福利直接影响新生代农民工的心理融入这一研究假设（假设3）得到了模型的验证。在社会福利体系中，最显著的四项内容分别是子女教育、住房福利、公共卫生和社区服务。其一，义务教育会影响新生代农民工的心理融入，这主要是因为中国家庭历来有重视子女教育的传统。保证子女有学上、上好学是所有家长最主要的使命和责任，随迁子女能够在流入地接受义务教育让新生代农民工父母倍感欣慰。从短期来看，能够在流入地接受义务教育，意味着农民工父母在子女教育上可以节省一笔相当大的支出。目前，福州市小学义务教育阶段每学期的杂费不到30元，加上书本费、资料费，一个学期的开支不足100元，相对于私立学校，每年省出来的学费大约有5000元，这对于新生代农民工的经济状况来说是一个不小的改善。从长远来看，子女教育还关系到下一代的基本素质。在当前城乡教育存在较大差距的情况下，子女能够在城市接受义务教育让农民工父母倍受鼓舞，这会影响到他们的市民化预期。这是因为，今天的新生代农民工不仅要实现通过自身努力改变命运的理想，还要实现通过自身努力来为下一代创造良好成长环境的理想。其二，目前，农民工能够享有的住房福利主要就是公租房，虽然目前这一福利项目的政策意义大于实际意义，但政策的调整方向至少增加了新生代农民工留在城市的信心。其三，公共卫生服务以社区为单位，覆盖所有居住人口，农民工可以就近到社区医院进行健康检查或接种疫苗，不必为了一剂疫苗再折腾回老家去，公共卫生服务的便利带给他们更多的是温暖。其四，不同于以往防范式的人口管理政策，将农民工纳入社区管理，让他们感受到了来自城市社会的接纳。社会福利对新生代农民工的影响目前突出体现在歧视感知上，这说明新生代农民工对城市社会福利体系的接纳态度敏感而且期待，加大城市社会福利体系对农民工的开放程度，有助于降低农民工作为外来人口的心理隔阂，这对于追求权利平等的新生代农民工意义更大。

第四，社会保险对新生代农民工的经济融入产生直接影响（假设4）。这主要是基于以下三个方面的原因。其一，社会保险按一定比例报销费用，有助于减轻农民工的生活负担，尤其是在当前医疗费用居高不下的现实背景下。其二，虽然包括养老保险、医疗保险在内的各项社会保险缴费减少了农民工当前的货币收入，但消费者总是根据一生的收入水平来安排最佳的消费和储蓄，人们倾向于在年轻时劳动并储蓄以备年老时的生活需要。在没有参加养老保险的情况下，出于风险约束的考虑，劳动者通常依靠自我积累的方式来为未来的生活或是无法预测到的风险做好准备，并不会花光所有的收入。参保需要缴纳的社会保险费虽然看似减少了农民工当前可供支配的数额，却因为解决了农民工在养老、医疗、失业等方面的后顾之忧，而使他们敢于最大限度地支配当前收入，使有限的收入得到最大限度的释放，社会保险能够显著影响当期消费，使农民工的总消费显著地增加。其三，劳动合同的签订是农民工维护权益的依据，至少可以保障其自身利益不受损。

第五，社会保险直接影响新生代农民工的社会融入（假设5）。这主要是因为社会保险实行责任共担：其一，作为市场经济条件下的一项基本制度设置，社会保险能够应对并最大限度地降低社会成员可能遭遇的风险，如贫困和健康威胁，旨在保证每一位社会成员都能正常生活。参保相当于拥有了一份未来的保障，有助于提升新生代农民工的社会安全感，无疑会推动他们以更为积极的态度融入城市生活。其二，作为一项基本社会制度，社会保险本身意味着一种社会契约，是政府、用人单位和劳动者三方形成的合同或者约定。参保意味着农民工获得了政府主导的城市正式制度的接纳，这种接纳会让他们倍受鼓舞，更积极地融入城市社会。其三，参保在一定程度上降低了农民工的流动性。参保农民工的流动性要普遍低于未参保的农民工群体，这在跨地区流动上表现得更为显著。新生代农民工频繁流动会影响他们同流入地社会的互动，而互动恰恰是融入的基本条件。

第六，心理融入影响社会融入的假设（假设6）得到了模型的验证。新生代农民工对城市社会的接受或认同，并非完全遵循循序渐进的发展逻辑：一般而言是由经济融入到社会融入再到心理融入，不过心理融入也可能率先发生。受目的地城市良好的人文环境、社会氛围以及宽松而又优厚的外来务工人员管理政策的影响，农民工（尤其是渴望定居城市的新生代农民工）可能在进城之初就产生对流入地城市的好感和认同，这种好感会拉近他们同城市社会的距离，尤其是心理距离。心理距离的缩小，会推动新生代农民工以更为积极的姿态开展同城市社会的互动。

第七节　本章小结

本章根据第五章新生代农民工市民化的社会保障影响因素识别结果，对指标进行重新分类，利用结构方程模型分析社会保障影响新生代农民工市民化的作用机理，了解社会保障各个体系对新生代农民工市民化各维度的直接影响与间接影响，以及各种因素之间的相互关系，为下文提出政策建议提供理论依据与实践依据。本章的研究结论如下。

第一，社会福利因素是新生代农民工市民化过程中非常重要的影响因素。社会福利一方面直接影响新生代农民工的心理融入，另一方面还通过心理融入对新生代农民工的社会融入产生影响。

第二，社会保险因素直接影响新生代农民工的社会融入和经济融入，并且对社会融入的影响要大于对经济融入的影响。

第三，新生代农民工的市民化并非完全遵循由经济融入到社会融入再到心理融入的逻辑发展过程，心理融入有时可能率先实现，并在新生代农民工市民化过程中发挥助推器的作用。

第七章　新生代农民工市民化个案分析

前述研究在大规模问卷调查的基础上，以丰富的数据资料，对影响新生代农民工市民化的社会保障项目进行了实证分析，探索了影响新生代农民工市民化的主要社会保障因素和作用机制，这种量的研究方法帮助我们从整体上了解到不同的社会保障政策对于新生代农民工的影响。然而，笔者认为，虽然实证的优点是客观、精确，但新生代农民工数量庞大、群体太过复杂，并且新生代农民工市民化过程中新旧体制并存，传统体制形成的观念和认知依然影响着其市民化行为，仅靠量的研究方法不足以对这一过程进行完整透视和分析，因为其无法反映复杂的社会心理、制度身份以及乡村文化等因素在此过程中可能产生的影响。因此，我们希望借助于研究方法的突破，更加系统地了解社会保障对于不同个体的细微作用。质的研究方法由于更加强调研究的过程性、情境性和具体性，因而能揭示复杂的、深层的心理生活经验。将质与量的方法进行整合，使之优势互补，能够更深入地揭示社会现象发生和发展的规律。

基于此，为了更深入地探究问卷数据无法揭示的影响，本研究拟在问卷调查研究的基础上，遵循质的研究范式，借助于多个案研究策略，将选取的新生代农民工分为市民化程度高得分组和市民化程度低得分组，通过个体深度访谈、组间对比，来发掘影响农民工市民化更深层次的社会保障原因。同时，期望能与问卷调查的结果相互验证、互为补充，为新生代农民工市民化研究提供有价值的参考。

第一节 研究方法

一 研究对象的选取

先按照方便抽样和分层抽样的方法对包括制造业、建筑业、商业服务业等行业在内的新生代农民工进行问卷调查,最后得到有效问卷367份。其中,男性146人,女性221人;制造业76人、建筑业61人、商业服务业230人。然后,根据被试农民工市民化程度的得分高低情况(并兼顾性别、年龄和行业),抽取高分组3人和低分组3人,共6人,作为深度访谈对象。研究对象的基本情况见表7-1。

表7-1 个案研究对象基本情况

代码	融入程度高				代码	融入程度低			
	性别	年龄	行业	总分		性别	年龄	行业	总分
A	男	32岁	服务业	49分	D	男	28岁	制造业	30分
B	女	28岁	餐饮业	48分	E	女	27岁	制造业	26分
C	女	27岁	零售业	50分	F	男	23岁	建筑业	23分

二 研究步骤

步骤一:做好访谈准备工作,包括与访谈对象商定访谈的时间、地点,设计访谈提纲(围绕受访者个性工作转换经历、家庭情况、行业特征、对政府出台的针对农民工的相关政策和城市生活的感受等方面进行提问),准备访谈结束后送给访谈对象的礼品等。

步骤二:开始访谈。因为是在问卷调查过程中对这几个访谈对象有比较深刻的印象,并约定了有可能与之再进一步接触,做深层次的访谈,而且每一个人的实际情况都有着很大的不同,所以访谈并没有集中,而是依着对方方便的原则进行,地点比较分散,分布在自助餐厅、麦当劳餐厅、笔者的住所、对方的出租屋等,访谈时间基本在2.5~3个小时。访谈开始时,笔者先向对方介绍本次访谈的目的,并承诺不会公开访谈对象的个人信息，接着对新生代农民工市民化的含义进行解释以便于对方理解，在征求对方同意的前提下进行录音记录。

步骤三：访谈结束之后进行访谈笔记和录音记录的整理。

三 资料的分析方式

对访谈笔记和录音记录信息进行解析，并按照多个案研究的数据分析方法，采用组间和组内两个层次来构建影响新生代农民工市民化的社会保障要素，组间的信息结果主要反映高分组与低分组，组内的信息结果主要反映影响新生代农民工市民化社会保障各个要素。

第二节 结果

一 融入程度好的新生代农民工的资料整理及分析

（一）样本 A

样本 A，男，32 岁，湖北恩施人，现为福州市某小区物业经理。在新生代农民工市民化问卷中的得分情况如下：市民化总分为 49 分，其中，经济融入程度为 15 分、社会融入程度为 20 分、心理融入程度为 14 分。在本研究的 367 名被试中总分排第二名。以下是访谈记录。

虽然出生于 20 世纪 80 年代，但 A 内心并不把自己划归为"80 后"。A 说道："我和'70 后'有着更多的共同之处，我能吃苦，懂得珍惜，'80 后'身上的那种自我、追求享受的坏毛病我一样没有。"A 一上来先给自己做了澄清，并对自己的军旅经历感到很骄傲。A 的父亲是乡村教师，母亲务农，哥哥 1995 年考上西安交通大学后，父亲提出让 A 参军。考大学和参军在当时农村人眼中是跳出"农门"最理想的两个选择。尽管 A 更想读大学，但看着母亲为了哥哥上大学的费用辛苦攒钱，就听从家里的安排去了部队。A 说道："父母养了我 18 年，也该为他们分担点了，上大学虽然体面，一毕业就可以正当地留在城市工作，但只要我肯努力，也不见得就会过得差，不过，比起我哥哥肯定要辛苦些、曲折些。"对于今天的"成就"，A是这样解释的："我觉得无论干什么都要有一个长远打算，只有坚持了你的选择才有意义。我很看不惯我们的保安，我们物业公司和保安真正是'铁打的营盘流水的兵'，现在的保安只图眼前，哪里给钱多、哪里干活轻松就去哪里，眼里看到的只有利益。"对于打工的打算，A在退伍的时候就想好了："家里没有关系，想安排一个好一点（也即稳定点、有社保）的工作很难，只能靠自己。"所以，一开始A就很认真地工作，才工作了三个月，A就因踏实肯干而得到领导的"赏识"，从保安升任为物业管理处任楼管，也开始了A的"华丽"转型。楼管的工资虽然没有保安工资高，但工作稳定，一起工作的同事也没有像保安那样走马灯似地换个不停，有些同事甚至已经在福州安了家，这让A很受鼓舞，开始了自己的"一五"计划。"就是多学习物业管理知识，好好发展；找个合适的对象；参加社保。"A说，这个"一五"计划完成得挺顺利。工作三年后，在2004年，A夫妻（A的妻子做售楼工作）选择到福州另外一家有实力的物业公司去工作，夫妻双双应聘让他有了更大的谈判砝码，拿下了小区物业经理这一职位，开始了事业上一个质的突破。四年之后，抱着积累更多工作经验的想法，A又一次跳槽，到了第三家房产开发公司任小区物业经理。当笔者问起在这10年的时间，因为农村户口，在城市工作有没有什么不方便时，A认为没什么大的障碍，没有遭遇到老一辈被警察盘问和遣返的情形。在谈到社会保险时，A说道："我是2004年开始参保的，对社会保险原来也没有太多认识。现代的社会，不怕一万就怕万一，只当给自己买份保险，所以就一直缴下来了，到现在也有八年了。"作为一个过来人和管理者，A谈了他对农民工参保率低的看法："农民工参保率低除了对社会保险不够了解外，关键还在于政策制定不够合理。政策规定虽然允许农民工转移养老保险，但也只是转个人账户资金，统筹部分并不转，如果从发达地区转到欠发达地区，或是转到农村，养老待遇肯定会降低，我们大家都会算这账。这不是鼓励农民工参保，而是相反。"A说着说着就激动了："现在的政府呀，总是说得很好。从2005年起，福州就出台了允许农民工子女就近入学的政策，这两年政策也越来越宽松，没遇着事的时候，觉得政策真正解决了打工者孩子上学的难题，但实际上完全不是那一回事儿，政策意义大于实质意义。本来我小孩是可以读××小学的（在仓山区排前10名），虽然各种证件都齐全，但不管用，说是没名额了，让我们去读××小学（这个学校的学生大都是外来打工子女），太让人失望了。"问起最后小孩子的上学问题是怎么解决的，A告诉我说，其实他2009年8月在福州买了一套房子，因为按照政策规定，即使小孩没有福州户口，只要办理暂住证也可以上学，就不想把户口迁过来，现在没办法，只好把户口迁过来了。关于未来的打算，A说："基本上不会再回农村了，原来之所以不把户口迁到福州，也不是想给自己留一条后路，而是觉得现在在城市生活用着户口的时候不多，放在农村算是自己的一点记忆吧。""万一哪天嫌烦了、累了，最起码还有自己的宅基地，可以整个庄园什么的，带孩子住上一段，农村空气好，对身体有益。"

对A的访谈共进行了两次。第二次访谈是在他的办公室进行的。当我看到他办公室被茶水滋养得更加厚重的整套茶具的时候，我们眼中通常的农民工形象再难和面前这个人联系在一起了。我们聊天的时候，A接了几个电话，大意是和朋友周末的安排。放下电话，A解释性地表达了歉意，说是广东的一个从事物业管理的朋友要来福州，圈里准备搞一个小聚会，因为广东的物业管理比福州要超前得多，顺道也可以取取经。

【启示与思考】

1. 人力资本与社会资本之间存在一种相互影响、相互制约的交互关系，任何一方质量的提升都会引起另外一方质量的改善

样本A的经历说明，个人拥有的各类资本之间可能存在一种隐秘的相互关联。A高中文化、在部队三年历练所收获的健康、坚毅是他工作能力的基本保证。正是这种个人工作能力的优势，使A在短短5年内就脱颖而出，成为小区物业经理。作为管理着100多名员工队伍的物业经

理，A 经常要到集团开会，同其他物业经理交流经验，或者接待来自其他物业公司的取经团，这一身份决定了 A 的交往层次基本界定在各个物业公司的管理层以及房地产开发公司的中层。而且，作为服务 3000 多名业主的物业经理，A 因为工作关系也很容易接触到社会地位较高的业主，双方甚至建立起私人关系。可以说，获得小区物业经理这一职位是 A 职业生涯的一个重要转折点，A 的交往层次也因此骤然提升，累积了更多的人脉和资源，使其社会网络结构得到了改善。A 的经历非常典型地证明了布尔迪厄关于"社会资本与人力资本之间存在正相关关系、各类型资本之间是可以互相转换"的论断。

个体所拥有的人力资本与社会资本之间密切关联、相互作用。人力资本是基础，起决定性作用，拥有较高人力资本者更有可能拓展自己的网络范围或联系到更高地位的网络成员，从而丰富自己的社会资本。对新生代农民工而言，人力资本的多少直接影响了其再构社会网络的能力。人力资本水平较低的新生代农民工调动网络资源的能力也不高。如果农民工人力资本存量高，其职业流动的水平和层次会因此提升，由此带来的社会地位、声望等社会资源也势必增加，个人的社交网络得以拓展，能够在更广阔的网络中进行资源的交换。

反过来，社会资本也会影响人力资本水平的积累。新生代农民工的社会资本增加，特别是异质性社会网络（强关系）的建构，又会拓宽其获取知识、技术等信息的渠道，增加他们在城市生活的社会支持，使其职业选择的机会增多，职业向上流动的趋势加大，从而使人力资本得以极大提升。

人力资本与社会资本辩证统一于个体的地位获得中，两者相辅相成。人力资本是内因、基础，起决定性作用，社会资本是外因、关键，起影响性作用。人力资本决定着个体地位的获得，而社会资本则对这一结果施加着重要影响，在一定条件下，甚至改变这个结果。

基于 A 职业发展过程中人力资本和社会资本相互关系的分析，提升新生代农民工的人力资本和改善其社会资本的质量，就成为政策的应有之义。

从提升人力资本的角度出发，政府应着力加大对农民和农民工的教育投资力度：①加大对农村教育经费的投入，提高农村中小学教育水平，提高待转移的农村劳动力的受教育程度；②为在城市就业的新生代农民工提供多种职业培训的机会，增加他们的技能和素养，提高他们的就业竞争力以及上升到更高职业层次的能力。

从累积社会资本的角度出发，应该积极推动新生代农民工的社会资本由初级向现代的转化。政府应该加大将农民工纳入城市住房保障体系的力度，打破农民工居住"孤岛化"的空间格局，改变农民工社会网络同质性高、质量低下的问题。当然，如果城市社会能够改变歧视排斥农民工的态度，积极主动接纳他们，则会大幅缩减城市居民与新生代农民工的社会距离。城市社区组织和用工单位也需要通过开展群体活动，为新生代农民工提供沟通交流的平台，满足他们社会交往的需求，同时也有利于扩大其社会交往网络。当然，新生代农民工积极参与社区活动，主动与城市居民交往，也有助于增强其社区认同感和归属感。

（二）样本 B

样本 B，女，1984 年出生，江西鹰潭人，现为福州市一家日本料理店的领班。在新生代农民工市民化问卷中的得分情况如下：市民化总分为 48 分，其中，经济融入程度为 15 分，社会融入程度为 20 分、心理融入程度为 13 分，在本研究的 367 名被试中总分排第五名。以下是访谈记录。

笔者和 B 是在做调查问卷时认识的。当时，笔者在人流比较大的橘园洲车站发放问卷，而 B 也摆了一个摊位招聘员工。B 待人热情、诚恳，没有其他受调查者的那种戒备心理，这对笔者是很大的鼓舞。我们口头约定，如果她的问卷得分合适的话想找她做一个深度访谈。一周后，结果出来，我们电话约在麦当劳见面，像聊天一样，我们谈了近三个小时。

B 很大方地谈起她的奋斗史。"我现在条件是好一些，我过去经历的苦你很难想象。我 15 岁开始跟着妈妈在福州做小保姆，一个月 300 元的工资，我只能花 10 元钱，其余 290 元要拿去帮家里还债。我家里很穷，我和妹妹是超生的，都被罚了钱。我爸是非农业户口，村里只分了我妈和我哥的地。我爸原来是我们县一家国营工厂里的工人，后来出过一次事故，脚被压折了，干不成重活。原来还好，有公费医疗，厂里也会照顾着安排一些较轻的活，现在工厂早就倒闭了，到外面打工人家又嫌腿脚不好，所以家里就靠我哥种那两亩地，还有就是我和我妈做保姆的工资。"正是家里的窘迫和这段经历，让B学会了勤俭持家，这恰恰成为她今天取得"成就"的主要原因。B的丈夫原是福州一家五星级酒店的日本料理厨师，来自福建南平的一个农村。日式料理是一种很有特色的饮食，但没能像西式快餐那样在中华大地上遍地开花，而是慢慢形成了中高档的定位特色，日式料理的师傅们也就形成了一个相对专业的圈子，有需要时大家互相帮助。B和丈夫夫唱妇随的打工生活并不是盲目四处出击，而是朋友之间互相支援。自两人结婚以来，只换过三份工作，都是为朋友开店站台，当然，工资也很让人满意。从2004年至今，B丈夫一个月的工资基本维持在5000~7000元。

当笔者问起B的未来打算时，B脱口而出，认为是多挣钱。"和你们有正式工作的不一样，我们一时一刻都离不开钱。租房子、吃饭穿衣、孝敬双方老人，还要看病。我手头的钱多一些，心理就踏实一些。"我提醒她，其实她也可以参加社会保险，这样就不用担心看病和养老的问题了，甚至失业也有保障。B反问道："谁给我上保险，我们餐饮行业从来没有给员工上保险的。不过，就是饭店愿意，员工也不一定愿意，大家年纪轻轻的，都还没稳定下来，经常是这家干上三个月，那家待上两个月，不停地换。"

B告诉笔者说，她也买房了，房子在大学城，现在正在装修。"我和我老公一直到2006年才在福州安定下来，一是因为我们工作的这家日式料理店生意还不错，收入稳定。二是把女儿接到福州上学了，当时我老公的朋友，也是我们这家店的老板自己花了2万元找关系，让女儿进了金山小学（仓山区排名前10以内），我们很感激。人说'滴水之恩，当涌泉相报'。人家这样帮我们，我们也要讲良心，所以从2006年之后，我们就一直在这家店工作。而且，我在2008年又生了一个儿子，现在在上幼儿园，也不能说走就走。"B接着说。

笔者由衷地恭喜B："你们现在总算是苦尽甘来呀，买了房子，以后就可以把户口迁过来，稳稳当当地生活了。"B却说："我们没想着迁。我们这两年在福州混得确实不错，但谁又能说得准以后会怎样呢。听我老公说，他们村里要分林地，以后林地就属于自家的。如果我把户口迁到福州，我们在农村就什么都没有了。现在有没有福州户口其实影响不大，顶多我再多掏几万块钱，看看能不能给我儿子弄到好一点的小学，只要上了小学，以后就没问题了，户口放在农村，我还有宅基地，还有国家补助。"笔者笑话B："你这叫脚踩两只船，农村的、城里的政策好处都叫你给占完了。"B也不好意思地说："其实我们基本上不会再回去了，28年的人生有13年都是在城里过的，已经习惯了，不迁户口主要是想给自己留条后路，万一哪一天有变，我们一家也不至于没个着落。"笔者很是感慨B的无奈。因为长期以来所具有的城市社会保障"局外人"身份，他们已经习惯于自己解决所有的难题。笔者于是想帮她一把。笔者告诉她，只要找个单位代缴，也是可以参保的，不过全部的钱要自己出。B马上追问，每个月缴的钱多不多，她两个孩子现在能不能参加，等等。

　　B夫妇的打工经历和中国千万个农民工打工家庭没有什么区别，就是在流动中寻找更好的赚钱机会。但是，出于一些特殊的原因，比如老板的朋友在其女儿上学时的慷慨相助、孩子需要生活稳定而"安定"下来，并通过一步步打拼和累积在城市站稳了脚跟。2012年，B的丈夫和几个朋友在宁德开了一家日式料理店，B家出了150000元，开始了由打工向老板的华丽转身。

　　对B的访谈进行了两次，第二次是B主动打电话过来的，说是第一次访谈后，打电话问了问婆家参保的一些情况，知道养老保险他们夫妻已经有了。因为福建省农村养老保险有这么一个规定：子女不参保，老人到了60岁以后，不能领取养老金，因为一人一年100元不多，所以家人也就没告诉他们夫妻。B说，她想参加新农合，反正需要缴的钱也不多，即使现在用不着，也不会吃亏。让笔者感到吃惊的是，B又问笔者，她女儿和儿子能不能参保，如果可以的话，她想让女儿和儿子现在就参保。

【启示与思考】

1. 现代型社会关系网络有着更强的资源调动能力，尤以血缘、地缘关系组成的初级社会资本向以业缘关系为主要内容的异质型社会资本的转变是新生代农民工市民化的关键

社会资本是农民工在城市生活中赖以生存和发展的重要资本，农民工在城市建构的社会网规模越大，其获取资源的数量就越多。

B 的初始条件不仅算不上好，甚至还有些差。因为家庭经济困难外出打工，也没有什么技能，当过小保姆，也做过餐饮店小妹，和多数女性农民工外出务工没什么不同。如果没有后面遇到的朋友，B 的务工生涯可能和多数农民工一样，辗转于一个又一个就业单位，在奋斗大半辈子后叶落归根。B 市民化的成功虽然带有一些偶然性，却证明了异质型社会关系网络对于提升农民工获取资源能力的重要性。因为和老板朋友的关系，B 夫妻由此结识了很多饭店老板或者是大厨，形成了日式料理朋友圈。几年关系累积下来，B 夫妻和他们也从最初的工作帮助发展到合作伙伴的关系。B 夫妻的社会关系不再局限于原有的初级社会关系网络，一些新的社会元素，如老板、城里人、当地居委会及政府干部等异质群体和制度内关系，也正在被他们逐渐吸收到自己的社会网络中来，使得社会关系网由封闭转向开放，逐渐形成了以业缘为主的现代型社会关系网。这种现代社会关系网为 B 的丈夫带来了各种社会资源和支持，慢慢地开始涉入城市人的交际圈中，并在不断与城里人交往的过程中，获得了更大的发展空间。

因为这种异质型的社会关系网络，B 的女儿得以进入一所福州公办小学就读，获得了本地户籍才能享有的公共服务。并且，因为子女的教育，B 夫妻在不知不觉中就业和生活就稳定下来了，开始将福州当成了家。

B 市民化的成功虽然源于一些机缘巧合，却实现了良性循环。社会关系网络的改善→公共服务的享有→生活稳定→收入增加→投资、购房，经过数年努力，B 在城市的发展已经完全改变了不利的初始条件，走上了良性发展轨道。

B 的发展轨迹证明了农民工市民化的过程，就是其社会关系网络重构、再生的过程。新生代农民工能否超越以血缘、地缘为主的传统社会

关系网络，拓展和建构以业缘为主的现代型社会关系网络，是其能否实现市民化的关键。换句话说，新生代农民工要想在城市中进一步发展，除了利用现有的关系外，还必须扩展新的社会关系网，也就是与城市社会结成网络来获得新的信息、机会和资源以及必要的社会支持。

打破计划经济体制下的各种障碍和约束，构建基于城市就业和生活的新型社会关系网络，提升农民工的职业地位以及相应的社会地位、经济地位和实现市民化，应该从以下几个方面推动。

（1）打破城乡二元户籍制度。农民工在城市社会网络关系的建构更多地受到户籍制度等制度性安排的限制和约束，政府应该进一步在社会保障、住房、卫生和医疗等方面推行城乡居民"基本公共服务均等化"政策，从制度上根除城乡差别，改善新生代农民工的弱势地位，提升其市民化的能力。

（2）完善劳动就业制度，加强对农民工的教育培训。一是规范企业用工制度，杜绝歧视，保护农民工的合法权益。政府要取消各地录用劳动力的户口限制和职业限制，给农民工以平等的竞争机会。二是政府要推动对农民工的教育培训工作。人力资本是农民工就业的重要因素，对其在城市长期生存、生活和发展具有显著影响。人力资本越强，越有助于社会融合。教育、培训以及工作经历，是农民工积累人力资本的重要方式。由政府主导，建立政府、企业以及社会组织共同参与的多元化的农民工培训投入机制，是推动这一工作的有效机制。

（3）推动城市居民和农民工之间的交往和互动。包括引导市民正确认识农民工对城市社会经济发展的作用，加强对农民工的正面宣传，通过在社区、企业和学校等层面建立旨在促进农民工和市民、农民工子女和城市居民子女相互沟通和相互理解的一些项目，鼓励并提高农民工及其子女的社会参与，改善农民工及其后代在城市的社会融合水平。

2. 农民工的社会权利意识虽然开始增强，但是对社会保险所代表的权利义务关系、社会保险的内容和使命并非完全了解

社会保险是社会保障制度的核心内容，是指国家通过立法强制建立社会保险基金，对劳动者在丧失劳动能力或失业时给予必要的物质帮助的制度。参加社会保险是包括农民工在内的所有中国公民的一项基本

权利。

B 在经济层面的融入已经完全没有问题，也有了自己的朋友圈，社会融入程度好。从 B 的选择来看，她对彻底退出农村、定居城市还是有顾虑的，更愿意保留农村户口作为退路。这种考虑对于 B 夫妻来讲，再正常不过了。B 夫妻学历不高，能够有今天的成就，主要是因为还年轻，能打拼，如果哪一天身体倒下了，不能赚钱了，怎么办？因此，他们必须为未来做点打算。并且，B 夫妻一直从事的餐饮业普遍没有为员工参保，长期的打工生涯和社保缺失的现实，造就了他们独立奋斗的生存逻辑，"只有钱才能让自己的生活更有保障"恐怕已成为中国多数农民工的人生信条。B 在和笔者交谈后，才开始从制度层面认识社保，并且很快转化为实际行动。从这一点上，我们相信，随着农民工对社会保障认知程度的提升，其参保意愿也会大幅提高。

从 B 夫妻的奋斗历程中，我们再次感受到了社会福利对于农民工城市生活的重要影响。如果不是小孩子在福州上学，B 夫妻说不定还在漂泊中定位人生。社会福利强烈的公民权利色彩在农民工市民化过程中的作用，也应该引起足够的重视。

（三）样本 C

样本 C，女，黑龙江人，1985 年出生，现为福州市某奢侈品网站客服。在新生代农民工市民化问卷中的得分情况如下：市民化总分为 50 分，其中，经济融入程度为 15 分，社会融入程度为 20 分、心理融入程度为 15 分。在本研究的 367 名被试中总分排第 1 名。以下是访谈记录。

C 在河北某一职业技术学院读了三年大专，市场营销专业。2006 年毕业后，就想趁着年轻闯荡社会。因为一直在北方成长、在北方读书，C 很想感受一下南方的生活。而且江南美女的温婉也一直是 C 所欠缺的，她总觉得一方水土养育一方人，如果自己到了南方后，气质上就会多些女性的柔和。C 一毕业就到了靠近上海的嘉兴，在一家日化企业做销售。因为专业对口，再加上性格方面的原因，C 上手很快，一个月基本工资加提成，基本可以达到 2 万元左右，C 的日子过得红红火火。因为经济条件比较好，C租住在嘉兴一个好的小区，也开始学着用更讲究的服饰来武装自己了。不过仅仅过了8个月，C就选择了辞职。主要是因为C想着趁年轻，多闯荡一番，才不会让人生有太多遗憾；还有一个原因是销售工作的开展离不开公关，为了一单生意经常出入酒楼或歌厅陪客人，让C感觉这项工作有点低俗，从而萌生了退意。

C的第二个工作地点转到了苏州的一家五星级酒店，做服务员，从最基本的餐具摆放开始，C一步一步做上来，做到餐饮部领班，C只用了4个月的时间。工资也从最初的2500元左右，升至4000元。不过，C对钱看得并不重，虽然出身农村，C的家境却不算差，哥哥已经成家立业，在县城一家效益不错的工厂上班，C的父亲是村支书，也是文化人，虽不是大富大贵，却也不至于靠C来改善家庭生活，这样的家庭条件对C有时还可以小有接济。所以，C并没有重担在身的压力，工作得很纯粹，而且选择到酒店工作本来就是为增加阅历。C又用了一年时间，成功晋升餐饮部经理。C给自己定的目标很顺利地达到了，很是高兴。她就想着，再待半年时间体会一下独当一面的成就再辞职，但这个计划被提前打断了。主要原因是C被一个成功男士深深吸引了，但对方有老婆孩子，爱C不假，但是绝对不会抛妻弃子去离婚，属于"红旗又不伤、彩旗又不烫"的风流倜傥类型。初尝恋爱的欢愉和背负的道德压力让C很受折磨，仅3个月就支持不下去了，C决定离开苏州。

2009年，在一个大学同学的召唤下，C来到了福州。C在福州换过很多次工作，从物流公司到连锁超市，但是都待不长。她要么觉得公司起点低，没什么东西可学；要么觉得工作环境不够好，或者是工资太对不起人了。这样晃荡了一年多，在一个很偶然的机会，她来到了现在这家奢侈品代购网站。做网站客服底薪只有600元，每10000元提成200元，C每月基本可以达到6000～7000元的收入水平。而且，对C来讲，做奢侈品导购一方面可以借此了解一些奢侈品牌，让自己眼界更广；另一方面，还可以趁机了解一些网购方面的知识。所以，这份工作对以增加人生经历为目的的C来讲，非常难得。在笔者找到 C 的时候，她觉得自己的使命已经完成，正准备开始下一个征程了。

"我毕业以来，还算是比较顺，没有那种一腔抱负却不得志的苦恼，偶有小曲折也还没有酿成大错，也算另一角度的人生宝贵经验了。" C 这样总结她这几年的人生经历。在笔者问及 C 在这一过程中参加社保的情况时，她非常清楚地说："我知道社会保险很重要，也知道参加社会保险不会吃亏，但因为自己不停地选择，工作不稳定，所以，还是顺其自然吧，有提供就参加，不提供也不特别要求。幸运的是，我工作过的单位无一例外都提供五险，不过保险关系转移很麻烦，我在其他两地的保险关系等于是作废了。"

谈及城市生活的感受，C 觉得都挺好的，住的也都是好一些的小区，工作环境也都不错，因为收入比较高，所以已经买了一辆车了，出行很方便，有时也和同事朋友一起到外面玩玩，不觉得自己跟城市人有什么不同。不过区别还是有的，就是暂住证很麻烦，每年都要弄，每次去办暂住证时她都会觉得低人一等。

在未来的打算上，C 想着经历得差不多了，准备找一个合适的工作安定下来，再找一个合适的对象结婚。工作地点基本就确定在福州了。对于住房要求，C 觉得结婚时会把房子定下来，两个人一起买房子，一起还贷款。如果需要，再把户口迁过来，不过那是十分遥远和将来的事情了。

一个月后再联系 C 时，她说自己已经在奢侈品代购公司里做人力资源管理工作，职位是经理助理。

【启示与思考】

1. 心理资本对人力资本和社会资本的促动作用使其成为农民工市民化过程中的基础性力量，是农民工市民化过程中的重要因素

在所有样本中，C 得分最高。从经济、社会、心理三个方面来看，C 和市民除了户籍外几乎没有差别。C 的工作能力很突出，是其市民化过程中的关键因素。不过，从 C 的经历来看，她的工作和生活也经历了诸多不顺。C 在毕业后的几年间，工作也换了几份，每一次更换工作都是从头

来过。从北至南，也辗转过几个城市，甚至还经历了情感上的坎坷。不管是换工作还是换城市，C都没有那种失败者的失落和失意。"更换"（工作/城市）对于C来说，仅仅意味着新的开始。不论什么时候，也不论处于什么状态，C对于自己未来的发展都有甚为清晰的规划。这主要源于C积极的心理状态。

　　心理资本是个体在成长和发展过程中表现出来的一种积极的心理状态。这种积极心理受个体人力资本水平的直接影响。新生代农民工人力资本存量越高，知识经验越丰富，他们在城市生存的能力必然越强。如果高人力资本为他们带来了如收入增加、社会地位提升等高回报，就会增强他们的自我效能感，坚定扎根城市的信念，相信通过自身的努力能够实现自己的城市梦想，即使在城市打拼中遇到困难挫折，依然会自信、乐观、坚韧地去迎接挑战。案例中的样本C就属于此类。C大学毕业，工作能力突出。相对于其他农民工来说，C的人力资本水平在就业市场上有着明显的优势，不仅能找到比较稳定和职业声望比较高的职位，也总能很快地在工作中脱颖而出。对于在城市工作和生活，C也会遇到一些来自户籍管理制度方面的限制或者排斥，如办暂住证，但是她没有一般农民工那种迷茫和无助。C的自信源于自身的实力，这是人力资本作用于心理资本的典型表现。

　　这种积极的心理状态也同个体所处环境密切相关。个体所受到的来自家庭的支持、组织的支持以及领导的支持，对于个体心理资本具有十分重要的影响。在案例中虽然没有用于支撑的事实材料，但从C工作过的单位来看，这些单位组织机构健全，管理规范，而C的表现又比较耀眼，在工作单位受到歧视和排斥的可能性不大，甚至还可能得到单位领导的欣赏和重视。C的这种积极的心理状态是人力资本和组织支持良性互动的结果。

　　心理资本与人力资本、社会资本是性质相似而内容却完全不同的独立概念。如果说人力资本与社会资本是农民工就业中的重要资源，那么心理资本则是促使其人力资本与社会资本发挥作用的基石。积极的心理资本往往导致积极的产出。就C来说，尽管还处于事业的起始阶段，各个方面还不够稳定，但C对自己未来的城市生活始终表现出一种乐观和积极的态度。C 有自己的职业规划，并且执行得还不错，这让她在城市生活有了可靠的保证。虽是租房，但 C 所住社区相对高档，处于一个开放的社会网络环境中，同城市社会并没有实际的距离。

心理资本通过影响新生代农民工的社会资本和人力资本，从根本上激发了这一群体市民化的持久动力。心理资本在新生代农民工市民化过程中的这种基础性作用，需要政府在制定政策时给予足够的关注。从客观环境来看，改善新生代农民工的心理状态应该着眼于增强他们的被信任感、认同感和安全感，消除被歧视和孤独感。包括政府公共服务的对象、范围应该涵盖农民工，保障举家迁移的农民工在城市能够稳定地工作和生活；宣传农民工的积极效应，消除市民对农民工的歧视和不信任；提供社会保障，解决农民工的后顾之忧；等等。

二 融入程度差的新生代农民工的资料整理及分析

（一）样本 D

样本 D，男，湖南株洲人，1984 年生，现为福州市一家企业的普通职工。在新生代农民工市民化问卷中的得分情况如下：市民化总分为 30 分，其中，经济融入程度为 12 分，社会融入程度为 6 分、心理融入程度为 12 分。在本研究的 367 名被试中总分排第 267 名。以下是访谈记录。

D 是在填写调查问卷的时候，每填一项都会念出声音，从而引起了笔者的注意。他对城市社会保险要比其他受调查者懂得多，笔者就想多了解他一下，以备使用。他到福州的第二天，就找到了金山工业区的招聘地点，他很中意冠捷电子，但又有些怀疑。D 的疑虑是："一家这么大的企业怎么还会缺少工人，大老远跑到福州来招人？" 经过笔者解释之后，他表示理解。

笔者很好奇，D 为什么如此了解社会保险。D 笑着回答说："这主要是我经常上网的缘故，网上关于社会保险的东西有很多。另外，我原来在东莞工作，那里的农民工参加社保已经实行很多年了，可能是中国最早的，也比较完善。为员工参保是每个雇主应尽的义务，参保是我们的权利，能够保障我们的权益，干吗不参保？你看，我手指甲里的这个血块，上个月的工伤事故，花了300来块钱，自己没出一分钱。"说着，他把手递过来给笔者看。听说D是昨天才到福州找工作的，笔者很惊奇他的职业嗅觉。D回应说："我找工作的方式很特别，从来都是一个人独来独往，出发前先上网搜集信息，然后行动。今天我已经先到海峡人才招聘市场转了一圈，又将福州橘园洲工业园的工厂分布情况实地考察了一遍，用了不到两个小时的时间。我这次是从浙江来，广东和浙江都经历过了，想看看福州怎么样。"笔者问："那你每次换工作，保险关系随迁吗。"他回答说："迁啊！干吗不迁，我先是从广东迁到浙江省，我在福州找到工作后会把保险关系迁过来，我今后也不打算回老家了，在城市无儿无女，又没有房子，只有这点资产了，我后半辈子还得指望它呢，所以，我现在等于是为我将来做准备。"

D退伍军人出身。2007年离开部队后，先是在东莞某一经济开发区的印刷厂当保安，这是中国大多数士兵离开部队后的共同选择。D一天工作10个小时，月薪为700元，包住。"保安的工作是单调乏味的，也没什么技术含量，有时候会被人骂成'看门狗'，不过我对这些并不在意，觉得自己不会一辈子都看门，结果没过7个月，老板亲自来跟我讲，我一个军人做保安亏了材料，让我到研发部门去，我的命运一下子改善了很多，不到两年的功夫，我就全面掌握了调油漆的技术，并升为二级技师，仅次于老板的技术级别，工资一个月可以拿到5000元，厂里也给分了一小套一室一厅的房子，不用去租房。在周围朋友的多方努力下，我结婚成家了，老板是其中最热心的一个。不过，他主要是想留住我。给员工找对象现在成了中国很多私营老板要操心的事。因为只有成了家，人才会安心，工人队伍才稳定。不过，他还是没有留住我，因为我很快就离婚了，不到一年的时间。"D讲起往事很坦然。笔者问："你对自己是怎么规划的？"他答道："趁我年轻，多经历些，过几年再看看要干哪一行，在哪里工作。不过，我发现，要想工资高，必须要有技术，我在浙江仅仅用了三个月就升了副机长（一个机床有一个机长，三个副机长，每个副机长领导八个工人），担任副机长五个月之后又升为机长，一个月工资4500元，住单位提供的一小套单元房。"不过，在浙江，D并不开心，因为他感觉到本地人对外地人那种内心里的歧视和排斥，这种氛围让他感到很不舒服。在浙江工作期间，他还和厂里一个本地的副机长打了一架，就是因为那位副机长自恃自己是当地人仗势欺人，虽然他没有吃亏，但从此再也不愿意同当地人交往。笔者详细询问D感受到的歧视，D说形式有很多。他举了在浙江的例子，在工厂里，两个人竞争一个职位，尽管两个条件都差不多，或者外地户籍的竞争者条件稍好一些，结果都是本地人优先，在东莞也是这样。

  D身上有一种非常坚忍的气质。每个月，工资一发下来，他的工资都会雷打不动地分为几块：一部分给父母转去；一部分买烟，按一天一包的量计算；一部分做伙食费；剩下的存卡里。即便后来工资大幅度上涨，他也只是对每一部分的金额进行了调整，结构并没有变化。D现在只想趁年轻多历练一下。不过，D选择工作并不盲目。他评价工厂合不合适，一个首要条件是看有没有五险。如用人单位不提供社保，一概不考虑。D是这想的："一个连员工的社会保险都要克扣的企业，对员工也不会好到哪里去。"因为这样一个样本很难得，笔者内心很想D留在福州工作，也因为他答应接受访谈而在福州多滞留了一天，要多掏一天的房钱，所以就主动提出带着他在福州金山工业园转了一圈，想看一看有没有合适的印刷工厂。虽然有两家，但都没提供五险。D后来还是去了冠捷电子，当了一名普通工人。

  一个月后，笔者在网上遇到D，问他怎么样，D说单位很正规，给员工提供宿舍，条件不错，不过因为专业不对口，感到升迁会很难，打算走。

【启示与思考】

打破居住空间区隔，是改善农民工社会网络构成并使其产生心理认同的有效途径。

按人力资本来讲，D 的市民化能力并不差，拥有相对过硬的印刷操作技术，不管是在东莞还是在义乌，D 都会因为拥有技术而迅速脱颖而出，成为厂里的技术骨干并上升为中层管理人员。从 D 的条件来看，经济层面的融入没有任何问题，但社会层面的融入显然有困难。这可能整体拉低了 D 的市民化得分。分析 D 在城市的工作和生活，可以发现，D 市民化得分不高的原因并不在于他的工作能力，而在于他的职业和居住环境。测评发现，在制造企业工作的农民工在社会融入层面的得分普遍不高。这主要是因为制造企业的员工几乎清一色来自外地，打工经历累似，打工目的也较一致——赚钱。大家居住集中，不是住宿舍，就是租住在离工厂不远的民房，"三班倒"的工作节奏使他们很难走出去，平时交流的对象也只能是工友。这种工作模式和生活模式在很大程度上限制了他们与城市市民的互动。

国外学者在经验研究中发现，基于住房市场和住房隔离的居住空间分异会加剧种族隔离和刻板印象。居住空间的分异确实造成了农民工与城市社会的隔阂与对立。城市居民视农民工为影响社会治安的"不安分子或"乡下人"，建构了"污名化"的话语体系。农民工受到歧视与偏见对待后，往往通过聚居的方式进行自我隔离，形成了一个个的原生村，减少了自己与城市社会的交往与互动。D 住在单位分配的小套单元房里，这种住宿条件在制造企业员工中不仅不算差，甚至可以说很不错了。尽管 D 的住宿条件相对较好，但还是处于一个以农民工为主的环境，人员构成相对同质，平时交往的对象不是 A 省农民工，就是 B 省农民工，很少会有本地人。社会网络同质性强，质量低。这种社会网络特征不仅没有为 D 的事业发展提供一点帮助，反而在 D 遭受挫折时将其拉得距离市民社会更远。在 D 竞争机长职位的时候，从他的交往圈我们看不到哪怕一丝的帮助。但是，我们可以想象的是，在打了一架后，在 D 表示再也不愿意同当地人交往后，他最有可能保持的就是和这些同属异乡人的工友交往。这种由行业性质决定的相对集中的居住方式，成为影响 D 社会网络拓展的最主要障碍。

就中国的具体情形来看，农民工收入水平普遍不高，为了省钱，他们多选择住集体宿舍或是租住在城中村。这些居住场所虽然方便了他们的工作和生活，但无形中也拉开了他们同市民社会的距离。居住空间的分离已然成为大多数农民工市民化的现实障碍。因此，推动农民工市民化首先要改善其居住条件，破除农民工和市民在居住空间的隔离状态。购买商品房虽然被视为能彻底解决这一问题，但对绝大多数农民工并不现实，依据农民工在资本占有和就业层次的不同，分类、逐步地将农民工纳入城市保障房体系（见表7-2），不仅是积极解决农民工进城安居乐业之策，还是打破隔阂、促进融合之道。

尽管 D 的社会融入情况不能令人乐观，但对城市心理认同的得分却比较好。这主要源于他对社会保险的了解。D 的原话是："以后越来越市场化了，不管你是农村人还是城里人，大家一样都得参保，社保最终是由政府兜底的，这个不会亏着，年轻时参保就是在为自己的未来累积实力。"D 认为，他应该划归为"新市民"，他感受到的户籍身份区别主要表现在工作中本地人拥有比外地人更多的升迁机会。

D 是一个矛盾体。不管是从他对社会保险制度的认知来看，或者是从他一直以来的参保行为来看，还是从他的人力资本水平来看，D 都应该属于市民化能力较强的那部分，市民化程度应该高才对。但是，事实却与之相反。主要原因就在于 D 所属的制造行业。在调查中笔者发现，受行业封闭性的影响，建筑行业和制造行业的从业人员市民化程度普遍不高。在一半左右的农民工从事建筑业和制造业的情况下，解决他们居住空间分离的问题对于推动农民工市民化意义重大。

表7-2 新时期农民工住房供应体系基本框架

供应体系	市场特征	住房类型	各层次需要住房的农民工	说明
市场提供	一级市场 二级市场	新建和二手转让普通商品房	少数进城时间长、有一定支付能力的农民工家庭	完全竞争市场
	租赁市场	低端、普通出租屋	一般在城市务工、没有住房的农民工	
用工企业提供	工作宿舍	具有基本生活条件的集体宿舍	在工厂或服务业工作的农民工	政府政策支持用工企业建设标准化的农民工宿舍

续表

供应体系	市场特征	住房类型	各层次需要住房的农民工	说明
政府政策性支持	保障性住房	具有基本生活功能的公共租赁房	收入较低、没有住房的农民工家庭	有政策支持、申请有一定准入条件
	保障性住房	封闭运行的廉租房	贫困农民工家庭	住房保障，只租不售
	保障性住房	封闭运行的经济适用房	希望购买住房的中低收入农民工家庭	政府补贴，封闭运行
	保障性住房	限价房	具有一定支付能力，希望购买住房的中低收入农民工家庭	有政策支持，出售有一定限制

资料来源：国务院发展研究中心课题组：《农民工市民化进程的总体态势与战略取向》，《经济研究参考》2011 年第 5 期。

（五）样本 E

样本 E，女，湖北武穴人，1985 年出生，制衣工人。在新生代农民工市民化问卷中的得分情况如下：市民化总分为 26 分，其中，经济融入程度为 9 分，社会融入程度为 10 分、心理融入程度为 7 分。在本研究的 367 名被试中总分排第 302 名。以下是访谈记录。

  E 是笔者在做服务行业问卷调查的时候认识的，当时看她问卷填写得认真，有不理解的地方会主动问，就暗暗记下了她的问卷。测试结果出来后，笔者便到她工作的地方，想做一个服务行业的深度访谈。笔者去了两次，第二次可能是因为带着小孩去的，才打消了她的顾虑，约定访谈在她的出租屋进行。

  在我们俩交谈的时候，笔者才意外得知测试时她刚到新的工作单位半个月，之前一直是在工厂里打工的。后来，根据她的情况，笔者将她列入制造业员工。

  E 身上会聚了新闻报道中几乎所有关于农民工的描述：辛劳、本分、悲苦、重眼前利益等。E 的经历很难同新生代农民工对上号。E 初中毕业后外出打工，母亲坚持让她学裁缝。在老人眼里，裁缝是一个正经职业，不像美容美发那种行业让人放心不下。而且学一门技术总是好的，回来还可以自己开裁缝店。所以，E 就在父母的"谆谆教导"下踏上了外出务工之路。这一年是 2001 年。E 的第一个工作单位是福建石狮的一家制衣厂。回忆起这段日子，E 是痛苦的。工作时间从早上 8 点钟到晚上（准确地说应该是凌晨）2 点钟，中间有吃饭时间，工厂包吃包住，一个月给 20 元生活费。听到只有 20 元钱生活费，笔者感到很不可思议，一再问她有没有记错。E 坚定地说，永远都不会记错，因为是学徒，所以只是象征性地给一点。石狮的打工生活是艰苦的，所以第一个春节过完，E 死活不愿意再回来了，而是去了离家比较近的武汉的一家制衣厂，那里待遇相对好一些。从早上 8 点钟工作到晚上 10 点钟，中间有两个小时的休息时间，包吃住外每月可以拿到 200 多块钱，这样又干了一年。听说温州的工资开得要高一些，2003 年春节过后，E 和同乡踏上了开往温州的列车。E 在温州待了 3 年，其间换了七八间制衣厂，工资也从 300 多元涨到了将近 2000 元。说起在温州的经历，E 感到心酸。首先，她所经历过的制衣厂都不跟员工签订劳动合同，工资和薪酬待遇基本是口头约定，工资年底结算。不管你什么时候离职，也只能到年底结算时拿到工资。有一次，她去原来工作过的工厂讨薪，主管耍赖，不肯给钱，她是有心人，保存了当时的工单又幸运地遇上了大老板，才将 2000 元"血汗钱"给要了回来。因为讨薪很辛苦，之后，凡是要辞职，工友们都会相约着一起辞，因为人多，才有可能在辞职时拿到工资。后来，她随丈夫来到福州，仍旧做制衣工人。从 2009 年初到 2012 年初，在三年时间里，E 已经经历了无数家服装厂，有的是工厂倒闭了，有的是嫌工资待遇低，有的是嫌劳动条件不好，有时甚至是为了多个把小时的休息时间而跳槽。E 选择工作的标准是：工资要尽可能高，工作要尽可能轻松。

笔者问 E，在城市工作这么多年，为什么没想着留下来呢？E 说："我也想过做其他工作，多挣些钱，像城里人一样。特别是在温州打工的时候，总想脱离服装制造业，但发现很难。因为换个行业，得重新适应，很难，也很容易被骗。服装行业的每一个环节自己都很熟，兜兜转转，硬是没能离开这个自己既熟悉又无比痛恨的行业。

为此，2005 年我还和妈妈闹了一场。我埋怨妈妈如果当初不是她要我学裁缝，我也不至于这么辛苦，每天只会守着流水线做衣服。想起自己辛酸的打工经历，有一次我跑到二楼要跳楼，当时我妈也哭了，骂我说如果不想老人一辈子抬不起头来，就跳吧。我最终还是屈服了，乖乖下楼了。"（说到这里，E 的眼圈都红了）此后，她做裁缝一直到 2012 年初。

至于为什么会离开制衣厂，E 告诉笔者说："因为 2012 年 2 月，发现自己宫外孕，就辞了工作，在福州一家大医院做了手术，养了三个月，再去工厂做衣服，身体有点吃不消，所以现在帮人卖衣服，刚去一个月不到。"笔者很关心 E 的手术费怎么出。E 说，总共花了 5000 多点，新农合只给报了 1000 多块钱。笔者告诉她，如果回老家做手术会报得多一些。E 说，他们也算过，回家是可以少出点手术费，但加上路费七七八八的也不少花，还不如在福州做手术，对工作生活影响不至于太大。

同多数农民工一样，E 省吃俭用，租住在城中村，她的邻居多是好的工友或老乡。E 之所以能频繁换工作，关键就在于这样的社交圈每天都在更新着最新的招聘信息，有时刚换个工作没多久，就有熟人介绍更好的工作。在他们眼里，所谓的好工作要么是工资高，要么是同等工资条件下干活轻松，大家基本上都是追着工资不停转。E 也认为，这种流动很正常："反正我们也不会在城市长留的，差不多就回去了。我们在老家盖了三层小楼，加上地下室，总共四层，我俩打工 10 年攒的 20 万元全用在了房子上。"笔者忍不住问 E，为什么没想着在城市买房。E 说："其实，我们两个干的都是力气活。现在年轻还好些，回头做不动怎么办？2011 年我就发现身体有些吃不消了，我们最终还是回老家最实际。不过，我并不想再回去农村，出来这么多年了，对农村也有些不适应。再说，农村也就过年热闹一些，年一过完，哪还找得着同龄人呢。所以，我想在县城买一个小点的房子，带着孩子在县城上学。"E 和丈夫住在一间 8 平方米左右的小房子里，在走廊里做饭。E 的丈夫原来也和她一样做裁缝，后来嫌裁缝没前途，撑死了就 2000 多块钱，就随舅舅到福州的建筑工地当了一名泥瓦工。苦是苦了点,但一个月可以拿到 4000 多块钱,这符合 E 夫妻的现实追求。

笔者询问 E,在这 12 年的打工经历中,让自己开心的事有哪些、不开心的事又有哪些。E 觉得开心谈不上,印象最深刻的是在温州工厂一个成功讨薪的事,这件事让她开始懂得捍卫自己的权益。"最初我打工的时候,简直就是包身工,没日没夜地干,钱少得可怜,也不敢反抗。现在好多了,国家规定最低工资标准之后,尤其是这几年对农村补贴越来越多,我们也可以挑挑拣拣了。我原来给一家工厂制样衣,他们为了留住我,还提出给我上保险。"E 顺便回顾了她的打工经历。她说:"最不开心的事情就是现在除了做衣服好像什么都不会做,想想做衣服就恨得咬牙。"没有听到预想的答案,笔者很不甘心,于是引导性地问 E 在城市有没有觉得被城里人看不起,E 说自己从来不觉得。因为大家(工友和邻居)都一样,都是外地来的,老人孩子都在家里,无非家庭负担多一些少一些的区别。

后来,笔者和 E 又有过一次通话。在这次通话时,笔者给她描述了参保对她在城市生活可能产生的影响,并问她对这件事是怎么考虑的。E 告诉笔者,她不会在福州参保,她现在只参加新农合,等将来有钱的时候会参加新农保并一次性缴清所有保费。"反正我现在还年轻,养老还用不着,只想现在多攒钱,家里的房子还是一个空壳,添置家具也得几万块钱,在县城买房子也得靠我们多挣钱。"

【启示与思考】

初级社会资本在就业、城市生活等方面发挥着积极的支持作用,但其网络同质性强,往往成为农民工和城市社会互动的障碍。

新生代农民工的社会资本多表现为以亲缘、血缘、地缘为主的强关系。这种强关系不仅发挥着求职渠道的作用,而且为新生代农民工在城市相互之间进行照顾提供了可能,甚至还能成为他们宣泄生活心理困扰的出口。总之,初级社会资本的作用集中体现在帮助新生代农民工在经济上和精神上适应城市环境,提升农民工在城市生活的满意度。

E 虽然属于新生代农民工群体,但 E 的社会交往圈却和第一代农民工一样，属于典型的初级型社会资本，这主要是由 E 初次就业的行业性质决定的。E 所从事的服装加工业是改革开放初期中国东部沿海最早的工业形式之一，属于传统劳动密集型产业，招收的员工也都是来自各地农村的务工农民。E 也正是循着老乡的足迹开始了人生的第一份工作的。这种行业的用工特征，决定了 E 的交往网络几乎是清一色的老乡。此外，加工制造企业实行的都是倒班制，这意味着制造企业的员工的生活节奏很难和市民社会的"朝九晚五"的作息时间保持一致。包括 E 在内的制造企业的员工的生活模式，基本由上班和睡觉组成。如有多余的时间，就是打扫一下卫生，做做家务；再有时间的话，就是老乡之间串串门。即使外出购物，也是老乡结伴，生活圈子小而单一。而且，制造企业一般都集中在相对偏远的工业园区，进一步强化了农民工和城市社会生活领域的隔绝状态。在工业园区附近，来自不同地域的农民工慢慢地会集在一起。他们保持着家乡的饮食习惯，说着家乡方言，形成了一个个具有鲜明地域特色的"村落"。处于这种传统的社会网络中，E 除了感觉到温暖和舒适外，几无所获。虽然在城市生活了十几年，E 却和城市渐行渐远。这主要是因为 E 所从事的服装加工业属于夕阳产业，其行业日渐降低的平均利润率冲抵了本应随工作经验的增加而上升的工资水平。

E 的经历其实也是中国千千万万农民工的缩影：工作如蚂蚁般勤奋，工资却如讨饭般可怜。E 现在一个月大约能拿到 2000 元，加上丈夫的工资（4000 元/月），E 在经济层面上保证正常的城市生活是没有任何问题的，但这是两人能够发挥的最高水平了，当身体不再强壮时，这份收入注定难以保持下去。市场"达尔文生存主义"法则使他们只想着多干活、多赚钱，这导致他们眼界变短，不断追着钱跑，有时为了多得几十块钱，或者是在同等工资条件下工作较轻松些，他们会毫不犹豫地换工作。在他们眼里，城市仅仅是一个工作赚钱的地方，除此之外，再无其他。

像 E 这类群体在城市有着强烈的"过客感"和"飘零感"。他们看似每天还在努力地工作，辛勤地赚钱，但其实是"当一天和尚撞一天钟"，早就放弃了融入城市的希望和努力。

这一群体走出生活孤岛的道路有两条：一是通过技能培训，提升其就业能力，通过人力资本水平的提高来改善其社会资本的结构和质量。

二是解决农民工随迁子女的义务教育问题。华人社会历来都有重视子女教育的传统，此一问题的解决，可能是打开现有隔离环境的有效途径。

（六）样本 F

样本 F，男，四川宜宾人，23 岁，福州某一建筑工地的工人。在新生代农民工市民化问卷中的得分情况如下：市民化总分为 23 分，其中，经济融入程度为 9 分，社会融入程度为 8 分，心理融入程度为 6 分。在本研究的 367 名被试中总分排第 345 名。以下是访谈记录。

在做问卷调查的时候，笔者就暗暗观察到 F 了。因为他太年轻了，在建筑工地上已经没有几个新生代农民工的情形下，出现这么一个青涩面孔的 F 让笔者很是振奋，非常渴望他能带来截然不同的故事，以便使笔者对农民工的观察更丰富一些。F 没有让笔者失望。

F 参加工作有三年了，一直转战于不同的建筑工地。从将钢筋压成圈开始，搅拌水泥、做泥瓦工，F 尝试了好多种工作。F 的家庭经济条件还可以，只有他一个孩子，因为高二辍学后，在家晃得父母心烦，才被赶到叔叔工作的建筑工地。在工地上，F 的穿着打扮属于典型的建筑工人，但走出工地，丝毫看不出他是建筑工地出来的打工小伙。

建筑工地的生活是苦的，也是闷的，几乎清一色一身泥灰的爷们，偶有个把女性的身影，也都是别人的家属。建筑工人的工种分得很细，包括瓦工、钢筋工、模板工、混凝土工等。这些工种分布在建筑工程的不同阶段，建筑工人通常是这个工地上的工作结束了，再转战到下一工地从事同样的工作。所以，F 随着叔叔的"部队"在福州的好几个楼盘工作过。不过，他们没有在外面租房子，而是选择住在建筑工地上的简易房子里。这是个因为缺少女人而显得有些乏味的地方，壮年汉子的激情只能通过喝酒、打牌、看黄片等方式来宣泄。时间久了，F 也觉得乏味，所以用手机上网就成为他解闷的唯一方式。F 用的是 iphone 4，一有空，他的眼睛就直盯着手机。笔者很好奇，问 F 都在看什么。F 显然没想到我会这么直白地问，显得有些不好意思，有点扭捏地回答：看小说。在我问起是不是收费小说时，F倒是坦诚地告诉笔者，他一个月看小说基本上要花80元。笔者有点明白F这个"90后"为什么能够在这个建筑工地待上三年的原因了，看网络付费小说给了他不少的精神满足。

说起业余生活，F说："我也不算太差，一个月能拿3500多元。平时在工地上吃住也没有大的花销，除了交给叔叔保管的那一部分，自己可以随意支配1500元，也会'进城'看电影、和朋友唱歌、买件时髦衣服，基本上是1500元花完这个月就不再出去了。"在笔者讲起每个人都要为自己做点打算的时候，F说："我现在是按父母的意思出来工作了，没有给他们添麻烦，每个月还能有2000元交给叔叔保管，已经够可以的了。至于以后是不是要盖房子，娶媳妇就不是我的事情了。"

F也有自己心仪的对象，工地上经常有售楼小姐带领购房人现场看房，F对其中一个就有些动心，也尝试着努力了，但建筑工人的身份标签让他失败而归。"正是因为这一点，我现在出去的时候都会尽量把自己打扮得'潮'一点，也更愿意到电影院、KTV这样的地方，来沾沾'现代气息'，只有这样，才会觉得自己没有被社会遗弃。"F向笔者说出了内心的想法。

在笔者问起有没有社保、医保等等时，F说，工地上除了有建筑工伤险之外，其他什么保险都没有，即使工伤险，也是国家强制要求的。F告诉笔者说："我们这里现实得很，砌墙计件算钱，一平方米70元，搅拌水泥按计时工资算，一天160元。按工种给钱，活累一点，有点技术就多拿。大家现在也很精，虽然不签合同，但利益绝不能受损，什么条件能干活，什么条件不干活都讲得很清楚。小老板也很'规范'，干多少活，拿多少钱。工程结束，'钱活两清'，谁也不欠谁。所以，在外打工要想多赚钱，就到建筑工地来。"

谈起未来的打算，F和笔者遇到的众多"80后""90后"的年轻人一样，没想太远。F有些迷茫地说："也许回去，也许不回，谁知道呢，找着另一半再说，现在想都太早。"笔者笑着调侃他说："就你这样天天在工地上待着，想着媳妇自动送上门，恐怕黄花菜都凉了也等不来一个的。"F不仅没有生气，反倒是非常认真地说：

"我想好了，下个月就准备出去，找我媳妇去。"笔者再一次笑了，现在的年轻人呐，典型的行动派。

两个月后，当笔者再次见到F的时候，他已经离开建筑工地将近两个月了，中间换过两次工作。第一份工作是做房产中介的小弟，也算是"本行"了，但他感觉做得无比辛苦，因为在建筑工地是"身累"，而做中介是"心累"。为了一单生意，前期不停带客户跑楼盘、看房子，然后是在买卖双方之间不停地沟通协调，到快签合同的时候还要提防客户跳单，每天电话打到爆。因为白衬衫、黑裤子加上一辆电动车，这样的房产中介标配让F在出入小区的时候总是会遭到拦截和盘查。F就有一点想不通：又不杀人放火，光明正大进去反遭盘查，真正的贼进去了，保安倒不查了，觉得保安"狗眼看人低"。面对这种屈辱和工作压力，F仅仅坚持了20多天就辞职了。随后到一家筒骨店做服务生，"待遇还可以，就是工作时间太长了，好多客人都是晚上喝完酒或是唱完歌来吃夜宵的，到下班的时候，天基本上快亮了。这种颠倒黑白的日子其实也挺难受，因为饮料、果汁我们服务员有提成，为了一点提成还要挖空心思去推销。不推销吧，又觉得挺可惜的，太累了。还有就是客人叫我小弟时，我觉得也不舒服。现在想想，建筑工地还是不错的，工作简单，人与人相处也很简单。"F说着说着就有些意兴索然了。

【启示与思考】

稳定就业是农民工实现市民化的基本条件，完善农民工教育培训体系是实现稳定就业的内在要求。

农民工频繁更换职业，将会导致他们在不同区域之间、不同岗位之间流动，出现"候鸟式"迁移现象。这显然不利于农民工人力资本的积累和职业发展期望的形成，导致他们缺乏城市归属感，难以融入城市社会。和数以亿计的农民工一样，F在城市属于非正规就业。非正规就业最大的特点就是稳定性差。F参加工作的时间虽然不长，但已经换了四份工作，从建筑业到租赁服务业，从保安到餐馆服务员，不仅工作变动频繁，而且跨度大。和其他农民工一样，F的本意是希望通过流动寻找更好的机会，获得更好的发展，但这种频繁的流动却让他距离市民化越来越远。

由实践来看，流动是实现劳动力人力资本优化配置的有效途径，因为更换工作的过程有助于劳动者克服劳动力市场中的信息不完善，提高雇佣双方的匹配程度。但是，就劳动力自身而言，流动本身并不利于人力资本尤其是企业专用型人力资本的积累。F在换工作的经历中看似增长了见识，却没长本事，其工作技能并没有因为流动而有所提升。虽然暂时还看不出F的工资变动趋势，但从整体看，就业稳定性与工资水平之间是一种先上升后下降的"倒U"形关系。稳定就业总体上有助于提高新生代农民工的工资水平。

从社会交往角度来看，农民工市民化需要建立以城市居民为主要对象的新型社会关系网络。F进入城市的第一个工作在建筑行业，是因为其叔叔的关系，交往的对象以原先的亲戚朋友、老乡为主。后来，F走出了结构封闭的建筑行业，开始进入了开放的商业服务业，接触的对象异质程度明显提高，开始建立新型的社会关系网络，这是一个可喜的变化。但是，就F来讲，他的这种新型的社会关系网却是无法维持的。因为对于就业不稳定的农民工而言，很难建立起固定的人际关系，一旦更换工作单位或就业城市，其社交网络往往会受到直接的冲击，甚至有可能随之消亡。

可以预见的是，F持续不断流动的结果只有两个：返乡或是成为问题农民工。不管哪一种结果，显然都不符合中国城镇化发展的要求。F的问题主要在于没有一技之长，无法实现稳定就业。像F这种类型的新生代农民工有很多，他们不需要赚钱养家，自己挣自己花，平时也会赶时髦，从消费角度来讲，非常适应城市生活。但是，这一群体普遍的问题是工作耐受力不够。因为没有生存压力，他们选工作就由着自己的性子来，喜欢就做，不喜欢绝不勉强自己。不管做什么工作，他们更在意的都是自己内心的感受。这也是他们频繁换工作的原因之一。从F反映的问题来看，稳定就业是农民工实现市民化的前提和基础。

围绕推动农民工稳定就业，首先要在空间上稳定农民工就业的区域。政府在制定政策时应该考虑降低农民工在不同城市之间的流动性，争取为他们提供及时、准确、全面的就业信息，尽量避免他们在不同城市之间盲目、无序流动。其次是大力保障农民工的劳动权益，提高劳动合同的签订率。劳动合同不仅是就业稳定性的重要指标，而且对于保障劳动者的正当权益具有基础性作用。最后是落实最低工资制度，建立农民工工资正常增长机制。

第三节 结论与政策方向

通过总结不同得分组、不同行业和不同年龄段新生代农民工的访谈资料，笔者发现，本研究设计的社会保障影响新生代农民工市民化的作用机制不仅得到了实践的验证，并且丰富了笔者最初的设想。

（1）就新生代农民工整体来说，虽然他们的社会权利意识不断增强，但对于权利平等包含的内容以及实现的路径还缺乏清晰的认识。在市民化过程中，尽管新生代农民工整体更渴望公平地享有"市民权"，但对于如何去争取却是相当迷惘的。在调查中，除了D之外，多数新生代农民工并不知道参保是每个公民的权利，企业有义务为每一个员工提供社会保险，不管他是农民还是市民、是本地人还是外地人。在企业没为他们参保的情况下，他们不懂得去争取，而是习惯于自己做预防性储蓄来应对，对正式制度可能的支持还不够了解。不过，观察到的区别是：新生代农民工人力资本水平越高，他们拥有的制度资源就越多，如A和C。他们所在的企业正规程度比较高，会签订正式劳动合同，为职工提供社会保险。他们自身的努力很容易和制度的支持形成良性循环，共同推动市民化的实现。而拥有较低人力资本水平的新生代农民工群体不仅工资报酬低、工作不稳定，而且所在企业多数不签订劳动合同，也不为员工参保，如E和F。不管他们怎么努力，都很难和城市社会形成良性互动。在这种情况下，他们更看重金钱的保障作用，往往把多挣钱视为首要目标，为了挣更多的钱而频繁流动，最终陷入"低水平的流动陷阱"。长期的城乡分割和制度缺失，农民工已经接受了适者生存的"丛林法则"，其经济理性要远超过其应该具有的权利意识。因此，加大社会保障相关知识的宣传，应该是今后政策完善的必要内容。

（2）人力资本和社会资本是影响新生代农民工市民化的两大重要因

素，并且这两种因素相互影响、相互促进。拥有较多人力资本的新生代农民工往往有着较强的资源动员能力，而人力资本水平较低的新生代农民工调动网络资源的能力则不高。反过来，社会资本也会影响人力资本水平的积累。新生代农民工异质性社会网络（强关系）的建构，会拓宽其获取知识、技术等信息的渠道，使人力资本得到极大提升。政府在研究制定促进农民工就业的政策时，应该着力培养和发展农民工的人力资本和社会资本。

（3）社会福利获得有助于降低新生代农民工的流动性和产生心理认同。无论新生代农民工人力资本水平如何，社会福利对他们的影响都是一致的。在社会福利需求得到满足的条件下，农民工容易产生身份认同，其流动性也会降低，稳定的生活能够帮助他们更好地适应城市社会；反之，则是在不停流动中与城市渐行渐远。不过，从观察到的信息来看，获得社会福利的多少不是由人力资本水平和工作性质决定的，而主要受家庭结构的影响。当举家迁移时，农民工往往会因为住房、子女教育、公共卫生需求而和城市社会福利体系产生交集，他们在获得福利补贴的同时，也容易拉近同城市的距离，更能积极地融入城市生活中。虽然人力资本水平的提高是新生代农民工市民化的基本条件，但将农民工纳入城市社会福利体系更加重要，因为它对新生代农民工市民化的影响可能来得更直接和迅速。当举家迁移成为越来越多农民工的选择时，推动以公共服务为主要内容的社会福利体系向他们开放，应该成为制度调整的方向。

（4）尽管改变户籍是农民工市民化必需的外部条件，但不同人力资本水平的新生代农民工对放弃户籍的考量是不同的。条件好、竞争力强的新生代农民工对农村户籍的坚守带有更多的感情色彩，只有在农村户口成为他们城市生活的障碍的时候，他们才会选择放弃。而经济条件差、自身竞争力不高的新生代农民工则把农村户籍看成自己"最后的依靠"，只有当他们的城市生活再没有障碍的时候，他们才有可能选择放弃土地，离开农村。因此，如果以放弃农村户籍来推动农民工市民化，很难取得成效，更现实的选择应该是破除社会保障的户籍身份识别依据，推动农民工社会保障体系进城。

第八章 结论与政策建议

第一节 主要研究结论

在对农民工社会保障和市民化研究现状综述的基础上,本书对农民进城务工的历史进程进行了回顾和评价,对新生代农民工的群体特征和市民化困境进行了分析和总结,从理论上剖析了新生代农民工市民化的作用机理和主要影响因素,在此基础上设计了社会保障影响新生代农民工市民化的测量量表,并运用结构方程模型和个案研究等实证方法进行分析。本书的主要研究结论如下。

第一,社会福利有助于提升新生代农民工市民化的意愿。城市社会福利的开放与否,直接影响的是新生代农民工的歧视感知而不是收入水平。社会福利的享有能够拉近新生代农民工同城市社会的距离,城市社会福利体系越开放,对新生代农民工市民化的推动作用就越大。对外来劳动力来讲,社会福利的获得与人力资本水平无关,而主要受家庭结构的影响,举家迁移的新生代农民工群体获得的社会福利要远远多于非举家迁移的群体。

第二,参加社会保险对新生代农民工市民化的影响主要体现在经济层面和社会层面。参保对新生代农民工市民化的影响主要在于减少了预防性储蓄而使有限的货币收入得到释放,推动了农民工和城市的互动。养老保险缴费时长的对比表明:在短期内,参加社会保险对农民工市民化的作用并不显著;随着缴费时间的增加,影响将逐渐显现出来。虽然参保与新生代农民工受教育程度正相关,但参保却不主要是由受教育程度决定的,而是受就业层次影响。受教育程度越高,就业越正规,单位提供社会保险的比例越大。

第三，参加社会保险和享有社会福利互为消长又相互促进。从参保角度来看，参保农民工获得的社会福利明显高于未参保的农民工群体。这主要是因为，参加社会保险有助于农民工形成平等的权利意识，更懂得去争取公平的社会权益。从社会福利角度来看，享有社会福利越多，参保率越高。这主要是因为，在中国的政策语境下，社会福利的获得不仅丰富了新生代农民工的城市生活和交往，更大的意义在于推动新生代农民工形成定居城市的乐观预期，进而积极参加社会保险。

第四，人力资本水平是新生代农民工市民化过程中的重要因素。新生代农民工的受教育程度也会通过社会保险和社会福利途径影响城市融入。新生代农民工受教育程度越高，对社会保险的权利义务关系就越了解，主动参保意识强，更可能获得社会保险。而且，受教育程度越高，新生代农民工越懂得去争取合法平等的社会福利权利。

第五，多数新生代农民工并未形成完整的现代社会保障观念。他们当中有相当一部分人并不清楚为社会成员提供生存、健康、养老保障是国家强制性的制度安排，也是公民的一项基本社会权利，他们理应平等地享有这种权利，因而也无法从长远角度看到社会保障公平化的改革趋势。相当多的农民工还是习惯于依靠当前收入和家庭成员互助支持来应对风险的传统做法。新生代农民工参保与否，关键不在于其权利主张的成功，而是用人单位执行劳动合同的结果。

第六，进城农民工对放弃农村户籍有着不同的考量。尽管新生代农民工市民化倾向的整体特征突出，但对于以放弃农村户籍来获得市民化的正式身份，他们有着不同的考量：人力资本水平高的新生代农民工之所以不愿意放弃农村户籍，更多的是缘于情感；人力资本水平低的新生代农民工不愿意放弃，是因为他们要为自己留一条后路。

第二节 政策建议

根据本研究内容及上述结论蕴含的有益启示，本研究认为，应该从完善社会保障体系的角度推动农民工市民化。首先，应该明确户籍制度的改革方向就是逐步突破户籍与福利合一的社会管理制度。应该不断降低城镇户籍的福利含量，还可以探索以参保代替户口作为农民工享受均等公共服务权利的改革，彻底使福利与户口脱钩。其次，将能够保障人们机会平等和扶持社会弱势群体的保障项目摆在优先位置，确保其切实从起点、过程和结果上起到维护社会公平的作用。最后，要重视社会保险作为现代市场经济条件下的一项基本制度设计，从制度完善和长远发展的视角来考虑，如何在照顾农民工现实特征的条件下将农民工纳入社会保险体系中，并实现社会保险对劳动力的制度保障作用。基于上述思路，笔者提出如下建议。

一 减少社会福利权利的户籍色彩，为农民工提供与城市居民同等的公共服务

社会福利蕴涵的市民权利色彩，能够有效拉近新生代农民工和城市社会的心理距离，也在实际中补贴了市民化的成本支出。废除社会福利的身份识别标准、落实社会福利的基础性公平，应该成为今后调整政策的方向。

（1）国家需要从整体发展的战略高度，来积极地审视农民工的市民化问题，应该按公民权利的实际要求，改变当前以户籍为基础的社会福利政策，建立与统一城乡户口登记制度相适应的教育、卫生计生、就业、社保、住房、土地及人口统计制度，让每一个中华人民共和国公民，不管属于何种户籍身份，也不管身处何方，都应得到公民权利基本的公平待遇——均等地享有政府提供的公共服务。

（2）从近期来看，政府公共服务的重点应该放在农民工需求最迫切的随迁子女义务教育和保障性住房上。

一要进一步完善城市公办学校接收农民工子女就读政策，完善转移支付制度，扩大中央财政对外来人口子女教育补助金的规模，提高中央财政在义务教育投资中的比重，加大对流入地接收农民工子女的学校的支持力度，避免另类形式的"农民工子弟学校"的出现。

二要逐步将农民工纳入城市保障房体系，改善其居住条件，破除农民工和市民在居住空间上的隔离状态。应当建立多层次的住房供应体系，

多渠道改善农民工的居住条件，破除农民工城市生活的"孤岛化"现象：①把在城市稳定就业、居住若干年以上的农民工，纳入享受政府廉租房、经济适用房、限价商品房政策范围。②鼓励社区街道、工业园区、企业建设适合农民工租赁的社会化公寓，培育小户型房屋租赁市场。③完善农民工住房支持政策，建立农民工住房补贴制度和面向所有农民工的农民工住房公积金制度，有条件的农民工可以申请住房公积金贷款，并且可以支付房租，积极解决新生代农民工进城安居乐业问题。

三是进一步完善社区管理与服务，加大将农民工纳入社区管理的力度，让社会福利"阳光"普照，让农民工的城市预期更加乐观。城市社区应积极搭建交往平台，通过定期开展形式多样的活动，增加农民工与社区居民的交往与互动。城市社区还要为农民工建立社区档案，为他们提供方便快捷的服务。

（3）从长远来看，就是逐步废除社会福利分配的户籍依据，恢复为公民权利的基本内容，按公民平等权利的要求，只要拥有合法稳定的职业，有稳定的城市生活，为城市的现代化建设做出贡献的公民，都应该享受为当地居民提供的社会福利。

二 完善社会保险相关制度，积极推动农民工参保

参加城市社会保险直接影响到新生代农民工市民化的社会层面和经济层面，并且对社会层面的影响更加明显。实证研究结果显示，对社会保险的认知、劳动合同的签订、参加社会保险可能带来的收益以及用工单位的态度，都会影响到新生代农民工的参保选择。因此，推动新生代农民工参保，需要从农民工个体、用人单位和制度建设三个方面共同努力。结合本研究得出的结论，可从以下几个方面入手。

（1）加大执法力度，督促企业和农民工签订劳动合同，以劳动合同来保障农民工的参保权益。尽管新生代农民工的权利意识在觉醒，但如果用人单位不愿意提供社会保险，也只是通过"用脚投票"来选择新的就业单位。因此，需要劳动监察部门加大对企业劳动合同签订情况的检查和监督力度，保障农民工合法权益。

（2）提高社会保险统筹层次，减少流动过程中产生的"便携性"损

失对农民工参保带来的不便，提高新生代农民工参保的积极性。农民工参保积极性不高除了自身社会保险权益意识不强的原因外，还在于现行社会保险的制度规定同农民工跨区域高流动性之间的矛盾冲突。目前，中国是以省作为养老、医疗、失业等社会保险的统筹单位，实际上多数省份还停留在县市统筹的水平上，当农民工返乡或是转换地区工作时，社会保险关系转移可能因标准不一而无法衔接，为农民工跨区域流动带来了诸多不便。并且，养老保险在转移过程中只能带走个人账户部分的规定，造成了参保农民工实际的利益流失。如果将统筹层次提高到全国，就能够有效解决农民工因频繁流动关系无法接续的难题，对农民工参保应该有积极的促动作用。

（3）加大社会保险相关知识宣传，培养新生代农民工的社会保险意识，推动农民工参保。当前，还有相当一部分农民工不知道参加社会保险是他们应有的权利。今后，加大社会保险相关知识的宣传应该是努力的方向。可以通过新闻媒体同各级劳动、法律、工会等相关部门联合行动，加大宣传力度，提高他们的参保意识。

三 积极探索适宜的农民工社会救助形式

因为以最低生活保障和失业救济为主要内容的社会救助制度将全部的农民工群体排除在外，其对新生代农民工市民化的影响作用未能得到验证。虽然当前以户口为依据的财政支出体制将农民工纳入城镇社会救助体系还存在一定的困难，但是，这不应该成为拒绝为农民工提供社会救助的理由，社会救助形式的创新或许有助于解决这一历史和现实难题。理论界提出的以"公共劳动"形式为失业农民工提供社会救助的思想，或许在现实中可以产生更为宽阔的思维，对失业或生活水平低于最低保障线以下的45岁以上的大龄农民工，可以参照城市居民最低生活保障制度进行救助。对于新生代农民工，建设公共劳动形式的流动人口"最低生存保障体制"既能够考虑农民工底线公平的需要，又能够兼顾正式救助制度出台实施的缓慢性。具体做法是由政府提供公共服务型的劳动机会，如街道清扫、城市绿化护理、垃圾处理、社区服务、公共设施管理等临时性工作，让那些遭遇失业困扰的农民工在自愿的前提下实现过渡性就业，以实现自力更生式的救助。为这些公共服务性的就业岗位提供的薪酬宜适度，且应规定最长期限，以确保其过渡性与最低生存保障性。

第三节　研究展望

　　影响新生代农民工市民化的社会保障因素及其作用机理是本研究的核心。本研究主要基于现有文献梳理、社会排斥理论、社会互动理论、社会支持理论、社会认同理论等进行理论分析，并通过问卷调查收集的一手数据进行实证研究，研究结论在理论上和统计数据的验证上得到了保证。但是，本研究仍然存在可进一步深入探讨的问题。

　　第一，本研究仅根据各路径系数的 t 统计值对结构方程模型进行修正，未根据 M 指数进行第二次修正，可能也会影响结构方程模型的分析结果。因此，后续将进一步深入研究，寻找变量归属调整的理论依据或现实依据，根据 t 统计值和 M 指数进行结构方程模型修正，以期获得更加合理的结构方程模型。

　　第二，影响新生代农民工市民化的社会保障因素涉及很多方面，而本研究只选取了城市社会保障体系中的社会福利、社会保险、社会救助三个方面的内容，忽略了农村社会保障体系中相关内容对新生代农民工市民化的影响，存在一定的局限性，没有体现新生代农民工市民化过程中经济理性和社会理性的区别，故而很难绝对衡量社会保障影响新生代农民工市民化的程度。因此，后续研究将关注城乡社会保障差异对于不同行为动机的新生代农民工的影响，以求提升模型检验结果的科学性与准确性。

参考文献

D. J. Bogue, "Techniques and Hypotheses for the Study of Differential Migration," Processing of International Conferenee, 1961, p. 4.

Harris, John R., Todaro, Michael P., "Migration, Unemployment and Development: A Two-Sector Analysis," *American Economic Review*, (1) 1970.

J. Voyer, "The Pre-conditions for a Constructive Social Inclusion Research Agenda," Presented at the Opening Session of the CCSD/HRDC Conference "Building a Social Inclusion Research Agenda", 2003.

Lewis W. A., "Economic Development with Unlimited Supplies of Labor," *Manchester School of Economic and Social Studies*, (2) 1954.

Ranis G, J. Fei, "A Theory of Economic Development," *American Economic Review*, (4) 1961.

Schultz T. W., *Transforming Traditional Agriculture*, New Havenand London: Yale University Press, 1964.

Stark. Oded, Taylor J. Edward, "Migration Incentives, Migration Types. The Role of Redative Deprivation," *The Economic Journal*, (1) 1991.

Todaro, Michael P., "A Model for Labor Migration and Urban Unemployment in Less Developed Countries," *American Economic Review*, (1) 1969.

Yap Lorene Y. L., "The Attraction of Cities," *Journal of Development Economics*, (4) 1977.

包先康、朱士群：《非社会问题化与社会政策遮蔽》，《晋阳学刊》2011年第4期。

蔡禾、王进：《"农民工"永久迁移意愿研究》，《社会学研究》2007

年第 6 期。

蔡禾：《城市化进程中的农民工——来自珠江三角洲的研究》，社会科学文献出版社，2009。

蔡昉：《中国"三农"政策的 60 年经验与教训》，《广东社会科学》2009 年第 6 期。

蔡昉：《"民工荒"现象：成因及政策涵义分析》，《开放导报》2010 年第 2 期。

蔡昉：《人口转变、人口红利与刘易斯转折点》，《经济研究》2010 年第 4 期。

蔡新会：《中国城市化过程中的乡城劳动力迁移研究——根据人力资本投资的视角》，复旦大学博士学位论文，2004。

曹飞：《人力资本：农民工城市社会整合的根本》，《湖南农业大学学报》（社会科学版）2011 年第 5 期。

陈春、冯长春：《农民工住房状况与留城意愿研究》，《经济体制改革》2011 年第 1 期。

陈丰：《从"虚城市化"到市民化——农民工城市化的现实路径》，《社会科学》2007 年第 2 期。

陈利：《我国非正规就业者的社会保障问题研究》，《劳动保障世界》2010 年第 12 期。

陈祎、刘阳阳：《劳动合同对于进城务工人员收入影响的有效性分析》，《经济学（季刊）》2010 年第 3 期。

陈映芳：《农民工：制度安排与身份认同》，《社会学研究》2005 年第 3 期。

程玲：《中国社会政策的演变与发展》，《河北学刊》2010 年第 4 期。

邓晨夕：《新生代农民工的特征及其权益的法律保护》，《农业经济》2011 年第 8 期。

樊小钢：《促进流动人口市民化的社会保障制度创新》，《商业经济与管理》2004 年第 4 期。

都春雯：《对社会保障经济增长效率和社会分配效率的思考》，《人口与经济》2004 年第 6 期。

杜鹏等：《来京人口的就业、权益保障与社会融合》，《人口研究》2005年第4期。

杜鹰、白南生：《走出乡村》，北京：经济科学出版社，1997。

段成荣、杨舸：《我国流动儿童最新状况——基于2005年全国1%人口抽样调查数据的分析》，《人口学刊》2008年第6期。

顾永红、杨五洲：《农民工社会风险识别与抗风险能力评估》，《中南财经政法大学学报》2010年第1期。

关信平：《农民工参与城镇社会保障问题：需要、制度及社会基础》，《教学与研究》2008年第1期。

关信平：《社会政策概论》，北京：高等教育出版社，2009。

国家人口计生委流动人口司：《中国流动人口发展报告2010》，北京：中国人口出版社，2010。

郭立场、陈吉：《新生代农民工城市融入的困境与对策》，《农业现代化研究》2012年第2期。

郭青：《关于推动新生代农民工融入城市相关问题的分析》，《河北学刊》2011年第3期。

郭星华、邢朝国：《高学历青年流动人口的社会认同状况及影响因素分析——以北京市为例》，《中州学刊》2009年第6期。

国务院发展研究中心课题组：《农民工就业总体态势与政策因应：对19个省（区、市）107个村的调查》，《改革》2010年第6期。

国务院发展研究中心课题组：《农民工市民化：制度创新与顶层政策设计》，中国发展出版社，2011。

韩俊：《跨世纪的难题》，太原：山西经济出版社，1994。

韩俊：《中国农民工战略问题研究》，上海：上海远东出版社，2009。

韩长赋：《中国农民工发展趋势与展望》，《经济研究》2006年第12期。

何绍辉：《在"归根"与"扎根"之间：新生代农民工社会适应问题研究》，《青年研究》2008年第11期。

胡凤霞、姚先国：《农民工非正规就业选择研究》，《人口与经济》2011年第4期。

胡杰成：《社会排斥与农民工的市民化问题》，《兰州学刊》2007年第7期。

华迎放：《农民工社会保障模式选择》，《中国劳动》2005年第5期。

华迎放：《非正规就业群体的社会保障》，《中国劳动经济学》2009年第1期。

黄传会：《中国新生代农民工》，北京：人民文学出版社，2011。

黄乾：《城市农民工的就业稳定性及其工资效应》，《人口研究》2009年第3期。

季文、应瑞瑶：《农民工流动、社会资本与人力资本》，《江汉论坛》2006年第4期。

郎晓波：《从"生存"到"发展"：金融危机下的农民工问题——基于"60后、70后、80后"三代农民工进城心态差异分析》，《福建行政学院学报》2009年第4期。

李斌：《社会排斥与中国城市住房制度改革》，《社会科学研究》2002年第3期。

李丹、李玉凤：《新生代农民工市民化问题探析：基于生活满意度视角》，《中国人口·资源与环境》2012年第7期。

李培林、田丰：《中国新生代农民工：社会态度和行为选择》，《社会》2011年第3期。

李强：《当代中国社会分层与流动》，北京：中国经济出版社，1993。

李强：《农民工与中国社会分层》，北京：社会科学文献出版社，2004。

李强、龙文进：《农民工留城与返乡意愿的影响因素分析》，《中国农村经济》2009年第2期。

李树茁等：《农民工的社会网络与职业阶层和收入：来自深圳调查的发展》，《当代经济科学》2007年第1期。

林毅夫等：《中国的奇迹：发展战略与经济改革》，上海：上海人民出版社，1994。

林竹：《农民工就业：人力资本、社会资本与心理资本的协同》，《农村经济》2011年第12期。

刘传江：《农民工生存状态的边缘化与市民化》，《人口与计划生育》

2004年第11期。

刘传江、程建林等：《中国第二代农民工研究》，济南：山东人民出版社，2009。

刘辉武：《文化资本与农民工的市民化》，《农村经济》2007年第1期。

刘庆：《新生代农民工的市民化策略初探——社区工作介入的空间》，《北京青年政治学院学报》2011年第1期。

刘少杰：《城市化进程中的认同分化与风险集聚》，《探索与争鸣》2011年第2期。

刘士杰：《人力资本、职业搜寻渠道、职业流动对农民工资的影响——基于分位数回归和OLS回归的实证分析》，《人口学刊》2011年第5期。

刘小年：《农民工市民化的政策研究：主体的视角》，长沙：湖南人民出版社，2010。

楼玮群、何雪松：《乐观取向、社会服务使用与社会融合：香港新移民的一项探索性研究》，《西北人口》2009年第1期。

罗芳：《基于推—拉理论的农民工回流的实证分析》，《经济师》2007年第2期。

吕学静、王争亚等：《中国农民工社会保障理论与实证研究》，北京：中国劳动社会保障出版社，2008。

马九杰、孟凡友：《农民工迁移非持久性的影响因素分析——基于深圳市的实证研究》，《改革》2003年第4期。

〔德〕马克斯·韦伯：《社会科学方法论》，杨富斌译，北京：华夏出版社，1999。

马戎：《西方民族社会学的理论与方法》，天津：天津人民出版社，1997。

毛桥山：《从职业城市化到人的城市化——我国农民工城市社会融入研究阶段和问题综述》，《中国社会科学院研究生院学报》2012年第1期。

米庆成：《进城农民工的城市归属感问题探析》，《青年研究》2004年第3期。

南方都市报特别报道组：《中国农民工30年迁徙史洪流》，广州：花城出版社，2012。

聂洪辉：《对农民工歧视的社会学分析》，《科学社会主义》2006年第2期。

潘泽泉：《社会分类与群体符号边界以农民工社会分类问题为例》，《社会》2007年第4期。

潘泽泉：《中国农民工社会政策调整的实践逻辑——秩序理性、结构性不平等与政策转型》，《经济社会体制比较》2011年第5期。

彭希哲、郭秀云：《权利回归与制度重构——对城市流动人口管理模式创新的思考》，《人口研究》2007年第7期。

〔美〕钱纳里等：《发展的形式：1950—1970》，李新华等译，北京：经济科学出版社，1988。

乔明睿、钱雪亚、姚先国：《劳动力市场分割，户口与城乡就业差异》，《中国人口科学》2009年第1期。

仇立平：《职业地位：社会分层的指示器——上海社会结构与社会分层研究》，《社会学研究》2001年第3期。

苏黛瑞：《在中国城市中争取公民权》，杭州：浙江人民出版社，2009。

孙立平：《断裂——20世纪90年代以来的中国社会》，北京：社会科学文献出版社，2003。

孙秀娟：《农民工上向社会流动空间分析》，《人口学刊》2007年第4期。

唐灿、冯小双：《"河南村"流动农民的分化》《社会学研究》2000年第4期。

唐踔：《我国农民工社会保障的现状、根源及对策》，《安徽农业科学》2010年第26期。

田北海、雷华：《人力资本、权利意识、维权行动与福利获得——农民工社会保险待遇的雇主分配供给机制研究》，《中南民族大学学报》（人文社会科学版）2011年第6期。

王德文、蔡昉、张国庆：《农村迁移劳动力就业与工资决定：教育与培训的重要性》，《经济学（季刊）》2008年第4期。

王秋文：《社会转型中的公正原则与社会保障机制》，《当代世界与社会主义》2005年第6期。

王先鹏：《离乡农民工市民化的路径探索——基于资产流通和人力资本的视角》，《规划师》2011年第8期。

王小章：《从"生存"到"承认"：公民权视野下的农民工问题》，《社会学研究》2009年第1期。

王兴周：《新生代农民工的群体特征探析——以珠江三角洲为例》，《广西民族大学学报》（哲学社会科学版）2008年第4期。

王毅杰、梁子浪：《试析流动儿童与城市社会的融合困境》，《市场与人口分析》2007年第6期。

王竹林：《农民工市民化的资本困境及其缓解出路》，《农业经济问题》2010年第2期。

王子、叶静怡：《农民工工作经验和工资相互关系的人力资本理论解释——基于北京市农民工样本的研究》，《经济科学》2009年第1期。

魏城：《中国农民工调查》，北京：法律出版社，2008。

微软（中国）有限公司、清华大学社会学系：《农民工：社会融入与就业——以政府、企业和民间伙伴关系为视角》，北京：社会科学文献出版社，2008。

文军：《论我国城市劳动力新移民的系统构成及其行为选择》，《南京社会科学》2005年第1期。

文军：《论农民市民化的动因及其支持系统——以上海市郊区为例》，《华东师范大学学报》（哲学社会科学版）2006年第4期。

〔德〕乌德亚·瓦格尔：《贫困再思考：定义和衡量》，《国际社会科学》2003年第1期。

吴红宇、谢国强：《新生代农民工的特征、利益诉求及角色变迁——基于东莞塘厦镇的调查分析》，《南方人口》2006年第2期。

吴兴陆、亓明杰：《农民工迁移决策的社会文化影响因素探析》，《中国农村经济》2005年第1期。

吴漾：《论新生代农民工的特点》，《东岳论丛》2009年第8期。

吴要武：《非正规就业者的未来》，《经济研究》2009年第7期。

肖日葵：《人力资本、社会资本对农民工市民化的影响——以X市农民工为个案研究》，《西北人口》2008年第4期。

谢勇：《基于人力资本和社会资本视角的农民工就业境况研究——以南京市为例》，《中国农村观察》2009年第5期。

许传新：《新生代农民工的身份认同及影响因素分析》，《学术探索》2007年第3期。

许传新：《新生农民工城市生活中的社会心态》，《社会心理科学》2007年第1期。

许经勇、黄焕文：《论我国农民进城方式与条件》，《江海学刊》2003年第2期。

续田曾：《农民工定居性迁移的意愿分析——基于北京地区的实证研究》，《经济科学》2010年第3期。

徐莺：《农民工融入城市之难的思考》，《东北大学学报》（社会科学版）2006年第4期。

晏智杰：《边际革命和新古典经济学》，北京：北京大学出版社，2004。

杨菊华：《从隔离、选择融入到融合：流动人口社会融入问题的理论思考》，《人口研究》2009年第1期。

杨晓军、陈浩：《农民工就业的职业选择、工资差异与人力资本约束》，《改革》2008年第5期。

姚先国、俞玲：《农民工职业分层与人力资本约束》，《浙江大学学报》（人文社会科学版）2006年第5期。

叶静怡、衣光春：《农民工社会资本与经济地位之获得——基于北京市农民工样本的研究》，《学习与探索》2010年第1期。

叶鹏飞：《探索农民工社会融合之路——基于社会交往内卷化的分析》，《城市发展研究》2012年第1期。

俞可平：《新移民运动、公民身份与制度变迁——对改革开放以来大规模农民工进城的一种政治学解释》，《经济社会体制比较》2010年第1期。

悦中山、李树茁、费尔德曼：《农民工社会融合的概念建构与实证分析》，《当代经济科学》2012年第1期。

曾旭晖：《非正式劳动力市场人力资本研究——以成都市进城农民工

为个案》,《农村经济》2004 年第 3 期。

赵耀辉:《中国农村劳动力流动及教育在其中的作用——以四川省为基础的研究》,《经济研究》1997 年第 2 期。

赵晔琴:《农民工:日常生活中的身份建构与空间型构》,《社会》2007 年第 6 期。

张笑秋:《基于参照点依赖的新生代农民工"民工荒"成因分析》,《福建论坛》(人文社会科学版) 2011 年第 2 期。

张新岭等:《农民工就业:人力资本和社会资本的耦合分析》,《农村经济》2007 年第 12 期。

章元、李锐、王后、陈亮:《社会网络与工资水平——基于农民工样本的实证分析》,《世界经济文汇》2008 年第 6 期。

张展新:《从城乡分割到区域分割——城市外来人口研究新视角》,《人口研究》2007 年第 6 期。

张展新、高文书、侯慧丽:《城乡分割、区域分割与城市外来人口社会保障缺失——来自上海等五城市的证据》,《中国人口科学》2007 年第 6 期。

张涨骏、施晓霞:《教育、经验和农民工的收入》,《世界经济文汇》2006 年第 1 期。

郑秉文、于环、高庆波:《新中国 60 年社会保障制度回顾》,《当代中国史研究》2010 年第 2 期。

郑杭生、陆益龙:《城市中农业户口阶层的地位、再流动与社会整合》,《江海学刊》2002 年第 2 期。

《中国大百科全书·社会学》,北京:中国大百科全书出版社,1991。

中国农民工问题研究总报告起草组:《中国农民工问题研究总报告》,《改革》2006 年第 5 期。

周湘斌、常英:《社会支持网络理论在社会工作实践中的应用性探讨》,《中国农业大学学报》2005 年第 2 期。

周莹、周海旺:《新生代农民工融入城市的影响因素分析》,《当代青年研究》2009 年第 5 期。

朱力:《中国民工潮》,福州:福建人民出版社,2002。

附录一　读博期间发表的相关论文

第一篇　共享发展的内在辩证性及价值意蕴[①]

【内容摘要】 共享发展是以共享推动发展并在发展中实现共享。作为一种发展模式，共享以一系列制度安排内化于发展中，构成发展的内在条件，体现了发展的正义要求；作为一种分配结果，共享发展依靠一系列分配环节推动发展成果共享，实现了发展结果的正义目标。不管是作为发展模式，还是作为分配结果，共享发展的关键都在于"共享"以及其蕴含的社会正义。

【关键词】 共享发展；正义

党的十八届五中全会提出的共享发展理念，不仅是实现"发展成果由人民共享"的庄重承诺，也意味着今后中国发展战略、发展方式和发展着力点等方面的调整和重新选择。围绕共享发展，当前的理论研究集中体现在两个方面：一是强调共享发展的社会制度属性和价值特征。侯为民、左鹏等研究者认为，社会主义制度内在地规定了发展的共享性。[②] 余达淮等学者从价值特征出发，认为共享发展就是实现公平正义。[③] 二是将共享作为发展的评判标准和研究视角，关注如何解决当前的现实问题，如从共享的视角来看待公共服务均等化、共同富裕、贫困问题、收入分

[①] 本文发表于《福州大学学报》（哲学社会科学版）2017年第4期。收入本书时有改动。

[②] 侯为民：《立足完善基本经济制度实现共享发展》，《思想理论教育导刊》2016年第3期；左鹏：《共享发展的理论蕴涵和实践指向》，《思想理论教育导刊》2016年第1期。

[③] 余达淮、刘沛妤：《共享发展的思维方式、目标与实践路径》，《南京社会科学》2016年第5期；孟鑫：《共享理念与分配正义原则》，《科学社会主义》2016年第1期。

配以及社会治理等现实问题的解决。已有研究成果使我们对共享发展有了更为深入的认识,但对"共享"和"发展"的内在关系以及两者之间相互影响的作用机制还需要深入研究。"共享发展"这一概念,既可以理解为以"共享"来推动"发展",也可以理解为通过"发展"来实现"共享","共享"和"发展"互为条件,相互影响,表现出内在的统一。但是,"共享"和"发展"哪一个居于更为中心的位置,是"共享"还是"发展"?对两者关系的深入研究,不仅在于揭示共享发展的价值蕴意,还在于更好地推动共享发展实践。

一 共享发展的内在辩证性

共享,就是共同(平等)分享,不仅表现为发展成果的共同(平等)分享,还表现为发展权利的共同(平等)分享。共享发展实际上内含了"共享发展"和"发展共享"两层含义。其中,"共享发展"是以共享来推动发展,注重发展自身对共享的要求,也就是将全体社会成员的平等权利要求视为发展的条件而不只是目标,表现为一种发展模式;"发展共享"则主要解决发展成果共同(平等)分享的问题,注重发展结果的公正分配,最终使每个人得其应得,表现为分配的结果。在共享发展中,共享既是目的也是条件,共享发展就是以共享推动发展和在发展中实现共享的有机结合。

(1) 共享发展是一种发展模式,蕴含着人类社会内在的正义要求和发展导向。发展模式是在遵循发展规律的基础上,按照新的目标、要求对发展的方式和形式加以重组的战略选择。党的十八届五中全会提出"人人参与、人人尽力、人人共享",强调在共建中实现共享,在共享中实现发展,既是对中国现实问题的思考,也是对人类社会发展模式的总结和提升。首先,改革开放以来,依靠要素驱动、投资驱动和适度拉开收入差距产生的激励作用,中国经济获得了快速发展,但也产生了"中等收入陷阱"难题。如何跨越中等收入陷阱?最重要的是扭转收入差距进一步扩大的趋势,这就要求中国经济增长方式由注重效率转向注重公平,促进社会公平正义,从而使人民在公平合理地分享经济增长的成果中产生新的动力。其次,共享发展体现了人类社会发展的趋势和正义要求。发展是一个经济效率和社会公平相互影响、循环提升的动态过程,既要推动经济增长,又要做到消减贫困。早期单纯经济增长的发展模式认为,经济增长的"涓流"能够自动惠及贫困群体,将经济增长视为发展的要义和首要目标,通过增加物质要素投入来实现发展。这样做的结果是,虽然经济总量增加了,却没有带来经济的普遍繁荣和社会福利水平的整体改善,反而出现贫富悬殊、两极分化。长期的发展实践表明,经济增长无法自动解决发展所要求的社会公平,也不是实现发展的充分条件。单纯依靠经济增长的发展模式在消减贫困、实现共享方面有着致命的缺陷。一些国家开始重视通过再分配手段使经济增长利益更多地向穷人倾斜,以实现经济成果共享。但是,这种事后补偿性的调节只是在某种程度上缩小了收入差距,并没有从根本上改变产生差距的机制。反思以往的发展模式,人们逐渐意识到,经济增长和消减贫困、实现共享并不是简单的前提和目标、过程和结果的关系。贫困不仅是物质财富的匮乏,更是获取物质财富的能力和权利的缺乏。[①] 贫困人口不应该只是消极被动的受助者和被怜悯者,还应该成为经济增长和社会发展的积极推动者。发展不能仅停留在经济增长上,还应扩展到人内在价值的实现和社会安排中。每一位社会成员拥有平等参与经济发展的机会和条件,是公正地获得与其本人能力相对应的发展成果的前提。将加强贫困者自身能力建设融入经济增长之中,才能从根本上减少贫困,实现经济、社会整体发展上的协调。积极构建经济增长过程中的权利公平、机会公平和规则公平,将贫困问题的解决从经济增长之外纳入经济增长过程中,通过"共建"实现共享,就成为现代社会发展的内在要求和必然趋势。

(2) 共享发展还是一种发展结果,分配正义是关键。从发展的目标来看,发展就是为了共享。发展成果有没有实现共享以及共享的程度,关键在于分配。分配是个人享有人类文明与社会进步成果的基本方式,收入分配体系越完善的国家,社会收入差距就越小,共享的程度也越高。日本、德国、英国以及北欧等共享程度高的国家和地区对各个分配环节

[①] 〔印〕阿马蒂亚·森:《以自由看待发展》,任赜、于真译,北京:中国人民大学出版社,2012。

的推动、实现分配正义都表现出了高度的重视。实现发展成果共享,离不开社会分配体系的共同作用。首先,强调市场分配体系的基础作用,以创造共享的财富基础。市场经济是竞争经济,以效率为主导,坚持按各种要素在财富创造过程中的贡献为依据进行分配,能够极大地鼓励各种生产要素的积极性。虽然市场分配会因要素贡献率的不同产生比较大的差距,但按贡献分配所带来的激励足以使得社会财富涌动,为经济发展、社会财富的二次分配奠定坚实的物质基础。其次,通过政府强大的再分配能力实现社会财富更为公平的分配,使差距更为合理和可接受。实践表明,基尼系数较低的国家无一例外都拥有强大的再分配能力。[1] 再分配主要通过税收和转移支付两种手段实现社会财富的合理流动:通过税收的手段将富人的财富向政府手中转移,再通过转移支付使社会财富向弱势群体倾斜,使收入与财富分配符合公平或公正的分配状态。再分配体系越发达的国家和地区,税收和转移支付"抽肥补瘦"的调节作用越明显。比如,英国1995年市场初始分配收入的基尼系数是0.51,而经过税收和转移支付调节后,可支配收入的基尼系数只有0.34。[2] 当前,除了对社会贫困群体实行救济外,发达国家更为重视通过教育、社会保障支出等形式,为社会成员提供公共教育和医疗保障,借此改善低收入群体的人力资本和未来的发展机会。最后,重视社会对调节收入差距的"第三只手"的作用。政府还通过舆论、社会组织调动社会力量,以慈善、捐助等社会互助形式实现社会财富在不同群体之间的转移。现在一个普遍的趋势是,共享程度越高的国家,在第二次分配继续保持其重要性的同时,第三次分配对社会公平的贡献度越来越大。[3] 分配体制的完善和社会财富在更大范围内参与分配是实现发展共享的必要条件,两者对等共存,构成共享的最优状态。

---

[1] 杨晓兰:《公平与再分配——基于个体再分配偏好的实验研究》,《南方经济》2014年第8期。
[2] 权衡:《收入分配——经济增长的现代分析》,上海:上海社会科学院出版社,2004。
[3] 卢现祥、朱巧玲:《再分配的制度分析》,《华中科技大学学报》(社会科学版)2010年第5期。

二 共享发展的价值意蕴

不管是作为发展模式，还是分配结果，共享发展的核心都是"共享"及其蕴含的分配正义。分配正义是指政府、社会组织或个人依据一定的价值体系对分配对象的一种合理化对待。分配正义不仅涉及经济利益的单项分配，还涉及产权界定、公共权力配置、资格分配、荣誉分配等非经济利益分配，涵盖经济、政治、社会、文化和道德伦理等多个范畴。从发展模式来看，分配能够改变生产函数，以实现生产要素的最佳组合和最高效的安排。分配正义内化于发展过程中，构成共享发展的内在动力和条件。从分配结果来看，分配正义表现为发展成果在全体社会成员之间公正分配，它依靠市场分配、政府分配和社会分配三个环节共同推动来实现。综合来看，分配正义的实现，既确立了发展所需要的正义基础和公平规则，为人类社会的进步与发展提供动力，又为个体提供生存与发展的物质条件与精神产品，实现发展成果共享。从实施分配行为的角度来看，共享发展是由市场分配正义、政府分配正义和社会分配正义共同推动实现的。

（1）市场分配正义。市场分配正义指的是在坚持市场主体分配准则的前提下，加入伦理规范，以保证市场分配的公平性与正当性。市场是按贡献原则进行公平分配的最有效手段。哈耶克认为："除了市场以外，没有人能够确定个人对整个产品贡献的大小，也无法确定应该给一个人多少报酬，才能使他选择从事某些活动。"① 只有按照贡献与投入的数量来确定分配份额，才能体现市场分配的公平性和正当性，才能使各生产要素得到激励，使社会财富涌动，奠定共享发展的物质基础。市场分配突出地表现为公平与效率两种价值的有机结合：公平是基础，效率是方向。按市场分配正义的要求，所有社会成员参与经济竞争的机会是均等的，竞争规则对所有人是一视同仁的。市场分配正义通过起点和规则公平推动竞争的效率，保证了市场经济的每一个"细胞"都体现着社会的公平与正义，并通过买卖公平、等价交换原则，使社会结成一个相互交

---

① 〔英〕哈耶克：《致命的自负》，冯克利等译，北京：中国社会科学出版社，2005。

融的利益共同体，推动竞争效率的提高，保证了人人参与、人人尽力，为共享发展提供了共同根基和基本动力。

（2）政府分配正义。现代政府不仅分配财富"蛋糕"等经济资源，也分配权利、荣誉等社会资源。政府分配正义是指政府在对社会价值资源的分配上实现每个成员平等享有基于平等社会地位和政治身份所获得的社会权利和经济利益。政府分配正义在规则上确立了社会制度的正义基础，从根本上规定着市场分配正义和社会分配正义的制度安排和价值导向，是实现共享发展的根本性力量。①政府分配正义首先表现为对社会价值资源公平分配以构建社会制度的正义基础。虽然，通过税收和财政转移支付等手段调整国民收入分配格局使发展成果更多、更公平地惠及全体人民是现代政府的责任所在，但对个人来说，参与竞争的机会均等、过程的规则公平以及为解决因为自然条件、运气等因素带来的不公平所要求的权利平等，则需要政府通过社会制度来进行规范。在当代社会，政府的责任就是通过对社会价值资源公正分配以重塑价值分配体系的权力结构和运行规则。政府的这种责任包括两个方面：一是建构民主体制。"财富分配不仅与经济体制有关，而且受政治因素影响较大。"① 政治实质上就是利益分配的过程，社会成员政治上的平等参与形成对权力和资本的约束，有助于克服社会分化。从当今世界一些国家的情况来看，实行民主政治的国家里社会成员的财富和收入分配，一般比一些专制国家要平均得多。② 约束社会强势群体的优势和特权，充分保障社会弱势群体的基本权益，关键在于为社会成员提供畅通的政治参与平台，使各利益方能够进行合法竞争和平等协商，通过民主决策，确定公平分配的政策方向。二是确立法制规范。分配正义涉及的基本自由权利的平等原则、政治自由的公平价值以及公平的机会平等原则，需要通过法律加以确定。只有具备完备的法律法规，才能确定分配正义的规则，进而引导和规范各生产要素的具体行为，避免经济社会分配领域中出现不公平现象。

---

① Thomas Piketty, *Capital in the Twenty - First Century*, Boston: The Belknap Press of Harvard University Press, 2014: 62.
② 卢现祥、朱巧玲：《再分配的制度分析》，《华中科技大学学报》（社会科学版）2010年第5期。

②政府分配正义还表现为通过分配财富"蛋糕"以实现发展成果在社会成员之间的合理配置。政府通过税收和转移支付等手段，对市场分配中的不合理因素进行弥补，给那些最少受惠的社会成员带来补偿利益，用以矫正市场机制无法解决的社会成员之间因贡献与收入不相称以及因自然不平等带来的收入不平等，使经济增长成果由高收入群体向低收入群体扩散，改善收入分配状况，使全体社会成员能够在更大的程度上分享社会发展成果。

（3）社会分配正义。相对于市场、政府分配来讲，社会分配正义指社会主体（包括个人或社会组织）在道德力量驱动下自愿参与价值的分配。它主要通过慈善捐款、社会互助、志愿者服务等形式使价值资源在社会成员之间流动，实现对弱者的帮扶济困。社会分配正义强调公民和社会组织的社会责任，尤其是富裕阶层的社会责任。由社会主体实施的价值分配能够在不同群体、不同地区以及城乡之间更大范围内实现社会财富的转移，使财富分配更趋于合理。社会分配虽然起到的是辅助性的作用，却是价值分配体系所不可或缺的，因为爱心和慈善活动释放出的善意，有助于产生信任，创造良好社会合作氛围。正如肯尼斯·阿罗所说："没有任何东西比信任更具有重大的实用价值，信任是社会系统的重要润滑剂……"① 尽管社会分配正义表现为受道德力量驱使的社会主体自觉的帮扶行为，但是，由政府主导的分配制度对此产生的推动作用也不容小觑。例如，高额的税收在一定程度上有助于推动更多捐赠行为的发生。因为社会分配主体的广泛参与，分配对象明确，效率往往更高，不仅有助于实现财富的合理流动，而且淡化了贫、富之间，城、乡之间，先进地区与落后地区之间的对立，创造共享发展需要的融洽社会氛围。

三 共享发展的实现

共享发展关键在于共享，其内蕴的公平正义要求市场、政府和社会每一个实施主体都坚持分配正义的准则。其中，市场分配正义是基础，

---

① 〔美〕肯尼斯·阿罗：《社会选择与个人价值》，丁建峰译，成都：四川人民出版社，1987。

政府分配正义是根本，社会分配正义是补充，三者合力推动着"共享发展"和"发展共享"的双重实践。

要发挥市场分配正义的基础性作用，需要从制度上确立市场的分配规则，实现市场分配中效率与公平的协调。这主要包括以下两个方面：一是要进一步健全产权制度，使要素所有者能够凭借对生产要素的所有权，按照要素贡献的大小参与分配。二是要理顺市场分配关系，逐渐提高劳动报酬在初次分配中的比重，实现劳动报酬提高和劳动生产率提高同步。

要发挥政府分配正义的根本性作用，要做到以下三个方面：一是要推动政府职能转变，建设公共服务型政府。加大对教育、公共卫生等方面的转移支付，使全体社会成员都能够享受到教育公平和基本医疗卫生服务。通过教育扩展、健康促进，提升社会成员的人力资本水平和未来收入能力，把传统的补偿型福利模式转变为一种与经济发展相互促进的福利模式。① 二是要完善民主框架，使社会群体能够通过权利表达意愿，形成共享的决策机制。三是要完善法制，确立各竞争主体在市场中的平等地位，明确政府的权力边界、初次分配的格局以及再分配的比重。

要发挥社会分配正义的作用，需要积极推动以慈善等公益性活动为主要内容的社会组织的建立和发展，充分发挥社会组织的优势，改善社会合作的氛围。

这三种分配正义在从不同阶段、不同领域共同推动发展成果在全体社会成员中分配的普惠性和正义性的同时，也形成了发展过程中的共享机制及和谐关系，有助于实现共享发展与发展共享的双重任务。

参考文献

[1] 纪江明：《从再分配制度安排剖析我国居民消费差距扩大的原因》，《经济体制改革》2011 年第 2 期。
[2] 王洪东：《不平等和再分配的新经济学》，《现代经济探讨》2013 年第 10 期。

---

① 中国发展研究基金会：《中国发展报告 2008/09：对我国构建全民共享的发展型社会福利体系》，北京：中国发展出版社，2008。

[3] 朱富强：《当前个税体系的调整方向：基于收入再分配正义的思维》，《学术研究》2011 年第 10 期。
[4] 魏波：《以共享理解发展》，《中国特色社会主义研究》2016 年第 1 期。
[5] 刘红玉、彭福扬：《论共享发展的科学内涵》，《湖南大学学报》（社会科学版）2016 年第 6 期。
[6] 徐淑一、朱福强：《通过收入再分配实现社会正义和社会效率》，《财政研究》2014 年第 11 期。
[7] 郭兰英、单飞跃：《发展成果再分配及其政府责任》，《社会科学家》2009 年第 12 期。

第二篇　农村养老保障制度变迁的逻辑分析
——基于土地经营制度视角①

【摘要】 中国农村养老保障制度自建立以来，就没有体现其作为基本社会制度的独立性和稳定性，而是作为国家发展战略和农村土地经营制度的配套政策并随其不断调整。随着中国土地经营制度的调整和市场经济的发展，农村社会养老保障机制必须摆脱其作为国家发展战略和农村土地经营制度的衍生品的色彩，回归其社会本性。

【关键词】 农村养老保障；国家发展战略；土地经营制度

一　农村集体养老保障产生的逻辑起点及制度安排

新中国成立之初，我们迫切希望国家强大、人民富裕，但那个时期中国是一个典型的农业社会。1949 年，中国的工业水平低于 1800 年的英国，接近于 1910 年的俄国，现代工业在国民经济中的比重只占 10%，钢铁等主要工业品人均占有量相对于英美发达国家来讲基本落后一二百年。为快速实现强国和自立的目标，国家确立了重工业优先发展的发展战略，希望通过重工业的跨越式发展快速实现国家的工业化。然而，重工业的资本要素禀赋特征，决定了在当时中国劳动力相对过剩、资本短缺的情况下，因"赶超战略"建立起来的多数国有企业的竞争力非常脆弱，很

---

① 本文发表于《特区经济》2012 年第 2 期。收入本书时有改动。

难完全依靠企业自身而生存。为解决这一困难，国家做出了适当的制度安排，人为压低重工业发展的成本：一是压低能源、原材料、农产品的价格，提高工业制成品的价格，通过工农业产品价格"剪刀差"的方式，使农业中的剩余资金输入城市。二是压低劳动的价格，职工的工资被压低到只能维持基本生活需要的水平，工资构成中的住房、子女教育、医疗、养老等保障项目则以实物或其他形式提供。这种分配机制一方面保证了城市职工生活无忧；另一方面也利用了新中国成立初期劳动力年轻的优势，尽可能减少或推迟货币支付，保证更多的剩余留在重工业部门。

在农村，因为压低粮食等初级产品价格，农民惜售余粮，有时不得已还要派工作组挨家挨户征购，为确保国家对农产品的征购，政府有必要控制农产品从生产、分配到销售的各个环节，也就是将分散的小农组织起来，将众多的小辫子梳理成较少的大辫子。特别是在"公有化程度越高越好"的错误思想指导下，在经历了高级社和"大跃进"之后，"三级所有、队为基础"的人民公社体制就成为中国农村的主要管理形式。人民公社作为服务于国家工业化原始积累的政社合一组织，坚持土地集体所有、集体经营，掌握了资源的分配权，是执行国家粮食统购统销政策的主体。在这种体制下，农户家庭经营的主体地位被取代，以生产队为基本核算单位的集体经济开始成为在农村中占主导地位和统治地位的经济形式。

工农业产品价格"剪刀差"和人民公社的"大锅饭"机制决定了农村以人民公社体制为依托的集体保障，只能是一种以满足农民基本生存为基础的低水平保障。而在城市，职工货币工资虽然被压低，但又给予各种各样的实物补偿的保障方式，因而能保障生活无忧，并成为吸引农民向城市流动的直接动力。如果不限制人口的城乡流动，城乡之间的利益差别就可能吸引农村人口大量流向城市，造成城市人口骤增，给政府带来极大的财政压力，工农业产品"剪刀差"所形成的流入城市的资金，也有可能被迁徙到城市的人口所蚕食掉。1958年，《中华人民共和国户口登记条例》颁布，人为地将中国人口分为农村居民和城市居民，并对农村人口进入城市做出了带约束性的规定："公民由农村迁往城市，必须持有城市劳动部门的录用证明，学校的录取证明，或者城市户口登记机关的准予迁入的证明，向常住地户口登记机关申请办理迁出手续。"① 户籍管理制度强调了不同保障体系的身份特征，是对城乡分割的保障体系的强化。人民公社制度和户籍管理制度的实施，保证了重工业发展的资源来源和财政投入负担减轻，人为地造就了支撑重工业优先发展的环境，国家的重工业体系和国防建设体系获得了较快发展，保证了国家建设速度和国防安全。

由于人民公社体制与当时的经济发展水平不相适应，并且由集体大包大揽，实行平均主义的分配制度，偏离了权利和义务的对等，激励机制不足。到20世纪70年代后期，这种土地经营制度到了崩溃的边缘，与此相应，农村的养老保障也失去了基本的经济支撑而变得岌岌可危。

二 家庭联产承包责任制带来农村养老保障的调整及其缺陷

在经历长期的社会秩序混乱和经济倒退后，1978年党的十一届三中全会做出了改革开放的战略选择。中国广大农村开始了家庭联产承包责任制的试点和推广。家庭联产承包、统分结合的双层经营形式，成为新时期中国农村的主要经济制度。这种经营形式的核心是在保留农村土地集体所有的前提下，将土地的经营、转让及收益权赋予农民，使农民真正分享到了农业经济剩余，农民家庭的生产积极性得到激发，农业生产力不断释放，农民家庭的经济实力不断增强。与此对应的是，集体的内部积累机制遭到严重削弱，原来的分配方式是劳动成果归集体所有，在留足用于发展生产的公积金和用于公共福利事业的公益金的前提下，剩余部分在社员之间进行分配，集体养老资金有坚实的组织保证。实行分散经营后，除了上缴农业税和各种提留外，农民对自己的劳动成果具有完全的支配权，集体用于发展公共福利事业的公益金很难提取，原有的建立在人民公社体制基础上的以集体经济为基础的"土地+集体保障"模式因失去稳固的组织依托和经济支持而处于被瓦解的边缘，"五保"供养制度也因失去了集体经济的支撑而难以为继。为了适应农村土地制度

---

① 《中华人民共和国户口登记条例》，人民网，http://www.people.com.cn/item/flfgk/rdlf/1958/111605195801.html，最后访问日期：2017年10月8日。

的变革，出现了以下两个方面的变化：一方面，农村社会的养老保障重归以家庭为核心——受惠于家庭联产承包责任制，农民收入普遍增长，个人家庭储蓄增加，土地收入开始成为农村家庭养老保障基本的经济支撑，家庭成员服务则构成农村养老保障的基本组织支撑，以"土地+家庭"保障为主体的新格局重新确立；另一方面，积极开拓新的保障项目和形式，探索建立农村社会养老保险。从1986年开始，民政部根据"七五"计划中关于"抓紧研究建立农村社会保险制度"的要求，并根据各地经济发展情况，进行试点，提出在农村经济发达地区，发展以社区（乡、镇、村）为单位的农村养老保险，并选择山东省牟平县进行试点。1991年，民政部颁布了《县级农村社会养老保险基本方案（试行）》，确定了以县为单位开展农村社会养老保险的原则，建立了农村社会养老保险管理机构，组织农民参加养老保险，开始中国农村养老保险的正式探索。概括地说，这次农村养老保障的调整依然是农村土地制度调整的副产品，却因符合中国乡农社会的传统和农村生产关系而在一个阶段内保持了农村社会的稳定和发展。

不过，这种以"土地+家庭"为主体的养老保障机制的缺陷也是显而易见的。从浅层次来讲，以土地为经济支柱的保障机制意味着土地收入的多少直接决定了保障的水平，从20世纪80年代中后期以来，农业发展停滞直接削弱了农村家庭的经济实力，较低的保障水平一直是这种农村"土地+家庭"的保障模式的主要特征，而且这种较低的保障水平又是不断弱化的。随着工业化和城镇化，耕地面积继续减少。2011年，中国耕地面积约为18.26亿亩，比1997年的19.49亿亩减少了1.23亿亩，人均耕地面积为1.38亩，仅为世界平均水平的40%。[①] 农民单纯依靠土地的农业收入已经难以保证其基本生活需要，更不用说养老了。另外，土地的集体所有制性质决定了农民不能私自变卖土地，土地之于农民的养老意义只是生活资料，不能为农民提供一种类似于资产的保障，土地发挥的养老保障作用非常有限。并且，实行家庭联产承包责任制之后，

---

① 《我国目前耕地面积约18.26亿亩 已经减少1亿多亩》，中央政府门户网站，http://www.gov.cn/jrzg/2011-02/24/content_1810106.htm，最后访问日期：2017年10月8日。

农村的经济和社会结构复归至从前，小农经济在农村依然居主导地位，传统的农业耕种方式和农村土地制度意味着家庭人口规模越大，拥有的土地等可支配资源越多，养老越有保障，生育比较多的子女进而提供更为坚实的养老保障基础，就成为中国农民不可遏止的内在冲动。这是当时在农村推行计划生育政策阻力大的原因，也在一定程度上拉大了原本就存在的城乡差距。

三 新时期农业适度规模经营的困境和农村养老保障发展的方向

进入21世纪以来，随着农业科技的发展和应用，中国农业已经开始按邓小平所提出的中国农业发展的第二个飞跃思想，即适应科学种田和生产社会化的需要，发展适度规模经营，发展集体经济，来进行农业发展的调整。对于适应农业生产力和科技发展趋势提出的农业适度规模经营，不论我们如何界定，有一点是可以肯定的：要想提高土地的生产率，一定的土地规模是必要的，因为没有一定的土地规模就无法实现农业生产的机械化、组织化、产业化和市场化。因此，土地的集中就成为中国农业适度规模经营的必要前提。《中共中央关于推进农村改革发展若干重大问题的决定》指出："允许农民以转包、出租、互换、转让、股份合作等形式流转土地承包经营权，发展多种形式的适度规模经营。有条件的地方可以发展专业大户、家庭农场、农民专业合作社等规模经营主体。土地承包经营权流转。"[①] 现实的情况是，尽管中央一再积极促进农民以多种形式流转土地承包经营权，效果却不尽如人意。长期以来，中国农村普遍实行的以土地为核心的养老保障机制，强化了土地之于农民的意义，即便是在农业收入已经不是主要收入来源的较发达地区，农民仍然视土地为"命根子"。这种低层次、微不足道的土地保障对于农民而言，更多的只是一种精神上的慰藉。尽管农民不愿也无力经营土地，但在市场经济激烈竞争和社会保障机制不完善的情况下，基于自身安全的考虑，农民不敢轻易放弃这一生命的最后屏障。

---

① 中共中央文献研究室编《十七大以来重要文献选编》（上卷），北京：中央文献出版社，2009，第675页。

中国的土地撂荒和弃耕现象严重，土地的保障作用大大弱化，并严重影响到土地的规模利用，农业发展的"第二次飞跃"所需要的土地条件并不具备。而且，土地作为家庭保障支撑的制度安排，进一步强化了农业生产经营过程中家庭的主体地位，不仅现有土地承包关系要保持稳定并长久不变，还要使农民更加充分地保证对农业的投入，农民对新技术尤其是需要较多资金投入的技术表现得并不热情，良种类型的生物技术变革在农村的推广也缺乏有力的支持。分散的家庭经营制度，基本沿用"代际积累"实现技术能力发展的模式，也即通过父辈、邻居与自己的实践经验来实现技术的延续和发展，农业在技术上处于停滞状态。中国农业发展的"第二次飞跃"所需要的技术条件也不具备。

从中国农业未来发展的角度来看，促进土地的有效流转和农业现代化的实现，需要从根本上确立土地的商品和生产要素属性，弱化并剥离土地所包含的公共福利功能。将农村养老保障从土地保障功能中剥离出来，就成为促进土地流转的必要条件和迫切要求，并且经济社会发展带来的公民权利意识觉醒的现实，也要求包括农村养老保障在内的公共服务均等化。可以预见的是，农村土地经营方式的新探索和农村公民平等意识的觉醒，将成为推动农村养老保障社会化的动力。

四 总结

从农村养老保障变迁的分析中可以看出，每一次保障方式的选择都是基于国家发展战略的调整并紧密配合农村土地经营制度的变革，农村养老保障充当国家发展战略的配套设施的角色，其应有的社会性并未体现。农村养老保障和土地经营制度的捆绑，不仅带来了农村养老保障的不稳定性和脆弱性，还直接影响到农村土地的有效流转和集中，并进而影响到农业发展和工业化的实现。基于中国经济社会发展目标和现实的困难，必须重新审视并认真解决农村养老保障。

首先，必须建立真正意义上的农村养老保障制度。根据社会保障的内涵，社会保障本质上是公民的一项权利。中华人民共和国第一部《宪法》明确规定"劳动者在年老、疾病或者丧失劳动能力的时候，有获得物资帮助的权利"①，以法律的形式明确了包括养老保险在内的社会保障是一项基本社会制度。稳定性应该是社会保障的首要特征。然而，从农村养老保障制度的历史变迁来看，农村养老保障由集体福利到家庭保障的转变，都未体现这一项基本社会制度的稳定性特征，而是将农村养老保障内化于以土地为核心的生产系统之中，并随着土地经营制度的调整而调整。围绕土地经营这个核心，中国农村养老保障的基本保障单位经历了由农户家庭到农村集体再到农户个体家庭的循环。这一制度实施的结果，就是农村养老保障至今还无法摆脱土地的福利属性并直接影响到农业适度规模经营的实现，农村养老保障生产系统和社会系统二重结构的分离是社会发展的必然趋势。农村养老保障制度走向社会化、制度化，回归其社会本性，是中国经济社会发展的客观需要。

其次，建立和完善农村社会养老保障制度离不开国家的支持。从中国农村养老保障发展历程和现状来看，制度的设计采用的是渐进和强制的方式，由政府主导推进改革的实施，在整个农村养老保障变迁中，政府的行为在很大程度上决定了改革的路径和结果。特别是在20世纪80年代农村社会养老保险制度创立初期，没有政府的参与和主导，农村养老保险也只能是一种商业保险或民间互助形式，政府的主持或主导是农村社会养老保险持续运行的关键。虽然现在的经济发展水平决定了国家还不具备把农民的养老保障全包下来的条件，近阶段农民家庭依然是保障主体，但是从传统的家庭保障为主向真正意义上的社会保障转变，需要政府承担起应有的责任，明确其公共服务的职责，为农村社会养老保障提供切实可行的法律支持、财政支撑和组织保证。农村社会养老保险能否顺利实施，关键在于政府支持力度的大小。农村社会养老保险制度的建立和完善，只能也必须以政府为主体并在政府的主导下进行。

最后，农村养老保障应该体现多层次性。中国地区差异很大，广大农村地区更是千差万别。受经济发展水平、经济承受能力、保险意识等方面的制约，设计一套覆盖广大农民又行之有效的社会养老保险制度是相当困难的。我们认为，中国应建立多层次的农民养老保障网络。第一，

---

① 王国军:《中国农村社会保障制度的变迁》,《浙江社会科学》2004年第1期。

作为一项基本社会制度，农村养老保障应该以社会保险为主体，特别是在家庭核心化和市场风险增大的双重压力下，建立风险共济的农村养老保险是基础。第二，就现实的农村生产力水平来讲，应该由农村养老保险全部解决农民的养老问题。这一目标的实现并不是一蹴而就的，家庭在相当的长时期内还必将承担最直接、最具体的经济保障、服务保障和精神保障功能。家庭保障作为一种非制度型的、非正式的而又天然的国民生活保障系统，在解决广大居民的养老问题上依然有着不可替代的优势①，是辅助农村社会养老保险制度的一种有效的养老保障载体。第三，农村社会传统的邻里互助、社会互助，是家庭养老保障的重要补充环节，在一定程度上也有助于巩固农村养老保障，应不断完善农村基层管理的社会基础和救济制度。

农村养老保障的完善有利于农村社会的稳定、农业的发展和中国经济社会更深层次的调整。必须在社会养老保险为主的前提条件下，在国家的主导下，辅以家庭养老和社会互助，增强农村的养老保障能力。

参考文献

[1] 郑功成：《社会保障学——理念、制度、实践与思辨》，北京：商务印书馆，2003。
[2] 陈少晖、李丽琴：《财政压力视域下的农村社会保障制度变迁（1949～2009）》，《福建论坛》2010年第11期。
[3] 段庆林：《中国农村社会保障的制度变迁（1949～1999）》，《宁夏社会科学》2001年第1期。
[4] 林光棋：《中国农村社会保障变迁：体系结构与制度评估——"三元结构"制度安排下契约变迁的路径分析》，《财贸研究》2006年第2期。
[5] 李轩红：《中国农村养老保险制度变迁的原因分析》，《山东社会科学》2011年第3期。
[6] 宋士云：《中国农村社会保障制度结构与变迁透视（1979～1992）》，《中国特色社会主义研究》2006年第1期。

---

① 郑功成：《社会保障学——理念、制度、实践与思辨》，北京：商务印书馆，2003。

第三篇　农民工市民化需要社会保障支持[①]

【摘要】 农民工市民化的根本障碍在于以社会保障为主要内容的公平权利缺失：首先，计划经济体制下形成的城乡分割的二元社会保障体系及长期实践造成了农民工在人力资本、社会资本、价值观念方面与城市社会存在很大差距，这种差距意味着农民工市民化能力不足。其次，农民工在城市就业和生活过程中遭受到的社会排斥及对应社会保障权利的缺失，影响了包括意愿在内的市民化能力的积累。最后，市民化能力不足、长期保障缺失进一步影响了农民工市民化的预期和行为选择。平等社会保障权利缺失及相应影响的累积，构成了农民工市民化的主要障碍，要化解农民工市民化困境，需要重构与完善社会保障体系。

【关键词】 农民工；市民化；社会公平；社会保障

在过去 30 多年时间里，农民工随中国经济大潮的起落往返于城乡之间，既无法融入城市，又不敢真正"撤出"农村。这种状况不仅影响了土地的适度集中和农业生产效率的提升，也影响到中国"以人为本"城镇化目标的实现。积极推动农民工市民化事关我国经济社会的长远发展。《国家新型城镇化规划（2014～2020 年）》提出，到 2020 年推动 1 亿左右的农业转移人口落户城镇并享有城镇基本公共服务。各省份也就政策的具体落实提出了实施意见。例如，新疆提出，居住证持有人连续居住满两年和参加社会保险满两年，逐步享有与当地户籍人口同等的公共服务；福建省在福州市、平潭综合实验区和厦门市三个地区实行了以稳定就业、稳定住所（含租赁）、参加社会保险规定年限为基本条件的积分落户制度；广东、江苏等地也依据实际情况制定了相应政策。尽管各地规定的城镇落户和享有基本公共服务的条件不同，但无一例外都强调了农民工要参加当地的社会保险。由此可见，农民工市民化虽然表现为落户城镇

---

① 本文发表于《学习论坛》2016 年第 1 期。收入本书时有改动。

的形式，但根本内容是以社会保险为基础并涵盖一部分公共服务在内的社会保障支持问题。社会保障支持在农民工市民化过程中产生的影响必须引起我们足够的重视。

一 文献梳理与研究思路

尽管推动农民工市民化已经成为学术界的共识，但对于如何实现还存在路径上的分歧，形成了社会排斥和社会融入两种对立的分析范式。前者认为，农民工的"城市边缘状态"是以户籍为基础的包括社会保障、住房福利、就业安排、教育制度、公共卫生等一系列不公平的制度安排的结果，制度排斥带来的权利缺失构成了农民工市民化的根本性障碍。推动农民工市民化，必须减少制度排斥，赋予他们城镇户籍和相应的市民权利。对应的政策建议包括放宽落户条件，让农民工平等地享有包括就业、公共卫生、义务教育在内的公共服务。《国家新型城镇化规划（2014~2020年）》和国务院《关于进一步做好为农民工服务工作的意见》的政策取向，正好反映了这种思考。社会融入的分析范式更为关注如何提升农民工个体的市民化能力，增强其城市适应性。这种范式强调，农民工自身市民化能力不足是人力、社会和文化等资本方面的约束造成的，发挥农民工个体能动性，打造适应城市社会的人力、社会、文化资本，才是解决问题的关键。

两种视角基于各自逻辑展开的分析虽然有助于我们从整体上清晰地认识农民工市民化过程中的困难和障碍，但这种将宏观与微观、结构与行动割裂开来的做法无助于有效解决这一问题。首先，1.7亿外出农民工个体差异巨大，制度松动和户籍赋予只是创造了一种条件，在户口含金量越来越低的今天，一纸户籍并不能成为所有农民工实现市民化的充分条件。[①] 能不能达到落户条件、要不要落户，主要取决于农民工个体。不过，不可否认的是，宽松的制度环境有助于农民工市民化的实现。其次，从微观层面来看，虽然农民工的市民化能力会因个体禀赋差异而不同，

---

① 刘程：《资本建构、资本转换与新生代农民工的城市融合》，《中国青年研究》2012年第8期。

但个体差异显然无法解释农民工市民化能力整体不足,应该从制度和历史的角度寻找答案。坚持历史的分析方法,将"农民工"置于中国宏观社会历史制度环境中,不难发现,其市民化困境不仅是当前制度排斥的结果,也是城乡二元社会保障体系分割运行带来的以人力资本、社会资本和文化资本为主要内容的市民化能力不足造成的。当前研究中这种单一视角的分析范式想当然地认为:只要条件具备了,融入就会实现,缺少全局性的、联动的、动态的逻辑分析。

农民工市民化不仅指进城农民工在身份上获得与城市居民相同合法身份和社会权利的过程,更是一个在价值观念、文化素质、行为习惯、身份认同等方面逐渐与城市居民趋同的过程。[1] 农民工市民化的实现,既需要政府调整政策来改变以户籍为基础的结构性因素的制约,更需要行动主体积极参与以创造更多条件;既要积极采取措施,推动农民工落户城镇和享有公共服务,也要明白是什么原因导致了包括参保意愿在内的农民工市民化能力的不足。只有坚持宏观和微观、历史和现实有机结合,才能完整地认识农民工市民化的困境,为有效解决这一现实难题提出有针对性的措施。

本文立足于社会保障视角,结合社会保障制度及其运行实践,对农民工市民化进程的起点、过程、结果三个阶段产生的影响进行分析,揭示农民工市民化过程中一直存在的社会公平缺失问题,以期对化解当前农民工市民化困境有所帮助。

二 农民工市民化困境与社会公平缺失:社会保障的分析视角

社会保障是国家以立法形式对社会成员的基本生活权利给予保障的社会安全制度,包括社会保险、社会福利、社会救助和住房保障等内容。在现有研究中,有学者因为社会福利体系中的就业、教育、公共卫生等内容和公共服务重合,而将公共服务纳入社会保障的大框架中;也有学者认为公共服务涵盖面较广,而将社会保障作为公共服务的子内容。根

---

[1] 周小刚、陈东有:《中国人口城市化的理论阐释与政策选择:农民工市民化》,《江西社会科学》2009 年第 12 期。

据农民工市民化过程中涉及的公共服务项目,本文认为,公共服务基本等同于社会福利,属于社会保障的一部分。不管两者谁包含谁,都不能否认,在现代社会,社会保障权已经是一项普遍的公民权,是每一个公民都应当平等享有的基本权利。每个人,不管是"城里人"还是"乡下人",都应当在陷入贫困时,得到社会救济,以维持最低生活水平和基本的人格尊严;在面临社会风险造成收入下降时,获得社会保险金,以维持基本的生活;同时,平等地享有公共资源和服务,不断提高福利水平。但是,在中国,不管是计划经济时期还是当前,公民享有的社会保障权益主要依身份和就业而定,表现出巨大的不平等。例如,农民归属农村社会保障体系,这是一种以土地保障为基础,以家族成员互助为组织形式,并辅以较低水平的农村养老和合作医疗保险的风险应对机制;城市居民享有的保障内容不仅包括全面的养老、医疗、失业等保险项目,还包括相对完善的城镇住房福利和针对低收入群体提供的社会救助项目。此外,城镇居民享有的就业、教育、公共卫生等公共服务也比较完善。这种以身份为划分依据的做法,本身就是对社会保障权利内在公平属性的破坏,而长期以来城乡之间资源的不均衡配置则进一步破坏了社会保障的公平属性,导致城乡居民发展权利和机会上的整体差距,造成农民工市民化能力整体不足以及当前的市民化困境。

(1) 竞争起点的公平缺失是城乡二元社会保障体制长期分割运行的结果。农民工市民化困境既有制度排斥的原因,也包括农民工自身人力资本水平低、社会资本贫乏、文化资本缺失等因素。但是,如果将农民工置于中国宏观的社会历史制度环境中,坚持历史分析方法,我们不难得出这样的结论:今天农民工市民化能力整体不足是城乡二元保障体系及其长期实践的结果。从人力资本来看,一般而言,个人人力资本存量的大小决定了劳动收入的高低。[①] 人力资本中对非农收入影响最大的是工作技能和受教育程度。虽然个人接受教育效果的好坏和掌握技能的多少受智力、勤奋以及健康等方面的直接影响,但获得这些资源的机会同样重要。新中国成立以来,逐步确立的以户籍为身份依据,以就业、住房、

---

① Mincer J., *The Studies in Human Capital*, Cambridge: Cambridge University Press, 1993.

教育、养老、医疗、救助为主要内容的城乡二元社会保障体系，在保障内容和保障水平上都是城市优先，从根本上决定了不同身份群体获得资源和发展机会的多少。例如，在城乡分割的教育体系中，义务教育阶段经费投入的巨大差距从根本上剥夺了农村居民公平接受教育的机会，造成了农村劳动力以受教育程度为主要内容的人力资本水平的整体低下，并且，由于长期生活在农村，农民所接触和掌握的技术可能与城市工作岗位的要求不相匹配，这部分人力资本还会因技能转换而受到损失，造成农民工在城市就业市场上人力资本水平的整体上处于劣势。

从社会资本方面来看，作为嵌入社会网络中的资源，社会资本能够为人们实现特定目标提供方便。① 这就凸显出中国人所偏好的"人际关系"的重要性。农民工长期生活在农村，社会交往以血缘、亲缘、地缘为主要特征，属于一种封闭或半封闭的社会关系网络。从农村来到城市后，农民工对城市社会网络的开放性和流动性还不太适应。不管是找工作还是生活，他们都习惯于依赖亲戚或老乡。虽然这一初始的社会网络能够为农民工提供情感慰藉和安全保障，但造成了农民工和城市社会的隔离，影响着农民工通过社会网络获得更多的制度资源，形成融入困境。

从文化资本方面来看，城乡之间长期的隔离状态以及存在的差距决定了农民工必须跨越生活方式、生活风格、交往方式、行为方式、价值观念方面的巨大鸿沟，才能适应城市社会的规则和逻辑，实现生活技能、规范性、个人气质等方面由农民向市民的转变，这需要一个较长的适应过程。

此外，传统体制下农村保障流动性差，无法为进城农民提供有效保障。例如，以土地、宅基地为主要内容的生产、生活资料出于中国土地制度性质的原因，无法转化为农民进城的货币支持，除了家具、用具等生活用品外，农民工能带走的东西少之又少。而且，这种以家庭为基础、家庭成员之间互助的传统保障形式，并非一种正式的、可以自由转移和对接的社会契约。当家庭无法实现整体迁移时，这种保障形式的作用会

---

① 〔美〕詹姆斯·S. 科尔曼：《社会理论的基础》，邓方译，北京：社会科学文献出版社，2008。

减弱。

从传统体制下农村社会保障的制度局限和运行结果来看,即使没有城市社会的制度排斥,农民工和城市居民也并非在同等条件下进行竞争。① 从农村走向城市的第一天起,农民工就输了,输在了长期分割的二元社会保障体制上。

(2) 经济吸纳、社会排斥的社会保障利益逻辑带来公平的进一步缺失。改革开放以来,长期分割运行的城乡就业制度被打破,城市就业的大门率先对农民开放,数以亿计的农民得以进城务工。在过去近40年的时间里,他们辛勤劳动、努力工作,在提高自身收入的同时,也为城市发展做出了巨大贡献。城市林立的高楼、宽阔的大道、繁荣的商业、四通八达的水陆交通网络等,无不凝聚着广大农民工的汗水和智慧。但是,出于户籍的原因,他们并未享有和城镇居民同等的就业和福利待遇。

在就业方面,受城市就业政策"壁垒"和自身素质的双重限制,农民工很难进入待遇较高、福利较好的正规部门,他们中的绝大多数只能集中在非正规部门就业。他们不仅工作时间长、劳动强度大、缺少技术培训,而且工资低。据统计,农民工工资仅相当于城镇职工的55%,这种差距的60%是人力资本差异造成的,40%是体制差异(歧视)造成的。② 这部分由歧视产生的收入损失被企业无偿占用了,转化成为企业的资本积累。就业和工资歧视削弱了农民工市民化能力。

除就业和工资歧视外,农民工的其他社会保障权利也遭到排斥。从社会保障制度建立的初衷和立法原则来看,社会保障权实质上是一种基本人权。联合国《经济、社会、文化权利公约》第九条规定:"人人有权享有社会保障,包括社会保险。"③ 公平的社会保障权利已经成为现代社会公民基本人权的主要内容。但是,目前在住房、医疗、城市公共卫生

---

① 李强、龙文进:《农民工留城与返乡意愿的影响因素分析》,《中国农村经济》2009年第2期。
② 国务院发展研究中心课题组:《农民工市民化——制度创新与顶层政策设计》,北京:中国发展出版社,2011。
③ 张伟:《国际人权文书(联合国人权条约机构通过的一般性意见和一般性建议汇编)》,北京:中国物资出版社,2013。

服务等方面对农民工和市民依然实行区别对待，造成了农民工和城镇居民收入中来自政府转移性收入的巨大差距。以住房为例，城镇中低收入群体虽然和农民工收入相当甚至更低，但因为能够享有廉租房、经济适用房等公共住房保障而得以正常和体面地生活，农民工却不能享有这方面的福利。单就住房一项，两者获得的政府转移性收入的差距就有 10 多万元，大约相当于农民工 5 年左右的收入，严重影响了农民工正常的城市生活和交往。同时，较低的工资和福利歧视又进一步影响到农民工参加城镇职工社会保险的积极性。国家统计局发布的统计数据显示，2014 年，农民工的社会保险参保率从高到低依次为：工伤保险（26.2%）、医疗保险（17.6%）、养老保险（16.7%）、失业保险（10.5%）、生育保险（7.8%）。[①] 参保率低，意味着这些社会保障项目所包含的政府财政补贴、社会福利支出、养老补助等转移性支出被节约掉并转化为城市基础设施建设投资的一部分。所以，城市的现代化不仅凝结着农民工辛勤的汗水，也内含了农民工辛酸的泪水和福利牺牲。

多年来，农民工对中国第二、第三产业生产总值的贡献程度达到 19.98%，但分享经济发展成果的比重却不到 10%。[②] 这一巨大反差不仅剥夺了农民工公平的分配权利，而且还影响到他们公平的发展权利。较低的工资和缺失的福利不仅直接减少了农民工的生活消费，还减少了农民工在教育和培训等方面人力资本的投资及积累，影响着农民工就业层次的提升和市民化的实现。

从农村来到城市的第一天起，农民工就已经因为工作、生活场域的转换带来的能力净值损失而处于竞争的劣势，并且，这种劣势不仅没有改善，反而因固化的社会保障利益逻辑衍生的"经济吸纳、社会排斥"政策而进一步加重。可以说，在城市社会保障体系全面覆盖农民工之前

---

① 《2014 年全国农民工监测调查报告》，国家统计局网站，http://www.stats.gov.cn/tjsj/zxfb/201504/t20150429_797821.html，最后访问日期：2017 年 10 月 8 日。
② 沈汉溪、林坚：《农民工对中国经济的贡献测算》，《中国农业大学学报》（社会科学版）2007 年第 1 期。

来谈推动农民工市民化,不仅为时尚早,而且是极不负责任的。①

(3) 社会保障缺失使许多农民工面临留城还是返乡的两难选择。迁移理论都有一个未加言明的假设:迁移者是理性人,不管是出于经济理性还是社会理性,在做迁移决策时他们通常会考虑两个方面的因素,也就是即期收入和可能获得的长期保障。在即期收入偏低的情况下,迁移者更为关注长期保障的获得。不过,受城乡二元社会保障体系长期分割运行的影响,农民工并未形成完整的现代社会保障观念,他们中有相当一部分人并不清楚为社会成员提供生存、健康、养老保障是国家强制性的制度安排,也是公民的一项基本社会权利,他们理应平等地享有这种权利,因而也无法从长远角度看到社会保障公平化的改革趋势和结果。相当多的农民工还是习惯于依靠当前收入和家庭成员互助支持来应对风险的传统做法。因此,在即期收入偏低的情况下,农民工很难产生定居城市的乐观预期,他们通常的选择就是打工赚钱。在和农民工打交道的过程中,笔者听到最多的是:"我现在还行。等我老了,不能干工作了,怎么能在城市生存下去?最后还是要回去的。""你们城里人什么都有,退休了也不怕,我们有的那点保险不顶用。关键还是趁年轻多攒点钱,这才是根本。"由于缺乏社会保障权利意识,他们很难相信参保对定居城市可能产生的支持作用。这一方面影响了农民工参加城镇社会保险的积极性,导致参保率不高;另一方面也让农民工更看重即期可能获得的货币收入和农村土地的保障功能。这也是农民工总是抱着"走着看"的心态徘徊在城乡之间的原因所在。

从另外的角度来看,城市政府的矛盾做法和现行社会保险"便携性"不足也影响了农民工参保的积极性。在推动农民工参加缴费型的社会保险项目上,城市政府热情十足。这是因为,农民工年龄结构偏轻,医疗保险和养老保险费用支出低(尤其是养老保险),有助于缓解当前城市养老保险资金缺口的压力。而在以教育为主要内容的非缴费型的社会福利项目上,城市政府虽然不似以往采用"关门主义"的做法,但也没有把

---

① 石智雷:《迁移劳动力的能力发展与市民化的多维分析》,《中国人口·资源与环境》2013年第3期。

城市户口生源和农民工子女生源放在同等的位置上，存在"城乡二元教育格局进城"的现象。例如，一些城市规定："在学校招生指标未用完的情况下，可以接收农民工子女就读。"事实上，好的学校根本就不存在指标用不完的情况。而入学指标用不完的通常是那些办学条件相对较差和位置较偏的学校，结果就造成农民工子女扎堆，演变成为另一种形式的农民工子弟学校。由于子女教育问题关系着下一代的素质，中国家长又历来重视教育，子女在城市接受义务教育的情况会直接影响农民工的城市预期。而当前社会保险统筹层次不高带来的"便携性"不足，又进一步影响到农民工参保的热情。从媒体关于农民工排队"退保"的报道中，我们很容易印证这一结论。

综合以上三个方面的分析，能够清楚地看出中国城乡二元社会保障体系长期运行对农民工市民化的影响：首先，在进城之初，农民工就已经因城乡二元保障体系长期分割运行带来的人力资本、社会资本、文化资本、保障能力等方面的不足而输在了竞争的起点上。其次，社会保障权益的身份识别原则以及城市社会基于自身利益考虑对农民工实行经济上吸纳、社会上排斥的双重标准的做法，进一步阻碍了以人力资本和社会资本为主要内容的市民化能力的提升。最后，城镇社会保障体系中社会福利项目对农民工和城镇居民区别对待产生的排斥和社会保险"便携性"不足，削弱了农民工的城市预期，影响了农民工的参保意愿，进而又影响到城市长期保障支持的可获得性，进一步降低了农民工市民化能力的提升和意愿的积累。可以说，传统体制下以身份为依据的社会保障体系的设计和运行，是造成当前农民工市民化困境的关键因素。推动农民工市民化，需要建构和逐步推进新的社会保障体系。

三　结论与讨论

尽管作为计划经济条件下国家发展战略配套措施的城乡二元保障体制，有助于实现国家经济发展战略目标，但对于分处不同社会保障体系的微观个体来说，体制的不可选择性已经严重影响到他们的发展际遇乃至人生命运。受户籍及其对应的社会保障体系方面的制约，农民兄弟长期被束缚在土地上，接受的教育和掌握的技术无法很好地适应城市现代部门的要求。农村缺失现代社会保障体系的结果,就是农村社会关系呈现典型的亲缘、血缘特征。进入城市社会后,农民工的社会交往的"内向性"特征,阻碍了他们在城市社会交往的扩大和现代观念的树立。将农民工的市民化困境置于一个更宏大的制度环境中来回顾分析,我们更容易得出这样的结论:农民工市民化的困境就其实质来讲是以社会保障为主要内容的社会公平权利缺失,城乡分割的二元保障体制是造成当前农民工市民化困境的根本原因。

虽然当前以居住证为载体的户籍制度改革被认为是保护外来人口权益的关键,但在城市户籍"含金量"日渐减少和农民工整体竞争力不强的情况下,一纸户籍给农民工带来的支持是有限的。在中国经济体制市场化改革不可逆转的历史背景下,赋予全体公民平等的社会权利和保障劳动力自由流动应该是中国社会保障体系的价值追求,需要政府以更长远的视野来看待这一制度重构的意义。同时,公民社会保障权利意识的培养也是决定制度建设的关键。在当前影响农民工参保的因素中,农民工自身对社会保障的制度属性还存在认识上的误区,对为员工提供社会保险是企业的义务这一点并不是很清楚,需要加大社会保障相关的宣传力度。而城市公共福利体系存在的排斥也在一定程度上影响了农民工的权利认知。这种观念的模糊不仅影响到农民工的"参保"行为,也影响着中国社会保障体系的完善。

从更为长远的发展视角来看,农民工进入城市并长期扎根城市社会其实就是其社会保障由农村到城市、由传统向现代、由作为国家战略发展的权宜之计向公民基本社会权利发展的过程。

参考文献

[1] 韩俊:《农民工市民化与公共服务制度创新》,《行政管理改革》2012年第11期。

[2] 石智雷:《城乡预期、长期保障和迁移劳动力的城市融入》,《公共管理学报》2013年第2期。

[3] 张洪霞:《人力资本、社会资本对新生代农民工市民化的影响——基于797位农民工的实证调查》,《江苏农业科学》2014年第2期。

[4] 宋士云、李磊:《中国社会保障管理体制变迁研究（1949–2010）》,《贵州财经学院学报》2012 年第 2 期。
[5] 高红:《公民权视域下农民工权益保护的社会政策支持》,《南京师大学报》（社会科学版）2009 年第 5 期。
[6] 杨莉芸:《公民意识:农民工市民化的内在驱动力》,《求索》2012 年第 5 期。

第四篇　社会保险与福利对农民工城市融入影响比较[①]

【摘要】 社会保险和社会福利贯穿农民工城市融入全程并发挥重要影响。本文认为,社会福利影响更大。社会保险虽然推动了农民工的经济融入和社会融入,但农民工不易产生身份认同;享有社会福利有助于农民工实现社会融入和产生身份认同;社会保险和社会福利虽然互相影响,但后者推动农民工参加社会保险的作用更直接,而不是相反。

【关键词】 农民工;城市融入;社会保险;社会福利

一　问题的提出及研究设计

城市融入是农民工进入城市从事非农产业后,在与城市环境要素相互作用的过程中,其身份、地位、价值观念、行为和生活方式以及社会资本形态等方面和城市居民差距逐渐缩小的经济社会过程。城市融入既是农民工主动适应城市社会的过程,也是城市社会接纳他们的过程。在此过程中,农民工个体拥有的人力资本水平、社会关系网络以及文化资本虽然从不同方面影响着融入的方式和程度,但中国以户籍为核心的一系列制度安排对这一进程产生着更为根本的影响。从这个意义来看,农民工的城市融入还表现为消除制度性的不平等因素,使他们能够公平地享有与城市居民一样的社会权利,从而有效改变弱势地位的动态过程。作为社会权利的重要内容,社会保险和社会福利在城市融入过程中可能

---

① 本文发表于《人民论坛》2015 年第 36 期。收入本书时有改动。

产生的影响也引起了学者们的关注。韩俊认为"农民工变市民，不是简单地改写户口本"①，农民工城市融入的过程，实质上是公共服务均等化的过程。石智雷等学者的实证研究结果显示，参加医疗保险和失业保险对提高农民工城市融入水平有正向影响。② 李亚青等学者发现，参加社会保险的确有助于降低农民工的流动意愿，增加工作稳定性。③ 而就业区域稳定性有助于增强农民工对城市社会的身份认同和长期居留意愿。

前述研究虽然有助于我们认识社会保险、社会福利对农民工城市融入的重要性，但已有研究局限性在于：要么关注某一具体险种对农民工城市融入的影响，要么关注社会保险对农民工城市融入某一方面产生的作用，没有就社会保险、社会福利对农民工城市融入的影响进行系统分析，更缺乏对两者可能产生的影响进行的对比研究。因此，下文拟对上述两个问题进行系统分析，以期为政策制定提供支持。本文使用的是2012年课题组在福州市主城区的调查数据，课题组采用随机抽样和分层抽样相结合的方法，对367名农民工参加社会保险和享有社会福利的相关情况进行了调查。

（一）因变量的设置

城市融入是农民工在与城市环境要素相互作用的过程中，其身份、地位、价值观念、行为和生活方式等方面与城市居民差距逐渐缩小的过程。城市融入是一个系统性的概念，呈多维特征。田凯提出，农民工的城市融入应该包括经济、社会、文化或心理三个层面。④ 杨菊华认为，城市融入至少包含经济整合、文化接纳、行为适应、身份认同四个方面。⑤ 结合已有研究并考虑农民工的现实情况，本文认为，能够反映农民工城市融入的指标包括以下三个：经济融入、社会融入、身份认同。经济融

---

① 韩俊：《中国农民工战略问题研究》，上海：上海远东出版社，2009。
② 石智雷、施念：《农民工的社会保障与城市融入分析》，《人口与发展》2014年第2期。
③ 李亚青、吴联灿、申曙光：《企业社会保险福利对农民工流动性的影响——来自广东珠三角地区的证据》，《中国农村经济》2012年第9期。
④ 田凯：《关于农民工的城市适应性的调查分析与思考》，《社会科学研究》1995年第5期。
⑤ 杨菊华：《从隔离、选择融入到融合：流动人口社会融入问题的理论思考》，《人口研究》2009年第1期。

入反映了农民工城市生活的基本要求,社会融入代表了农民工的城市交往需求,身份认同代表着归属感,只有当农民工认为自己是当地人时,他们才算真正融入了流入地社会,这一状态既体现了文化的适应和接纳,也包含心理认同。这三个维度,共同构成了农民工融入城市的完整形态。

首先,农民工长期在城市生活,需要一定的经济支撑。"职业声望""消费占比""换工作的频率"这三个选项反映了农民工在城市的收入和生活水平,代表经济融入水平。

其次,农民工适应并接受城市社会的行为方式、价值理念离不开社会交往和互动,社会融入考察农民工和城市社会互动的情况。"业余生活的方式""交际圈的结构""遇到困难求助的类型""当前的住房形式"这几个选项,可以测量农民工日常生活、交往的状态,以及农民工在城市社会参与社会组织的情况。

最后,身份认同。只有当流动人口对流入地有很强的认同感和归属感时,他们才算真正融入了流入地社会。"未来住房怎样解决""日常生活中,不觉得自己是外地人""未来想在哪里定居"这几个选项,可以用来考察农民工对城市社会的认同感和归属感,代表着身份认同的程度。

(二) 自变量的设置

社会保险是指国家通过立法强制实行的,对劳动者出于年老、工伤、疾病、生育、残废、失业、死亡等原因丧失劳动能力或暂时失去工作时,给予物质帮助的一种社会保障制度,主要包括养老保险、医疗保险、工伤保险、失业保险和生育保险。社会福利的概念比较宽泛,是为提高公民物质文化生活水平而提供资金和服务的制度设置。国内学者通常将社会福利和公共服务等同。综合当前农民工享有权利的可获得性,本文将社会福利概括为公共卫生服务、社区管理、子女教育、住房福利等方面。因此,本研究中自变量可分为三大类:第一,控制变量,包括性别、年龄、文化程度、当前收入、婚姻状况、家乡来源地、签订合同。第二,社会福利,包括子女教育、住房福利、公共卫生服务。第三,社会保险,包括养老、医疗、工伤、失业、生育五个险种。

二 数据统计结果与分析

(一) 社会保险与社会福利影响新生代农民工城市融入的差异

社会保险影响农民工城市融入的统计结果如表1所示。农民工参加社会保险的比例并不高，参保农民工仅占受访群体的23.4%。不过，参保与否对农民工的经济融入维度和社会融入维度都有显著影响。养老保险对农民工城市融入各维度的影响因参保时长不同而不同：参保不足1年的农民工经济融入和社会融入程度均不及参保3~5年的农民工。但是，在身份认同维度上，差异主要表现在参保不足1年和3~5年的农民工，与参保5年以上的农民工之间。医疗费用来源对农民工城市融入的影响主要表现在经济融入维度上。医疗费用支出来自新农合报销的农民工，其经济融入程度要明显低于自费和参加医疗保险的农民工。失业救济与城市融入的关联程度极不明显。

表1 社会保险影响新生代农民工市民化的统计结果

		经济融入		社会融入		心理融入	
		M	SD	M	SD	M	SD
养老保险缴纳时长	1年以下	3.04	0.78	2.77	0.71	3.09	0.68
	1~3年	3.13	0.90	3.08	0.81	3.11	0.91
	3~5年	3.25	0.92	2.89	0.98	3.39	0.85
	5年以上	3.78	0.66	3.38	0.61	4.08	0.67
F		4.59***		4.38**		4.59***	
医疗费用来源	自费	3.03	0.66	3.12	0.79	3.17	0.86
	新农合	3.35	0.89	3.09	1.09	3.26	0.72
	医疗保险	3.18	0.82	3.02	0.76	3.25	0.91
F		3.80*		0.55		0.45	

注：$*p<0.05$，$**p<0.01$，$***p<0.001$。

社会福利影响农民工城市融入的统计结果见表2和表3。住房类型对农民工的影响主要表现在社会融入维度，住单位宿舍和租房居住的农民工社会融入差别比较大。子女有没有在福州公办小学就读主要影响了农民工的经济融入和身份认同，对社会融入的影响不明显。就社区管理来讲，享有社区服务和参与社区活动在推动农民工社会融入方面影响显著，享有社区服务更容易让农民工产生身份认同。

表2 社会福利影响新生代农民工市民化的统计结果（1）

		经济融入		社会融入		心理融入	
		M	SD	M	SD	M	SD
居住形式	单位宿舍	3.18	0.70	3.07	0.74	3.37	0.82
	租房	3.07	0.77	2.76	0.74	3.15	0.88
	住亲戚家	3.05	0.76	2.82	0.81	3.16	0.91
	自购住房	3.45	0.81	2.93	0.88	3.21	0.76
F		2.39		4.04**		1.50	
子女义务教育	无孩子	2.95	0.70	3.11	0.87	3.03	0.73
	在福州	3.55	0.74	3.04	0.76	3.52	0.77
	不在福州	3.22	0.76	3.06	0.94	2.96	0.92
F		15.39***		1.14		9.82***	

注：** $p<0.01$，*** $p<0.001$

表3 社会福利影响新生代农民工市民化的统计结果（2）

		经济融入		社会融入		心理融入	
		M	SD	M	SD	M	SD
社区服务	是	3.22	0.69	2.77	0.76	3.19	0.72
	否	3.07	0.78	2.56	0.74	3.06	0.93
t		1.84		2.93***		2.83**	

注：** $p<0.01$，*** $p<0.001$。

（二）农民工个体特征影响社会保险、社会福利选择分析

个人权利意识影响着农民工的社会保险和福利选择。与用人单位签订正式劳动合同的农民工社会保险权利意识普遍较强，有46.1%的农民工表示完全了解社会保险的相关政策（缴费方式、缴费比例、缴费年限），基本了解的也占到了近30%。

农民工的参保行为同受教育程度成正比，受教育程度越高，越有可能参保。受教育程度越高，农民工对社会保险相关政策越了解。此外，受教育程度也影响到社会福利的获得，在那些有子女在福州上小学的农

民工家长中,有89.3%的受教育程度都达到了高中及以上。

此外,性别和参保关联度不大。来自福建省内外参保率有很大差异,差距达近11个百分点。

(三) 农民工城市融入过程中社会保险与社会福利交互影响的机理分析

社会保险和社会福利在资金筹集、保障内容以及参与者的权责划分等方面的运行机制都有很大不同,两者属于不同系统并分别运行。不过,放到农民工城市融入过程来看,两者之间不仅相互关联,还相互影响。

一是享有社会福利会影响农民工的社会保险选择。子女在福州公办小学就读的农民工缴纳养老保险的比重占到88.9%。而无子女或者子女不在福州上学的农民工参加养老保险的比重分别只有45.3%。享有社区服务与否也会影响农民工的参保行为。这一方面可能是因为社会福利改善了农民工的收入状况,使他们更有能力参保;另一方面是享有社会福利影响了农民工的城市预期,他们更愿意参保。

二是参加社会保险有助于培养农民工的权利意识,争取属于自己的社会福利权利。参保会让农民工对相关制度更了解、对平等享有社会福利更渴望。以未来住房打算为例,参加社会保险的农民工中有42.1%希望政府提供公租房,25.6%选择经济适用房,自购商品房、租房和没想过的大约占到30%左右。接近70%的参保农民工希望政府为他们提供保障性住房以解决居住问题。未参保的农民工不仅居住分散,而且只有大约一半人对政府解决住房抱有期待。

三 结论与政策建议

综上所述,主要研究结论如下。

第一,参加社会保险虽然推动了农民工的经济和社会融入,但不易产生身份认同。参保农民工的社会融入程度明显高于未参保农民工群体。这主要是因为社会保险作为一项以政府信誉为保证的基本制度设置,一定程度上增加了农民工的安全感,有助于他们以更积极的态度去感受并融入城市生活。也因为没有了后顾之忧,他们无须节衣缩食以应对风险,使有限的货币收入得到了更大程度的释放,有助于其生活质量的改善。养老保险不同缴费时长对比表明:短期内,参加社会保险并不会影响农民工的身份认同，但随着缴费时间的累积，影响将逐渐表现出来。

第二，享有社会福利有助于农民工实现社会融入和产生身份认同，对经济融入的影响目前并不突出。其中，社区管理和服务为农民工提供了开放的社交平台，有助于打破他们交往圈子的封闭性，推动其融入城市社区；子女进入公办学校就读和享有社区服务更容易让农民工产生身份认同。社会福利对农民工经济层面的影响不显著，同预期存在偏差。主要因为农民工还无法享有除公租房外的其他保障性住房，相信这一政策体系的开放将改善农民工的经济状况和城市预期。总之，让农民工真正平等地享有社会福利必将大大推进其城市融入进程。

第三，参加社会保险和享有社会福利互为消长又相互促进。一方面，参加社会保险有助于农民工形成平等的权利意识，更懂得去争取公平的社会权益。另一方面，在中国政策语境下，社会福利的获得不仅丰富了农民工的城市生活和交往，更大的意义在于推动农民工形成定居城市的乐观预期，进而积极参加社会保险。

第四，农民工的受教育程度也会通过社会保险和社会福利途径影响城市融入。受教育程度越高，对社会保险的权利义务关系就越了解，主动参保意识强，更可能获得社会保险。而且，受教育程度越高，农民工越懂得去争取合法平等的社会福利权利。

社会保险和社会福利贯穿农民工城市融入全过程并发挥着重要影响。参加社会保险无形中释放了农民工的消费潜力，丰富了其在城市的生活，随着缴费年限的增加，社会保险之于身份认同的影响会逐渐加大；社会福利的平等权利色彩对农民工产生身份认同直接而明显，也有助于打破"隔离"和城市社会良性互动。虽然社会福利对改善农民工经济收入的影响无法精确衡量，但社会福利的公共财政转移特征决定了将农民工纳入城市社会福利体系只会有助于改善他们的生活状况而不是相反。以住房为例，城镇中低收入群体虽然和农民工收入相当甚至更低，但却因为能够享有廉租房、公租房等公共住房保障而得以正常和体面地生活，农民工却不能。单就住房一项，二者获得的政府转移性收入就有不小的差距。此外，社会保险和社会福利虽然互为影响，但社会福利的获得对推动农民工参加社会保险的作用更直接。因此，虽然社会保险和社会福利都影响到农民工的城市融入，但社会福利发挥的作用更直接、更大。基于以上述分析，提出如下两点政策建议。

第一，减少社会福利权利的户籍色彩，为农民工提供与城市居民同等的公共服务。包括：逐步将农民工纳入城市保障房体系，改善其居住条件，破除农民工和市民在居住空间的隔离状态；进一步完善城市公办学校接收农民工子女就读政策，避免另类形式的"农民工子弟学校"的出现；进一步完善社区管理与服务，加大将农民工纳入社区管理的力度，让社会福利"阳光"普照，让农民工的城市预期更乐观。

第二，完善社会保险相关制度，积极推动农民工参保。一是要加大执法力度，督促企业和农民工签订劳动合同，以劳动合同来保障农民工的参保权益；二是提高社会保险统筹层次，减少流动过程中产生的"便携性"损失对农民工参保带来的不便，提高农民工参保的积极性；三是培养农民工的社会保险意识，推动农民工参保。当前还有相当一部分农民工不知道参加社会保险是他们应有的权利，今后，加大社会保险相关知识的宣传应该是努力的方向。

农民工的城市融入是一个长期的过程，不仅需要农民工努力创造条件，还需要政府调整政策以提供相应支持，对应的正是农民工积极参加社会保险和政府提供均等的公共服务两个方面。顺应农民工社会平等权利的需要和市场经济的发展要求，为农民工提供与城市户籍人口同等的社会福利和推动农民工参加社会保险应该是今后政策努力的方向。

参考文献

[1] 王建平、谭金海：《农民工市民化：宏观态势、现实困境与政策重点》，《农村经济》2012年第2期。

[2] 文军、黄锐：《超越结构与行动：论农民市民化的困境及其出路——以上海郊区的调查为例》，《吉林大学社会科学学报》2011年第2期。

[3] 祝军：《从生存到尊严：农民工市民化的一个维度》，《江汉论坛》2013年第8期。

[4] 石智雷、朱明宝：《农民工的就业稳定性与社会融合分析》，《中南财经政法大学学报》2014年第3期。

第五篇　新生代农民工城市融入的社会保障分析[①]

【摘要】 农民工彻底融入城市是我国社会转型和人口结构变化的关键因素，但这一进程受到制度排斥和农民工自身素质双重因素的制约，作为市场机制基本内容的社会保障体系关系着制度支持和农民工个体作用的发挥，其完善与否一定程度上强化或弱化了农民工融入城市的能力。本文试图建立新生代农民工城市融入的社会保障分析模式，分析社会保障对此过程产生的影响，为推动新生代农民工城市融入、完善相关社会保障体系提出对应的政策建议。

【关键词】 农民工进城；新生代农民工；城市融入；社会保障；权利诉求

一　引言

改革开放以来产生的农民工群体在过去近40年里并未消融于城市社群中，而是保持着一种与城市和农村都相对分离的"不城不乡"的状态。随着越来越多的青年农民进城务工，农民工群体呈现整体性的代际更替，新生代农民工开始成为农民工的核心群体。国家统计局住户调查办公室2010年对外出务工人员的调查表明，新生代农民工总数为8487万人，占全部外出农民工总数的58.4%[②]，已经成为外出农民工的主体。相对于第一代农民工来讲，新生代农民工的权利诉求整体上呈现出"从流动趋向移民"的特征，但实践的结果却不尽如人意，他们依然重复着父辈们的乡—城迁徙模式。新生代农民工能否顺利融入城市社会，不仅关系其权

---

① 本文发表于《西南石油大学学报》（社会科学版）2014年第1期。收入本书时有改动。
② 《新生代农民工的数量、结构和特点》，国家统计局网站，http://www.stats.gov.cn/ztjc/ztfx/fxbg/201103/t20110310_16148.html，最后访问日期：2017年10月8日。

利诉求的实现，更关系到中国人口结构变化和社会转型。

二 新生代农民工权利诉求和城市融入困境

如果说传统农民工进城是为了生存，那么新生代农民工则由谋求生存向追求平等转变。① 他们在追求经济利益的同时，表现出更多的对自身权利的诉求，对尊重、平等和社会承认有更多的企盼。这一群体整体上更希望拥有和城市居民一样的权利，在城市定居并融入城市社会。虽然2010年中央"一号文件"明确提出"要着力解决新生代农民工问题"，推进"80后""90后"新生代农民工的城市化，但新生代农民工融入城市之路依然困难重重。至今，新生代农民工的城市融入依然面临着制度排斥、自身素质两大困境。

（一）制度排斥

由户籍制度衍生的城乡二元分割的社会管理制度是制约新生代农民工城市融入的最大障碍。② 同样是中国公民，农民工却在就业机会、居住机会、受教育机会、社会保障机会、社会参与机会以及起码的医疗卫生服务等由国家提供的福利方面长期受到制度性歧视。③ 这在一定程度上弱化了新生代农民工融入城市的能力。

从劳动就业来看，他们只能选择次属劳动力市场就业，很难突破首属劳动力市场的界限。劳动力市场的分割往往导致农民工缺少向上流动的空间，始终处于低职位、低工资水平的状态。而就目前的就业政策来说，城市政府也没有将推动农民工在城市就业视为"己任"。④ 例如，城镇失业率的统计没有将农民工计算在内，失业救济、就业培训和再就业

---

① 全国总工会新生代农民工问题课题组：《关于新生代农民工问题的研究报告》，《工人日报》2010年6月21日。
② 李强、龙文进：《农民工留城与返乡意愿的影响因素分析》，《中国农村经济》2009年第2期。
③ 1958年颁布实施的《户口登记条例》将中国人口分为城市户口和农村户口两大类，对应的身份是城镇居民和农民。对于城镇居民，国家负责安置工作并享受国家的食品供应、住房福利、医疗保障和养老保障等社会福利。这种以身份为依据的社会保障政策在市场化的今天并未从根本上破除。
④ 李培林、田丰：《中国新生代农民工：社会态度和行为选择》，《社会》2011年第3期。

工程也只是面向市民的福利。农民工如果在城市失业了，大多是靠积蓄或亲戚、家人以及老乡的帮助维持生活，实在不行则只能选择返回农村。2009年，在金融风暴冲击下，2000多万个失去工作的农民工最终都选择了返乡。这说明，尽管劳动力可以"自由地"流动，但城乡分割的劳动就业制度以及对应的保障体系还未从根本上被打破。

从社会保障制度来看，尽管劳动法有规定，农民工应当参加法定的基本养老、医疗、失业、工伤等社会保险，但实际上大部分新生代农民工并没有获得相关保险。除去新生代农民工中多数人不知道参保是每一个公民的权利这一个人认知因素，雇主出于降低成本的考虑不愿为农民工参保也是导致新生代农民工社会保险缺失的重要原因，而城市政府对此监管不力，又使本来就脆弱的新生代农民工的社会保障权益缺乏支持。这种现象在制造业以外的商品零售、餐饮服务、建筑等行业表现得相当普遍。

从子女教育来看，尽管国家（包括许多地方政府）专门出台了关于农民工子女在流入地接受义务教育的政策规定，但是在具体落实政策的过程中仍然存在不少公平问题。即使农民工子女可以获得在城市接受义务教育的机会，也还是存在各种或明或暗的制度性门槛。例如，一些地方政府规定"在学校招生指标未用完的情况下，可以接收农民工子女就读"，事实上，好的小学往往一个入学指标难求，根本就不存在指标用不完的情况。入学指标用不完的通常都是那些办学条件相对差和位置较偏的学校，结果就造成农民工子女扎堆，演变成为另一种形式的农民工子弟学校。子女能否较公平地接受打工城市义务教育，直接影响着新生代农民工城市融入的意愿和能力。

从住房保障来看，目前城市还没有为农民工提供与城镇居民同等的住房安全保障福利。虽然城市低收入者的收入水平不高，却因能享受到政府提供的廉租房或房屋补贴而得以"安居"，农民工却不能。如果新生代农民工能够享受到这样的政策，即便他们收入低一些，在高房价的今天，在城市"安居"应该是没问题的。如今，他们在城市不但不能住上条件好一点的房子，并且居住还是不安稳的，他们在城市的居住权没有得到政策保障。① 在房价不断飞涨的今天，住房问题已经成为横亘在农民工融入城市道路中的巨大障碍。

从社会救助来看，城市居民有最低生活保障和失业救济两条保障线兜底，而农民工的收入即使低于城市最低生活水平，也很难获得这种来自制度力量的帮助。例如，超过 30% 的农民工都曾有过失业的经历，他们在失业期间很少得到失业保险的保障，也无法获得城市低保的救助，只能靠自救的方式渡过难关，实在扛不过去就回老家。② 作为应对市场经济风险保护机制的失业保险，对农民工基本上不起作用。

（二）个人素质

与老一代农民工相比，新生代农民工无论受教育水平还是整体素质都有很大提高，并且其职业选择也开始呈现多样化趋势。但是，从整体来看，新生代农民工在城市的就业依然没有优势；并且，作为在改革开放过程中出生和成长起来的年轻一代，新生代农民工虽然整体受教育程度高，但其职业期望高，物质和精神享受要求也高，工作耐受能力低。③ 这也是为什么现阶段一方面是"民工荒"，一方面是工作难找的根源所在。

按照人力资本理论，农民工流动是人力资本的投资过程。新生代农民工也渴望通过流动来改变自身命运，但频繁流动又使他们往往失去学习和积累技能的机会，难以积累经验（技术），甚至导致已有人力资本（工作经验）的贬值。符平、唐有财的研究表明，新生代农民工的频繁流动对收入的影响呈现出倒"U"形的轨迹。④ 也就是说，尽管短期内带来的是工资报酬的增加，但长期的趋势却是下降的，初始人力资本和累积人力资本不高往往导致新生代农民工缺乏坚实的融入城市的物质基础。

受当前城市社会保障管理政策的排斥和自身竞争力不高双重因素制

---

① 王春光：《中国社会政策调整与农民工城市融入》，《探索与争鸣》2011 年第 5 期。
② 张振宇、陈岱云、高功敬：《流动人口城市融入度及其影响因素的实证分析——基于济南市的调查》，《山东社会科学》2013 年第 1 期。
③ 全国总工会新生代农民工问题课题组：《关于新生代农民工问题的研究报告》，《工人日报》2010 年 6 月 21 日。
④ 符平、唐有财：《倒"U"形轨迹与新生代农民工的社会流动——新生代农民工的流动史研究》，《浙江社会科学》2009 年第 12 期。

约，新生代农民工的城市融入之路相当艰辛，这也意味着推动农民工进城不仅要考虑农民工自身的原因，还必须考虑社会保障管理政策在此过程中给予的支持，并将两者结合起来。

三 新生代农民工城市融入的社会保障支持

新生代农民工的城市融入一般是指农民工在生产方式、生活方式、社会心理与价值观念上整体融入城市社会并认同自身新的社会身份的过程与状态。① 这一过程涉及的内容包括经济、社会、文化、政治等多个方面。在中国城乡差距依然存在的背景下，农民工的城市融入其实是一种向上的流动，从代表落后的农村地区进入城市领域，农民工必须付出更多的个人努力，这是一个基本的前提条件。在过去近40年时间里，就有很多农民工通过努力，融入现代化的城市生活之中。例如，自1998年中国住房制度市场化改革以来，就有一部分经济实力强的农民工选择在城市买房、落户、定居，户口的转变意味着他们不仅进入了城市空间，而且进入了城市领域。不过，这一群体所占比例极小，更多的农民工仍在城市边缘苦苦挣扎。这固然受到农民工自身人力资本匮乏、社会资本封闭和单调等因素的影响，但自计划经济时期以来实行的城乡分割的社会管理制度更是问题的关键。在计划经济体制下，中国实行的城市倾斜政策使得市民不管是在就业制度安排上，还是对包括教育在内的人力资本的投入上都领（优）先于农民，这造成了城市居民无论是在整体竞争力，还是外在的制度环境都明显强于农民工。因此，仅仅靠农民工个体辛勤打工融入城市社会是远远不够的，也就是说通过市场渠道不仅不足以解决农民工的城市融入问题，对农民工也是不公平的，通过制度层面给予适当的支持非常必要。农民工的城市融入应该是制度支持和个体努力共同作用的结果。

在图1中，横轴代表农民工的个体因素，纵轴代表城市社会制度因素，两者都对农民工城市融入过程产生影响。新生代农民工融入城市不

---

① 吕柯：《浅议"农民工"市民化存在的主要障碍》，《中共成都市委党校学报》2004年第2期。

仅要强调个体的努力，而且个体努力的结果还要能够冲破城乡二元分割管理制度的阻力，获得来自城市社会的认可和支持，其城市融入的过程，是这两个方面因素共同作用的结果。如果仅有制度支持，农民工个体主观不努力也难以超越城乡差距的鸿沟而融入城市，表现为 MI 线的左侧区域；或者个体很努力，但制度的障碍太大，同样也无法有效地推动农民工融入城市，表现为 SM 线的下侧区域。在图 1 中画线的 OIMS 区域，我们可以理解为制度支持、个人努力双缺失状态下的农民工城市融入状态，处于这一区域的农民工城市融入是不成功的。在现实生活中，农民工个体的努力需要辅以一定的制度条件支持才行，所以农民工成功融入城市的起点应该不是在 O 点，而应该在 M 点。超越这一点，在 MI 右侧 SM 下方的区域，尽管还有制度的障碍，但农民工成功融入城市社会的关键在于其个体努力；在 SM 上方，MI 左侧的区域说明农民工融入城市社会的关键是社会制度的大环境；在 MI 右侧，SM 以上的整个区域农民工融入城市是成功的，在这里，农民工个体的主观努力同制度支持一起发挥作用，共同推动农民工融入城市社会。

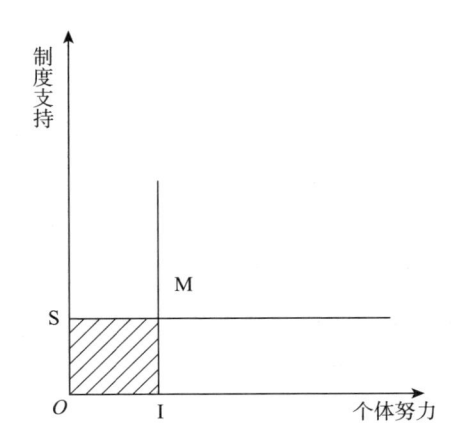

图 1　新生代农民工市民化的社会制度支持机制

社会保障作为现代市场经济条件下的一项基本制度安排，既是公民权利的主要内容，也是一种社会风险责任分担机制。作为公民权利，社会保障权是每一个公民都应当平等享受的基本权利：不管是"城里人"还是"乡下人"，在陷入贫困时，都有获得社会救助的权利，以维持最低生活水平和基本的人格尊严；在面临社会风险造成收入下降时，能获得社会保险金，以维持基本的生活。① 作为一种社会风险责任分担机制，社会保障实行国家、雇主、职工个人三方责任共担，社会保障的社会责任共担机制特征也有助于制度支持和个体努力的结合。可以说，社会保障是对农民工融入城市产生重要影响的一种制度支持，将全面影响新生代农民工的城市融入过程。

四 完善推动农民工城市融入的社会保障政策建议

社会保障作为一项基本的社会制度，对新生代农民工城市融入过程产生着重要影响。并且，市场机制的不断完善和包括劳动力在内的生产资料的自由流动都需要这一社会基本制度的支持。根据本文研究内容及上述结论蕴含的有益启示，本研究提出如下建议。

（一）在社会福利方面，进行社会政策的整体性改革和创新，以落实社会公平权利

社会福利的市民权利色彩往往能够为农民工带来情感上的满足，并在新生代农民工城市融入过程中发挥助推器的作用。但是，就目前存在的问题来看，农民工还未能真正、全面地享受到这样的基础性公平。落实社会福利享有权利的公平性、降低甚至破除城市社会福利准入门槛，应该成为今后政策调整的方向。这就需要国家从战略上考虑农民工融入城市的问题，以推动社会政策的整体性改革和创新。首先，在农民工子女义务教育问题上，必须破解"城乡二元教育格局进城"的现象，推动教育公平权利的实现。其次，从城市住房来看，加快解决以农民工为主体的"城市夹心层"的住房问题是当务之急，应该尽快将解决农民工住房纳入城市住房保障范畴，让新生代农民工在城市省钱、安心。

（二）立足社会保险制度建设，推动农民工参加城市社会保险

参加城市社会保险直接影响着新生代农民工城市融入的经济能力和

---

① 石静、胡宏伟：《社会公正与中国社会保障制度建设》，《社会保障研究》2009 年第 4 期。

心理预期。调查发现，对社会保险的认知、劳动合同的签订、参加社会保险可能带来的收益以及用工单位的态度，是影响新生代农民工在城市参保的四个重要因素。因此，推动新生代农民工在城市参保，需要从农民工个体、用人单位和制度建设三个方面共同努力。结合本文的研究结论，可从以下几个方面入手。

第一，加大社会保险相关知识宣传，重视新生代农民工公民权利意识的培养。社会保险相关知识的缺乏是影响新生代农民工参保行为的重要原因：尽管内心希望参加社会保险，但是相当一部分农民工对企业的"拒保"行为表现得"相当平静"，一个非常重要的原因就是他们通常将能否提供社会保险作为判断企业实力大小与员工福利好坏的标准，而不认为"拒保"是企业没有尽到义务的表现。认识是行动的先导，只有对社会保险有了深刻的认识，才能形成以社会保障权利为主要内容的公民权利意识，从根本上改变农民工的参保态度。另外，要培养农民工的社会保障权利意识，还需要建设与完善农村社会保险制度。调查发现，凡是四川籍的农民工，对参加社会保险都有比较清楚的认识和明确的态度。① 这得益于成都作为国家城乡统筹发展试验区率先推动的四川全省范围的农村社会保险制度建设尝试，四川籍农民工对自己是否在福州参保表现得非常有主见。同时，提高农民工参保的谈判砝码，也需要建立和完善农村社会保险制度。正如取消农业税、种粮补贴等惠农政策提高了农民工工资谈判的砝码，农村社会保险制度的建设将为农民工要求城市社会保险权益提供制度平台支持。

第二，强化法律力量和借助行政力量推动用人单位为员工参保。用人单位的参保态度也是关系着新生代农民工参加城市社会保险的重要因素。尽管一些新生代农民工的社保意识在觉醒，但目前的情形是：新生代农民工参加社会保险意识的觉醒只能推动他们"用脚投票"来选择愿意为他们提供社会保险等福利的单位，但在单位内部通过自身抗争的方

---

① 2005年，国家选择成都和重庆作为统筹城乡发展综合试验区，两地在探索推动城乡统筹发展的过程中，都推行了建立农村养老保险的政策。因此，这两地的农民工对于社会保险的认识非常明确。

式来争取社保权益仍然很难。也就是说,当前,农民工社保意识还不足以成为推动社会保险制度完善的决定性因素。因此,必须借助于法律力量和行政力量来推动社会保险制度建设。国家除了通过社会保障立法来进行规范以外,还必须依靠加大对企业的检查和监督来推动、保证用人单位作为供给主体和新生代农民工需求主体的对接,进而推动社会保险政策的落实。

第三,积极确立社会保险的制度规范并完善农民工社会保险关系的转移与接续。任何一项建设都离不开制度的保障,并且,社会保险制度自身的完善程度也是影响政策落实的重要因素。目前中国的社会保险模式还处于"遍地开花"的探索阶段,各地的模式和标准并不统一,尤其是社会保险中非常重要的养老保险,目前统筹层次还比较低,养老保险关系在转移接续过程中可能产生的利益流失对农民工参保的积极性的影响,必须引起足够的重视。

(三) 积极探索适宜的农民工社会救助形式

目前的社会救济制度将全部的农民工群体排除在外。例如,以最低生活保障和失业救济为主要内容的社会救助将农民工整体排除在外,新生代农民工在城市工作生活过程中遇到的困难,只能自己解决或求助于以血缘与地缘为主要特征的乡土网络。[①] 这在培养他们独立意识的同时,也造成了其与城市的心理隔阂。虽然当前以户籍为依据的财政支出体制还存在将农民工纳入城镇社会救助体系的困难,但是,这不应该成为拒绝为农民工提供社会救助的理由,社会救助形式的创新或许有助于解决这一历史和现实难题。理论界提出的以"公共劳动"形式为失业农民工提供社会救助的思想,或许应该在现实中产生更为宽阔的思维。[②] 对失业或生活水平低于最低保障线以下的 45 岁以上的大龄农民工,可以参照城市居民最低生活保障制度进行救助。对于新生代农民工,可以考虑以"公共劳动"的形式提供社会救助。

---

① 周莹、周海旺:《新生代农民工融入城市的影响因素分析日》,《当代青年研究》2009 年第 5 期。
② 弋戈:《"无脚"的鸟:新生代农民工》,《中国社会保障》2010 年第 5 期。

参考文献

［1］周批改、徐艳红：《论城市化进程中农民工社会救助制度的构建》，《济南大学学报》（社会科学版）2009 年第 6 期。
［2］张世青、刘雪：《农民工的权利诉求及社会政策回应》，《学习与实践》2011 年第 12 期。
［3］王辉：《农民工社会融入：政策内涵及推进方向》，《农村金融研究》2011 年第 4 期。
［4］汤云龙：《农民工市民化：现实困境与权益实现》，《上海财经大学学报》2011 年第 5 期。
［5］黄锟：《农民工市民化过程中的制度冲突与协调——以城乡二元制度为例》，《经济研究参考》2013 年第 39 期。

附录二　新生代农民工城市社会保障享有情况调查问卷

亲爱的朋友：

　　为深入了解新生代农民工参加与享有福州市社保的一些真实情况，以便为各级政府完善社保的相关政策提供合理的政策建议，我们开展这次问卷调查。请您根据自己的实际情况对以下问题进行回答。本次调查不记您的姓名，您的答案也没有好坏对错之分，仅供我们做科学研究的客观资料，所以请不要有所顾虑。您的真实回答，将对我们得出真实客观的研究结果非常有用，所以对您的真诚配合我们表示十分感谢。

　　请您在符合您本人实际情况和意见的选项旁边打"√"，在有"＿＿＿＿"的地方请填写具体情况。

　　谢谢您的合作和支持！

　　祝您及您家人生活幸福、万事如意！

1. 您选择在城市工作的原因（可多选）

   A. 一直在念书，不懂农活　　　B. 务农辛苦、收入又低

   C. 可以开阔眼界，锻炼自己　　D. 农村生活单调、枯燥、不喜欢

   E. 周边人都在福州打工　　　　F. 其他

2. 您在城市工作＿＿＿＿年了？在城市工作期间，你换过＿＿＿＿次工作？

3. 您目前在福州的住房类型属于

   A. 单位宿舍　　　　　　　　　B. 租房

   C. 住亲戚、朋友家　　　　　　D. 自购住房

4. 未来几年，您的住房问题是怎样打算的？

A. 租住公租房、廉租房　　B. 购买经济适用房

C. 购买商品房　　D. 租房

E. 不需要/没想过

5. 您如何规划自己的业余时间？（可多选）

A. 在宿舍或家里睡觉　　B. 上网、听音乐

C. 和同事在一起　　D. 和老乡在一起

E. 和朋友在一起　　F. 看书或上培训课

G. 逛街

6. 每一个月吃饭＋住宿除外的消费占工资的多少（百分比）？_____％

7. 未来5年内，您会离开福州吗？

A. 会　　B. 不会

C. 没想过

8. 就您自身的情况来讲，将来您最希望在哪里生活？

A. 和福州一样的省会城市　　B. 一般的城市

C. 县城　　D. 农村老家

9. 您当前工作每月总收入大概有_____元。

10. 您是否了解社会保险的相关政策（包括缴费方式、缴费比例、缴费年限）？

A. 完全了解　　B. 基本了解

C. 不是很清楚　　D. 仅听说过

E. 没听说过

11. 就业时，您倾向于怎样要求社会保险？

A. 单位提供就参加，没提供也不会主动要求

B. 参加社会保险是自己的权利，会要求单位提供

C. 不参加社会保险，工资多算些

D. 没考虑过

12. 您了解社会保险是通过什么途径？

A. 大众传媒的宣传，如电视、报刊等

B. 就职单位的讲解

C. 家人、朋友的介绍

D. 政府机构的宣传如传单手册

E. 同事的介绍

F. 其他

13. 现在的单位为您提供的社会保险包括哪些（可多选）？

　A. 失业保险　　　　　　　　B. 工伤保险

　C. 医疗保险　　　　　　　　D. 养老保险

　E. 生育保险　　　　　　　　F. 住房公积金

　G. 一项都没有

14. 您受助过的保险包括哪些（可多选）？

　A. 失业保险　　　　　　　　B. 工伤保险

　C. 医疗保险　　　　　　　　D. 生育保险

　E. 住房公积金　　　　　　　F. 都没有

15. 您的养老保险缴了_____年了。

16. 换一个城市工作时你会选择"退保"吗？

　A. 会　　　　　　　　　　　B. 不会

17. 您有没有失业的经历？有的话有_____（月）？

　A. 有　　　　　　　　　　　B. 没有

18. 重新找工作期间，您通常怎么解决生活问题（可多选）？

　A. 申请领取失业救济金　　　B. 向老乡借钱、亲戚朋友求助

　C. 申请最低生活保障　　　　D. 靠自己的积蓄维持

　E. 靠家里寄钱救济

19. 工作期间遇到生病，您的医疗费如何筹集？

　A. 自己全额支付

　B. 新农合报销

　C. 医疗保险报销一部分，其余自己支付

20. 请您选出2个您认为最重要的保险项目。

　A. 失业保险　　　　　　　　B. 工伤保险

　C. 医疗保险　　　　　　　　D. 养老保险

E. 生育保险

21、您觉得有无城市户口的最大的区别是什么（请按您认为的重要程度排序）？

【　　】【　　】【　　】【　　】

A. 城市住房　　　　　　　　B. 子女的教育

C. 最低生活保障　　　　　　D. 社会保险

22、您是否已经参加了户籍所在地的农村养老保险？

A. 参加过

B. 没参加（是否打算参加：A 参加　B. 不参加：请选择原因）（可多选）

A. 已参加了城镇职工养老保险　　B. 农村养老保险保障水平太低

C. 已购买了商业保险　　　　　　D. 有土地，没有必要购买

E. 有子女养老，没有必要购买

23、您对未来养老有什么打算？

A. 土地保障　　　　　　　　B. 靠子女；

C. 参加社会养老保险　　　　D. 参加商业养老保险

E. 靠自己的财产

24、您的性别是？

A. 男　　　　　　　　　　　B. 女

25、您属于哪个年龄段？

A. 18 岁以下　　　　　　　　B. 18~25 岁

C. 26~32 岁　　　　　　　　D. 32 岁以上

26。您的家乡位于＿＿＿＿省＿＿＿＿市。

27、您的文化程度是？

A. 小学　　　　　　　　　　B. 初中

C. 高中或中专/中师　　　　　D. 大专

E. 本科及以上

28、您进城工作前的户口类型是？

A. 农村户口　　　　　　　　B. 城镇户口

29. 您和用人单位签订劳动合同了吗？

A. 签订　　　　　　　　　B. 未签订

30. 您现在工作所属的行业是？

A. 制造业　　　　　　　　B. 建筑业

C. 零售业　　　　　　　　D. 服务业

E. 其他

31. 您的婚姻状况是？

A. 未婚　　　　　　　　　B. 已婚

（选择"未婚"的跳答第 32~34 题）

32. 您的配偶现在生活在什么地方？

A. 家乡　　　　　　　　　B. 福州

C. 其他地方

33. 您的孩子是否在福州上学？

A. 是　　　　　　　　　　B. 否；

34. 孩子上的是公立校吗？

A. 是（是否缴赞助费：A. 有　B. 没有）

B. 否

35. 请对您平时的交往圈子作一评价（请在对应一栏打√）

人员类别	几乎没有	有一些	比较多	非常多
同事				
老乡				
邻居				
城市的朋友				
家人				
社团朋友				

附录三　新生代农民工市民化情况开放式问卷

亲爱的朋友：

　　为深入了解新生代农民工享有社会保障的情况及影响，我们开展这次问卷调查。请您根据自己的实际情况对以下问题进行简要回答。您的真实回答，将对我们得出真实客观的研究结果非常有用，所以对您的真诚配合我们表示十分感谢。

　　谢谢您的合作和支持！祝您及您家人生活幸福、万事如意！

问题1. 在城市工作，您感受到的和本地城市户口的区别包括哪些方面？

问题2. 在城市生活，您感受到的和本地城市户口的区别包括哪些方面？

问题3. 影响您参加社会保险的因素有哪些？

问题 4. 社会保险对您的工作选择有哪些影响?

问题 5. 参加社会保险给您的生活带来哪些影响?

问题 6. 您如何界定自己的身份,请简要谈谈您的想法。

附录四　人力资源主管开放式问卷

亲爱的朋友：

　　为深入了解新生代农民工享有社会保障及可能产生的问题，我们开展这次问卷调查。请您根据自己的实际情况对以下问题进行简要回答。您的真实回答，将对我们得出真实客观的研究结果非常有用，所以对您的真诚配合我们表示十分感谢。

　　谢谢您的合作和支持！祝您及您家人生活幸福、万事如意！

　　问题1. 您觉得农民工参保意愿和城市居民有什么不同？

　　问题2. 您所在的企业，农民工不断流动主要是为了什么？这种流动对他们的职业发展会有什么影响？

　　问题3. 您在招聘时主动提供五险一金会不会增加对应聘者的吸引力？

问题 4. 您为员工参保主要考虑的因素是什么?

问题 5. 您认为社会保障是影响农民工融入城市的关键吗? 为什么?

附录五 新生代农民工市民化测量表

（请在对应方格里打√）

		完全不同意	不太同意	一般	比较同意	非常同意
D1	您对当前在福州的工作状况感到满意					
D2	您对当前在福州的生活状况感到满意					
D3	小孩能够在福州接受义务教育让您感到满意					
D4	政府即将提供的针对外来务工人员的公租、廉租住房会提升您的生活水平					
D5	户口和工种不同，社保待遇不同，让您感到不满					
D6	在您的日常生活中，能感受到外来人口受到区别对待					
D7	按您现在的情况，会放弃土地和农村户口来换城市户口					
D8	您有广泛的人际交往					
D9	您的业余生活丰富多彩					
D10	您的节假日生活丰富多彩					
D11	找工作主要靠老乡、亲戚介绍					
D12	不断地换工作会让自己的生活得到改善					
D13	您的消费方式和城市居民有很大不同					
D14	您和邻居互动融洽					
D15	普通话是您在城市用得最多的语言					
D16	在城市遇到困难多数靠老乡帮忙解决					
D17	食宿之外的其他消费占到您收入的一半					
D18	参加社会保险对您在城市安家落户很重要					
D19	您和城市居民最大的不同体现在社会保障上					

附录六 新生代农民工城市社会保障享有情况测量表

（请在对应方格里打√）

		完全不同意	不太同意	一般	比较同意	非常同意
S1	子女在福州接受义务教育感到很安心					
S2	在生活遇到困难时，会得到来自社会团体的慈善救助					
S3	单位会提供五险					
S4	单位会主动要求签订劳动合同					
S5	在城市失去工作期间，可以得到政府的救助					
S6	参加社会保险后感受到了社会保险带来的好处					
S7	可享受就业培训和部分公益性质的技能培训					
S8	换工作，即使离开福州也不会退保					
S9	城市政府的就业帮扶政策有助于推动农民工就业					
S10	在日常管理上，所在社区对外来务工人员没有歧视					
S11	住房有享受相关福利					
S12	在找工作时不觉得有明显的城乡户籍差别对待					
S13	您所在的社区会免费提供流动儿童计划免疫等公共卫生服务					
S14	不愿意放弃农村户籍的原因是缺乏安全保障					
S15	参不参保，关键在企业					
S16	您相信养老保险的保障功能					
S17	目前最渴望得到的是社会救助					
S18	更想在城市参加社会保险					

附录七　新生代农民工享有社保的个人访谈提纲

一　访谈目的简要介绍

您好，我是××大学的博士研究生，想和您谈一下关于青年务工人员参加和享有社会保障的一些话题。我们这次谈话需要录音，但是只录声音不记姓名，谈话中也不会涉及个人的隐私问题，不知您是否愿意接受这次访谈？（受访者若回答"愿意"则继续访谈的话题）

好的，感谢您的配合。可能您对社会保障是什么还不太了解，这里简单向您解释一下，社会保障是指国家通过立法对国民收入进行分配和再分配，对社会成员的基本生活权利给予保障的社会安全制度。我们通常所说的医保和养老保险是其中非常重要的组成部分。参加社会保险是每一个职工的权益，为职工提供社会保险是单位的义务，如果您大致理解社会保障的意思，我们就开始进行下一个话题。如果您还没有理解社会保障，请您说出您不理解的地方，我会为您解答。（直到受访者表示理解了社会保障的含义即开始正式访谈问题）

好的，那我们就开始就下一个问题的访谈。

二　受访者基本情况的了解

在访谈问题开始之前，想了解以下您的一些基本情况。包括您的年龄，您的家庭基本情况（婚否、小孩子的情况、父母的工作情况），您工作单位的基本情况（所处行业、企业的规模）。

三 访谈的问题

1. 谈谈您外出打工的经历，您换工作的原因，以及您个人的想法。

2. 就您的理解来看，社会保障具体包含了哪些内容？您认为城乡两套社会保障体系具体有什么不同？有没有城市户口在社会保障方面的区别体现在哪些方面？

3. 您没有选择将户口迁出农村是出于什么考虑？假如可以无条件地将户口迁到福州，就您目前的情况，您会怎么做？您考虑的主要因素有哪些？（要注意受访者偏题，则引导他回到设定条件的框架，但不直接暗示回答的具体内容）

4. 您觉得在福州的生活中，涉及的社会保障项目哪些对您的生活影响最大？

后 记

光阴似箭，从毕业到论文出版，五年时间一晃而过。其间，国家针对农民工市民化的态度越来越明确，政策也越来越完善。这也意味着广大的农民工兄弟以自己的努力实现向市民角色的转型不会太长久了，这一点让笔者倍感欣慰。

之所以关注农民工，是因为在城市化不断推进的今天，农民工包括新生代农民工为我们的国家和社会发展做出了巨大的贡献。如果没有他们的艰辛付出，很难想象我们的城市生活会是怎样的一种状态。然而，他们并没有得到社会应有的平等对待。尽管长期工作和生活在城市，但他们无法获得相应的市民权利和待遇，无法顺利实现由农民工向市民角色的转型。对这些朴素勤劳的农民工兄弟，我们没有理由不对他们表示敬意，没有理由不对他们表示关注，没有理由不为他们做些什么。

选择以社会保障为视角研究农民工的市民化，源于笔者成长过程中对户籍在每个人的学习、生活以及工作选择等方面的影响的一些体会和思考。1988年，笔者从农村小学转学到了县城的一所公办小学。很幸运，笔者在那里遇到了慈爱的老师和热情的同学。但是，每一次填写表格时都必须遇到的户籍类型让笔者开始对户籍多了一些敏感和好奇。在攻读硕士学位期间，笔者选择了以社会保障和社会公平作为研究方向。随着对这一领域了解的加深，户籍身份的区别以及户籍对中国公民权利的影响，逐渐地与早年的观察和困惑联系起来了。从农村到县城再到大城市，笔者的每一次迁移尽管都属于体制内迁移，拥有官方认可的制度身份和对应的教育、医疗卫生、劳动就业、养老保障等所有权利，但农村十年、县城十年、大城市十多年的生活经历，使笔者能够深刻体会到户籍身份影响公民权利的制度设计对农民工的不公，也为他们长期以来所遭受的不公平对待感到不平和焦虑，总想要为他们做点什么。尤其是看到大量同笔者年龄相仿的年轻农民工在向市民角色转变中的迷茫和无助时，多年来对户籍制度安排引发权利公平缺失的关注和思考以及攻读硕士学位期间研究社会保障积累的基础，都在促动笔者弄明白影响农民工市民化的具体机制，以帮助并推动他们在城市安居乐业。

很幸运，笔者的这一设想得到了博士生导师余建辉和他的团队的帮助和支持，在经历了无数次推翻再重建的循环后，最终形成了本研究的基本框架，非常感谢他们。同时，本研究也得到了福州大学2011级本科生社会调查团队的大力支持。在酷暑中，他们一次次走进偏远的建筑工地和喧闹杂乱的工业制造园区，获得一份份宝贵的数据资料，才使本研究因为数据的支撑而具有事实的说服力，也使笔者多年来的经验体验和社会观察转变为具有更有说服力的文字表述。不过，囿于自身学识和水平有限，仍有一些想法无法很好地呈现，只能化为今后对此一问题进行继续研究的动力。

虽然我们个人的力量微不足道，但当大家纷纷行动起来关爱这个群体的时候，我们的社会才会因关爱而显得温暖，我们的关注才会因人性而富有力量。谨向我们的农民工朋友们致意，愿他们生活得更幸福，更有尊严。

朱广琴

2017年10月8日于福州

图书在版编目(CIP)数据

新生代农民工市民化：社会保障视角下基于福州市的案例研究／朱广琴著． -- 北京：社会科学文献出版社，2017.11

ISBN 978 - 7 - 5201 - 1651 - 0

Ⅰ.①新… Ⅱ.①朱… Ⅲ.①民工－城市化－研究－福州 Ⅳ.①D422.64

中国版本图书馆CIP数据核字（2017）第260949号

新生代农民工市民化
——社会保障视角下基于福州市的案例研究

著　　者／朱广琴

出　版　人／谢寿光
项目统筹／曹义恒
责任编辑／曹义恒

出　　版／社会科学文献出版社·社会政法分社（010）59367156
　　　　　地址：北京市北三环中路甲29号院华龙大厦　邮编：100029
　　　　　网址：www.ssap.com.cn

发　　行／市场营销中心（010）59367081　59367018
印　　装／三河市尚艺印装有限公司
规　　格／开本：787mm×1092mm　1/16
　　　　　印张：18.75　字数：308千字
版　　次／2017年11月第1版　2017年11月第1次印刷
书　　号／ISBN 978 - 7 - 5201 - 1651 - 0
定　　价／85.00元

本书如有印装质量问题，请与读者服务中心（010 - 59367028）联系

▲ 版权所有 翻印必究